Python All-In-One

파이썬 올인원

개정판

이지민
임희경
공저

기초부터 데이러분석까지

YD 연두에디션
Edition

저자약력

이지민
조선대학교 정보통신공학과 석사, 박사
前) 아주통신(주) 부설연구소 연구소장
前) 조선대학교 SW중심대학사업단 초빙교수
現) 조선대학교 IT연구소 연구교수

임희경
조선대학교 전산통계학과 박사
前) 조선대학교 SW중심대학사업단 학술연구교수
現) 조선대학교 SW중심대학사업단 초빙교수

Python All-In-One

파이썬 올인원

기초부터 데이터분석까지 개정판

발행일 2023년 9월 4일 초판 1쇄
지은이 이지민 · 임희경
펴낸이 심규남
기 획 이정선
표 지 신현수 | **본 문** 이경은
펴낸곳 연두에디션
주 소 경기도 고양시 덕양구 삼원로 73 한일윈스타 지식산업센터 8층 809호
등 록 2015년 12월 15일 (제2015-000242호)
전 화 031-932-9896
팩 스 070-8220-5528
I S B N 979-11-93177-04-4 (93000)
정 가 23,000원

이 책에 대한 의견이나 잘못된 내용에 대한 수정정보는 연두에디션 홈페이지나 이메일로 알려주십시오.
독자님의 의견을 충분히 반영하도록 늘 노력하겠습니다.
홈페이지 www.yundu.co.kr

※ 잘못된 도서는 구입처에서 바꾸어 드립니다.

"본 연구는 과학기술정보통신부 및 정보통신기획평가원의 SW중심대학지원사업의 연구결과로 수행되었음"
(2017-0-00137)

현재 우리가 사는 시대는 컴퓨터가 주도하고 있다고 말할 수 있는 시기이다. 특히 인공지능 시대가 도래하면서 컴퓨터를 움직이는 요소인 소프트웨어를 만들고 다룰 수 있는 코딩 능력은 현대 사회를 살아가는데 필수 요소로 자리잡았다. 현대 사회에서 IT와 관련되지 않은 업무를 찾아보기 힘들만큼 기본 소양으로서 코딩 기술을 통한 문제 해결능력이 요구되고 있다.

현재 가장 각광받는 언어라고 할 수 있는 파이썬은 프로그래밍 초보자가 접근하기 쉬운 언어이다. 특히, 산업 전반의 화두로 자리잡은 인공지능과 데이터 분석에 가장 널리 사용되는 언어가 파이썬이다. 익히기에는 간편하지만, 능력은 무한하고, 이미 존재하는 도구를 활용하면 확장성도 좋은 언어이다. 또한 파이썬 프로그래밍은 점점 더 가치가 높아질 인공지능과 빅데이터, 머신러닝, 딥러닝 분야의 기반을 다지는 초석이 될 것이다. 이 책은 파이썬 기초부터 데이터 분석에 필요한 심화 내용까지 쉽고 효과적으로 학습할 수 있도록 다음과 같이 구성하였다.

- 프로그래밍에서 기본적으로 알아야 하는 내용과 필수적으로 알아야 하는 내용을 그림과 예제코드와 함께 설명하여 프로그램이을 쉽게 이해할 수 있도록 하였다.
- 각 장의 예제들은 흥미를 가질만한 내용으로 구성함으로써 자연스럽게 파이썬 프로그래밍에 익숙해지도록 구성했다.
- 각 장의 마지막에는 연습문제를 제공하여 한 번 더 본문의 내용의 전반적인 이해를 돕도록 하였다.
- 파이썬 기초를 학습한 이후에 다양한 라이브러리를 학습하여 데이터 분석에 활용하도록 하였다.

끝으로 책을 출간하기까지 오랜 기간 적극적으로 지원해주신 연두에디션 관계자분들께 깊은 감사의 말씀을 전한다.

저자

강의계획표는 대학의 교양 수업과 전공 수업에 활용될 수 있도록 15주 수업을 기준으로 구성하였다. 이를 위해, 파이썬 설치부터 기초적인 입출력문, 연산자, 조건문 , 클래스 등에 관련된 설명과 예제를 제공하고 있다. 뿐만 아니라, 넘파이, 판다스 및 데이터 시각화 패키지와 웹 크롤링에 사용되는 라이브러리 활용 방법도 함께 다루고 있다. 하지만 수업의 진행에 따라 각 장의 내용을 취사선택하여 다소 융통성있게 진행할 수 있다. 학생들의 수준이나 관심 분야에 따라 또는 각 장에서의 중요도와 시간적 측면에서의 판단에 따라 일부는 생략할 수도 있고, 강의 내용의 폭을 조절하여 선별적으로 진행할 수 있다.

1. 교양 교과목에서 활용하기

프로그래밍에 익숙하지 않은 인문계열 학생들을 대상으로 하는 교양 교과목의 경우 심화 내용을 제외한 파이썬을 이용한 문제 해결 방법에 중점을 두어 강의를 진행하면 수강생들에게 흥미있는 강의가 될 것이다.

주	장	내용
1	1장	프로그래밍 언어와 파이썬
2	2장	표준 출력함수 print()와 변수
3		표준 입력함수 input()
4	3장	기본 자료형
5		여러 가지 연산자
6	5장	조건문
7		반복문(컨테이너 자료형과 반복문 제외)
8		중간고사
9	4장	리스트와 튜플
10		딕셔너리와 집합
11	6장	함수의 개념
12		함수의 선언 및 호출(함수 심화 제외)
13	10장	웹 크롤링 알아보기
14		정적 웹 페이지 크롤링 - beautifulsoup
15		기말고사

2. 전공기초 과정에서 활용하기

전공에 입문한 학생들에게 교재의 순서에 따라 파이썬 특징을 설명하면서 학습하되 10장 학습을 통해 14장 웹 크롤링 프로젝트 실습을 진행하면 파이썬을 실제 필요한 영역에 접목하여 응용할 수 있는 좋은 기회가 될 것이다.

주	장	내용
1	1장	프로그래밍 언어와 파이썬
2	2장	변수와 표준 입출력함수
3	3장	자료형과 연산자
4	4장	컨테이너 자료형
5	5장	조건문
6		반복문
7	6장	함수 선언 및 호출
8		중간고사
9	6장	함수 심화
10	7장	객체 지향 프로그래밍
11	8장	모듈과 패키지
12	9장	예외 처리와 파일
13	10장	데이터 수집 - 웹 크롤링
14	14장	복권 당첨번호 크롤링
15		기말고사

3. 전공심화 과정에서 활용하기

전공 심화과정은 2,3,4 학년 전공과정 수강생들에게 해당되며, 각 장별 내용을 한주씩 교육하는 것이 충분할 것으로 보인다. 파이썬의 클래스는 다른 언어에 비해 문법이 단순하기 때문에 개념 위주로 학습해도 충분하므로 모듈과 패키지까지 한 주에 교육할 수 있을 것이다.

주	장	내용
1	1장	프로그래밍 언어와 파이썬
2	2장	변수와 표준 입출력 함수
3	3장	자료형과 연산자
4	4장	컨테이너 자료형
5	5장	제어문
6	6장	함수
7	7장-8장	객체 지향 프로그래밍 / 모듈과 패키지
8		중간고사
9	9장	예외 처리와 파일
10	10장	데이터 수집 - 웹 크롤링
11	11장	데이터 처리 - numpy
12	12장	데이터 분석 - pandas
13	13장	데이터 시각화
14	14-16장	part 3에서 학습한 내용을 기반으로 프로젝트로 진행
15		기말고사

PART I 파이썬 기초

CONTENTS

PART II 파이썬 심화

CONTENTS

PART III 데이터 분석 기초

PART IV 데이터 분석 프로젝트

PART

I

Python All-In-One

파이썬 기초

프로그래밍 언어와 파이썬

Python All-In-One

SECTION 01   프로그래밍이란?

1.1 컴퓨터와 프로그램

현대의 일상 생활은 컴퓨터와 뗄레야 뗄수가 없는 시대이다. 우리는 인터넷 뱅킹을 통해 은행 업무를 처리하고, 학교나 회사에서 문서를 작성할 때도 컴퓨터를 사용한다. 컴퓨터는 데이터를 저장하고 여러 가지 입출력 장치와 상호작용하며 프로그램을 실행하는 기계이다.

컴퓨터의 기본적인 임무는 숫자 계산을 빠르게 하는 것이다. 그러나 계산만 빨리할 수 있다고 해서 컴퓨터라 부를 수 있겠는가? 계산기도 계산을 빠르게 하지만 누구도 계산기를 컴퓨터라 부르지는 않는다. 현대적 의미로 컴퓨터를 정의하면 "명령어들의 리스트에 따라 데이터를 처리하는 기계"라고 할 수 있다. 특정한 작업을 수행하도록 설계된 명령어들의 리스트가 바로 프로그램이다.

프로그램을 개발할 때 사용하는 도구인 프로그래밍 언어는 '인간이 원하는 것을 컴퓨터로 실행시키기 위해 사용하는, 컴퓨터가 이해할 수 있는 언어'이다.

1.2 프로그래밍 언어를 배우는 이유

사람들이 프로그래밍을 배워서 프로그램을 작성하는 이유는 다양하다. 우리가 어떤 일을 하든지 상관없이 프로그래밍은 필수적인 기술이 되었다.

그렇다면 왜 프로그램을 배워야 할까? 프로그래밍 언어의 학습은 하나의 도구를 익히는 과정이기도 하지만, 컴퓨터가 절차적으로 문제를 어떻게 해결하는지 논리적인 과정을 학습한다는 측면에서 매우 중요하다. 전(前) 애플 CEO 스티브 잡스는 프로그래밍의 학습 이유를 다음과 같이 말했다.

> 이 나라의 모든 사람이 프로그램을 배워야 한다. 왜냐하면 프로그램이라는 것은 생각을 어떻게 하는지 가르쳐주기 때문이다.
>
> 스티브 잡스

결국 우리가 하나의 기술이나 학문으로서 프로그래밍 언어를 배우는 것이 아니라, 논리적 사고를 훈련하기 위해 프로그래밍 언어를 배워야한다는 것이다. 프로그래밍을 배우는 가장 큰 이유는 이미 일상생활 전체에 깊숙이 존재하는 컴퓨터 프로그램의 기본 작동 원리를 이해하고, 그것을 우리 삶에 맞게 사용하기 위함이다.

SECTION 02   파이썬 소개

2.1 파이썬 소개

프로그래밍 언어는 많은 종류가 있다. 많이 사용되는 언어들에는 "파이썬", "자바", "C" 등이 있다. 그 중 파이썬은 최근에 많은 인기를 얻고 있는 프로그래밍 언어이다. 파이썬은 1991년에 귀도 반 로섬(Guido van Rossum)이 개발한 대화형 프로그래밍 언어로, 처음에는 C언어 기반으로 개발되었으며 이후 다양한 기능이 추가되었다. 파이썬이라는 이름은 귀도가 개발하는 프로그래밍 언어에 짧고 독특하고 미스테리한 느낌을 주는 이름이 필요하다고 생각했고 자신이 읽고 있던 BBC방송의 코미디 "Monty Python's Flying Circus" 대본에서 따왔다고 한다. 원래 파이썬은 그리스 신화에 나오는 "피톤"이라는 뱀의 이름이다. 파이썬의 로고로 사용되는 그림은 뱀 두 마리가 서로 똬리를 튼 듯한 형태를 하고 있다.

그림 1-1   파이썬 로고

2.2 파이썬 특징

파이썬은 배우기 쉽다는 점 외에도 여러 가지 장점이 있다. 파이썬의 장점은 무료 오픈 소스와 강력한 기능 제공, 사용의 용이성, 다양하고 강력한 외부 라이브러리 제공, 강력한 웹 개발 환경 제공 등이 있다.

■ 무료 오픈 소스와 강력한 기능 제공

파이썬은 오픈 소스이며 비용지불 없이 무료로 사용할 수 있다. 또한 추가적으로 제공되는 다양한 외부 라이브러리 역시 대부분 무료로 제공된다.

■ 사용의 용이성

파이썬의 문법은 인간 지향적이기 때문에 프로그래밍을 처음 배우는 사람도 코드를 쉽게 이해할 수 있다. 예를 들어, 화면에 'Hello World'라는 텍스트를 출력하는 프로그램을 작성한다고 하면 파이썬에서는 print("Hello World")와 같이 직관적으로 코드를 입력하면 되기 때문에 다른 프로그래밍 언어보다 훨씬 쉽다.

```
01   int main(void)
02   {
03     printf("Hello World\n");
04     return 0;
05   }
```

C 언어

```
01   public class hello {
02     public static void main(String args[])
03     {
04       System.out.println("Hello World")
05     }
06   }
```

자바

```
01   print ("Hello World")
```

파이썬

■ 다양하고 강력한 외부 라이브러리 제공

기존 파이썬 자체에서 제공하는 라이브러리뿐만 아니라, 외부에서 제공하는 다양한 라이브러리를 사용할 수 있다. 외부 라이브러리를 설치하면 각 라이브러리의 강력한 기능을 파이썬에서 사용할 수 있기 때문에 큰 장점이 된다. 예를 들어 구글에서 AI기

능을 제공하는 텐서플로(Tensorflow), 웹 크롤링이 가능한 스크래퍼(scapy), 통계나
선형대수를 사용할 수 있는 넘파이(Numpy)등 많은 라이브러리가 무료로 제공된다.

■ 강력한 웹 개발 환경 제공

웹 개발 환경에서 파이썬의 웹 개발용 라이브러리를 사용함으로써, 강력하고 빠른
웹 환경을 구축할 수 있다. 대표적으로 장고(Django), 플라스크(Flask)등이 있으며,
장고 및 플라스크를 사용하는 대표적인 웹 사이트로 인스타그램이 있다.

SECTION 03 파이썬 설치와 실행

3.1 파이썬 설치하기

파이썬의 설치는 비교적 간단하며 무료로 사용할 수 있기 때문에 사용에 제한이 없다. 파이썬을 설치하려면 우선 윈도우용 설치 프로그램을 다운로드 해야합니다. 웹 브라우저를 열고 http://www.python.org/ 에 접속하거나, 구글에서 "파이썬 다운로드"로 검색하여 맨 처음에 보이는 링크를 클릭하면 다음과 같은 화면이 뜬다.

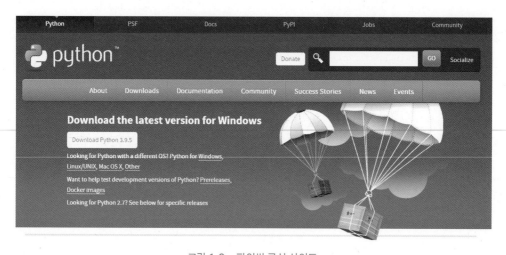

그림 1-2　파이썬 공식 사이트

[Downloads] 메뉴를 클릭하면, 최신 버전을 바로 다운받을 수 있다. 다운로드 페이지에서 "Download Python 3.x.x"를 선택하여 다운받으면 된다.

파이썬 홈페이지 다운로드 화면 아래쪽에 다음과 같이 release된 버전별로 다운 받을 수 있는 링크가 있다. 여기서, python 3.8.6을 선택하여 다운로드하고 설치하겠다.

Release version	Release date		Click for more
Python 3.9.1	Dec. 7, 2020	⬇ Download	Release Notes
Python 3.9.0	Oct. 5, 2020	⬇ Download	Release Notes
Python 3.8.6	Sept. 24, 2020	⬇ Download	Release Notes
Python 3.5.10	Sept. 5, 2020	⬇ Download	Release Notes
Python 3.7.9	Aug. 17, 2020	⬇ Download	Release Notes
Python 3.6.12	Aug. 17, 2020	⬇ Download	Release Notes
Python 3.8.5	July 20, 2020	⬇ Download	Release Notes

View older releases

그림 1-3　이전 버전 다운로드 링크 모음

Download를 클릭하면 또 다른 화면으로 바뀌면서, 사용하고 있는 운영체제 플랫폼에 맞는 버전을 선택할 수 있는 창이 뜬다.

Files

Version	Operating System	Description	MD5 Sum	File Size	GPG
Gzipped source tarball	Source release		ea132d6f449766623eee886966c7d41f	24377280	SIG
XZ compressed source tarball	Source release		69e73c49eeb1a853cefd26d18c9d069d	18233864	SIG
macOS 64-bit installer	Mac OS X	for OS X 10.9 and later	68170127a953e7f12465c1798f0965b8	30464376	SIG
Windows help file	Windows		4403f334f6c05175cc5edf03f9cde7b4	8531919	SIG
Windows x86-64 embeddable zip file	Windows	for AMD64/EM64T/x64	5f95c5a93e2d8a5b077f406bc4dd96e7	8177848	SIG
Windows x86-64 executable installer	Windows	for AMD64/EM64T/x64	2acba3117582c5177cdd28b91bbe9ac9	28076528	SIG
Windows x86-64 web-based installer	Windows	for AMD64/EM64T/x64	c9d599d3880dfbc08f394e4b7526bb9b	1365864	SIG
Windows x86 embeddable zip file	Windows		7b287a90b33c2a9be55fabc24a7febbb	7312114	SIG
Windows x86 executable installer	Windows		02cd63bd5b31e642fc3d5f07b3a4862a	26987416	SIG
Windows x86 web-based installer	Windows		acb0620aea46edc358dee0020078f228	1328200	SIG

64비트 운영체제 → Windows x86-64 executable installer

32비트 운영체제 → Windows x86 executable installer

그림 1-4

위 그림에서 Windows X86-64 excutable installer 파일이 64비트 윈도우용 파일이고, Windows X86 excutable installer가 32비트 윈도우용 설치 파일이니, 본인의 컴퓨터에 맞는 것으로 다운로드받으면 된다.

TIP	내 컴퓨터 운영체제 확인하는 방법

1. 바탕화면 오른쪽을 클릭하면 나타나는 팝업창에서 개인설정을 선택한다.

2. 설정창의 검색란에 PC를 입력하면 보이는 PC정보를 클릭한다.

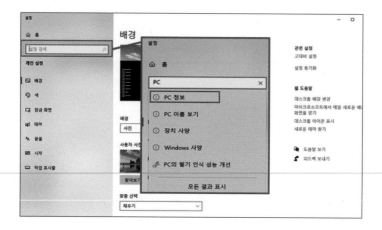

3. 장치사양에서 본인 컴퓨터의 운영체제를 확인한다.

다운로드된 실행파일을 선택한 상태에서 오른쪽마우스를 클릭하면 나타나는 팝업창의 "관리자 권한으로 실행"을 선택하여 설치를 시작한다. (반드시 관리자 권한으로 설치를 진행해야 에러가 발생하지 않는다.)

그림 1-5   관리자 권한으로 다운로드 파일 실행

설치파일을 실행하면, 다음과 같은 설치 화면이 나온다.

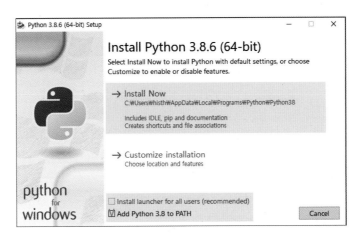

그림 1-6   파이썬 사용자와 환경변수 설정 및 설치화면

설치 페이지에서 반드시 빨간색 박스로 표시한 <Add Python3.8 to PATH>를 체크한 뒤, Install Now를 클릭하여 설치를 시작하도록 한다.

이 부분을 체크하지 않으면, 파이썬을 설치 후 실행할 때 파이썬이 설치된 경로를 찾아가서 실행해야 하는 경우가 생겨서 매우 불편하다.

TIP   체크 박스Install launcher for all Users

컴퓨터의 사용자에 관한 것으로 전체 사용자와 현재 사용자를 선택할 수 있는 메뉴입니다. 체크 박스 [Add Python 3.8 to PATH]는 환경 변수에 파이썬을 추가할 것인지를 묻는 메뉴이다.

환경 변수에서의 PATH 설정하는 이유는 DOS 명령 프롬프트를 이용하여 파이썬을 실행할 경우 파이썬 인터프리터가 어느 경로(디렉토리)에서도 실행될 수 있도록 하는 것이다. 즉 운영체제(OS)가 파이썬의 실행 파일을 찾을 수 있도록 환경 변수인 PATH를 설정해야 하는데, [Add Python 3.8 to PATH]를 체크하면 자동적으로 환경 변수인 PATH에 설정되어 어느 경로(디렉토리)에서든 사용할 수 있게 만들어준다.

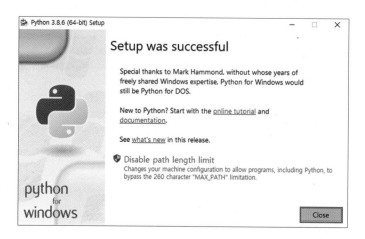

그림 1-7   파이썬 설치 완료 화면

정상적으로 설치가 완료되었으면, [Close]버튼을 클릭하여 마친다. 이제 파이썬 프로그래밍을 하기 위한 준비가 끝났다. 시작 메뉴에 파이선이 새로 설치된 것을 확인할 수 있다.

그럼, 파이썬이 잘 설치되었나 간단히 확인해보자.

윈도우 키와 R키를 동시에 누르고, 'cmd'를 입력한 뒤 엔터키를 누르면, 익숙하지 않은 DOS명령 창이 뜰 것이다. (검색창에 cmd라고 눌러도 된다.)

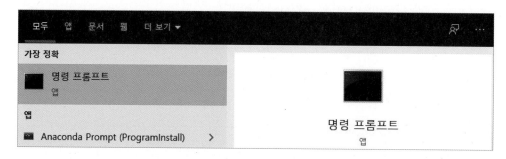

그림 1-8   검색창에 cmd를 입력하면 보이는 메뉴

python을 입력해보면, 아래 그림과 같이 우리가 설치한 파이썬 버전 정보가 나타나고, >>>모양이 보인다면 파이썬 설치가 성공한 것이다.

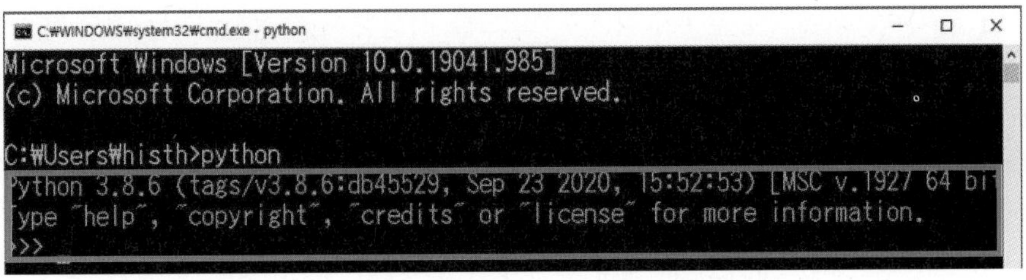

그림 1-9   OS 명령 프롬프트에서의 파이썬 실행 화면

DOS명령 프롬프트에서 파이썬 종료는 exit() 또는 quit()를 입력하면 된다.

그림 1-10   IDLE(Integrated Development and Learning Environment)

3.2 파이썬 에디터 사용하기

파이썬에서 에디터(editor)는 소스 코드가 들어 있는 문서를 편집할 수 있는 프로그래밍 툴을 말한다. 보통 파이썬 프로그램과는 별도로 에디터 프로그램을 설치하여 사용한다.

위에서 실행해 본 파이썬이 파이썬 인터프리터이다.

파이썬 인터프리터는 입력에 따른 결과값이 바로 출력되므로, 간단한 예제를 풀거나, 결과값을 테스트해보고 싶을 때는 편리하지만, 몇몇 한계가 존재한다.

먼저, 파이썬 인터프리터는 여러 줄의 복잡한 코드를 가진 프로그램을 작성할 때는 불편하다. 그리고, 파이썬 인터프리터는 작성한 코드를 저장할 수가 없다. 종료하자마자 프로그램이 사라지기 때문에 입력한 코드를 재사용하기 어렵다. 이러한 이유들로 여러 줄의 코드를 작성할 때, 작성한 코드를 저장해서 사용할 때는 파이썬 에디터를 사용한다.

IDLE는 파이썬을 설치할 때 기본으로 설치되는 에디터이다. 우리가 설치한 프로그램 내에 포함되어 있다. 문서 편집과 프로그램 실행을 위한 기본적인 기능을 제공하지만, 심화 기능은 다른 에디터에 비해서 부족하다. 예를 들면, 윈도우에서 기본적으로 제공되는 그림판과 비슷하다고 생각하면 된다.

파이썬 IDLE를 실행하기 위해서는 Windows의 시작 버튼을 클릭한 후 [모든 프로그램] → [Python 3.8] → [IDLE (Python 3.8 64-bit)]를 클릭하면 IDLE가 실행된다.

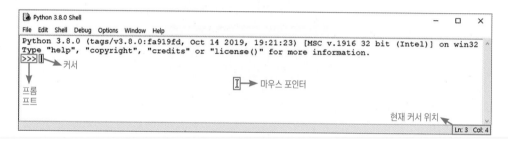

그림 1-11   IDLE를 이용한 파이썬 실행 화면

위 그림과 같이 실행된 프로그램을 대화형 인터프리터 또는 파이썬 셸(Python Shell)이라고 한다. 파이썬 셸은 한번에 하나의 명령이 실행되며 실행 결과가 즉시 화면에 출력된다. 3개의 꺾은 괄호(>>>)는 프롬프트(Prompt)라고 하며 이 프롬프트에 파이썬의 문법 형식에 맞는 명령을 입력하면 명령에 맞는 동작을 수행하게 된다.

명령어 프롬프트에 다음과 같이 입력해 보자.

```
>>> "Hello World"
```

```
>>> Hello World
SyntaxError: invalid syntax
>>> "Hello World"
'Hello World'
```

그림 1-12   문자열 입력시 주의사항

입력할 때 따옴표를 빼먹으면, 에러가 발생한다. <u>문자를 입력할때는 "" 또는 ''를 빼먹지</u> <u>않고 적어주도록 한다.</u> 입력한 대로 결과가 출력되는 것을 확인할 수 있다.

Hello World는 파이썬을 비롯한 많은 프로그래밍 언어의 뿌리가 되는 C언어를 만든 '데니스 리치'가 쓴 교과서에 나온 첫 번째 예제로 이 예제가 유명해지기 시작하면서, 모든 프로그래밍 의 첫 예제가 Hello World로 굳어지게 되었다.

IDLE는 크게 2가지 모드로 구성된다.

- IDLE 쉘 모드(Shell Mode) : 인터렉티브 쉘 모드(Interactive Shell Mode)라고도 하며 대화 형식으로 단순한 코드를 작성하기 편하며 프로그램의 결과가 바로 출력된다.

- IDLE 에디터 모드(Editor Mode) : 스크립트 모드(Script Mode)라고도 하며 여러 줄 의 복잡한 코드를 작성하기 편하고, 프로그램의 결과를 출력하기 위해서는 run moudle 실행 과정이 필요하다.

IDLE 쉘 모드는 위에서 이미 실행을 해 봤기 때문에 이번에는 IDLE 에디터 모드를 실행해 보자. 앞으로 작성하는 모든 코드는 에디터 모드에서 작성하고 실행한다.

❶ IDLE 쉘 모드를 실행 한 후 쉘 모드의 메뉴에서 [File] → [New File]을 선택한다. 선택 하면 메모장과 같은 IDLE 에디터 모드가 실행된다.

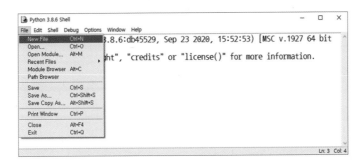

그림 1-13   IDLE 쉘 모드에서 에디터 모드 선택 화면

그림 1-14 에디터 모드 실행 화면

❷ IDLE 에디터 모드에 다음과 같이 간단한 코드를 작성해 보자.

```
print("Hello World")
```

IDLE 셸 모드와 다르게 결과가 바로 출력되지 않는다.

그림 1-15 에디터 모드의 코드 입력 화면

❸ 입력된 코드의 결과를 출력하기 위해서는 에디터 모드의 [File] → [Save]를 선택하여 코드를 파일로 저장해야 한다. 이때 저장할 폴더를 선택할 수 있으며 파이썬의 확장자는 자동으로 .py로 저장된다.

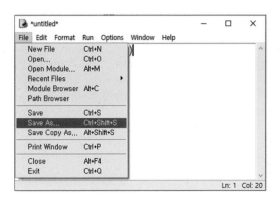

그림 1-17 에디터 모드의 저장 선택 화면

❹ 코드가 파일로 저장되었다면 IDLE 에디터 모드의 [Run] → [Run Module]를 선택하여 저장된 코드를 실행할 수 있다. 이때 IDLE 셸 모드에서 저장된 코드의 출력 결과가 표시된다. 실행 단축기 : F5

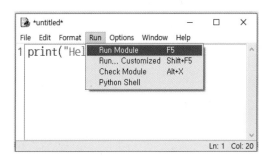

그림 1-18 에디터 모드의 실행 선택 화면

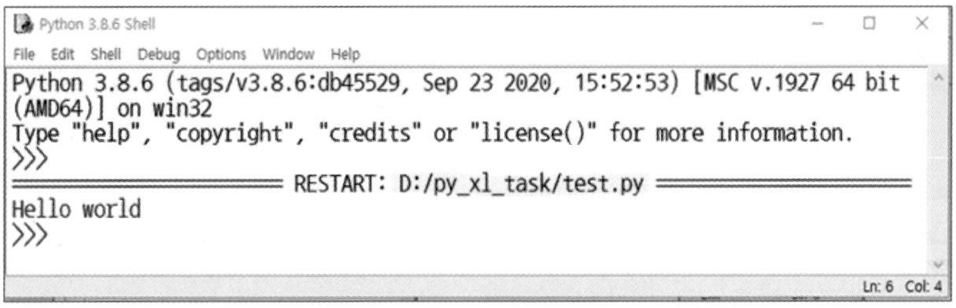

Python 3.8.6 Shell

```
Python 3.8.6 (tags/v3.8.6:db45529, Sep 23 2020, 15:52:53) [MSC v.1927 64 bit
(AMD64)] on win32
Type "help", "copyright", "credits" or "license()" for more information.
>>>
============================ RESTART: D:/py_xl_task/test.py ============================
Hello world
>>>
```

그림 1-19 에디터 모드의 실행 화면(IDLE 셸 모드에서 실행됨)

TIP

- [Run Module]의 단축키 : F5

- IDLE 에디터 모드의 출력 결과가 표시되는 IDLE 셸 모드에 위 그림에서 볼 수 있는 것처럼 실행된 파이썬 파일의 현재 경로(디렉토리)가 표시된다.

- 에디터 모드에서 코드를 작성할 때, 코드의 줄번호를 표시하는 법

1. 에디터 모드의 메뉴에서 [Option] → [Configure IDLE]을 선택한다.

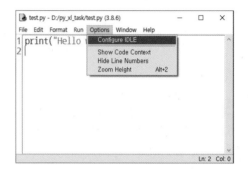

2. setting창의 [General] 탭에서 Show line numbers in new windows에 체크한다.

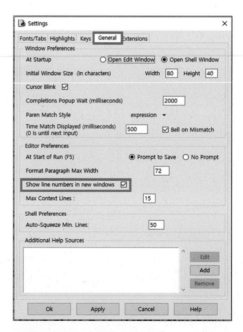

3. 에디터 모드를 다시 실행하면, 창 좌측에 줄번호가 생성된 것을 확인할 수 있다.

1. 다음 설명에 해당하는 용어를 고르시오.

> 인간이 원하는 것을 컴퓨터로 실행시키기 위해 사용하는 컴퓨터가 이해할 수 있는 언어를 말한다.

　① 코딩　　　　　　　　　　　② 프로그램
　③ 프로그래밍 언어　　　　　　④ 스마트폰
　⑤ 애플리케이션

2. 다음은 파이썬에 대한 설명이다. 거리가 가장 먼 것을 고르시오.

　① 귀도 반 로섬이라는 개발자가 만들었다.
　② IT 분야뿐만 아니라 금융, 경영, 제조, 생물, 화학, 기계, 전자 등에서 사용된다.
　③ 배우기가 어려워서 다른 프로그래밍 언어를 사용해 본 전문가에게 적합한 언어이다.
　④ 구글, 야후, 나사, 드롭박스 등에서 사용한다.

3. 다음은 파이썬의 특징이다. 거리가 가장 먼 것을 고르시오.

　① 유료 오픈소스와 강력한 기능을 제공한다.
　② 사용하기 편리하다.
　③ 다양하고 강력한 외부 라이브러리를 제공하다.
　④ 강력한 웹 개발 환경을 제공한다.

4. Hello, Word를 출력하는 코드를 고르시오.

　① copy("Hello, world")　　　　　② printing("Hello, world")
　③ print("Hello, world")　　　　　④ write("Hello, world")

5. 여러줄을 코딩한 후에, 한꺼번에 실행하는 모드를 부르는 용어를 고르시오.

　① 컴파일 모드　　　　　　　　　② 스크립트 모드
　③ 파이썬 모드　　　　　　　　　④ 대화형 모드

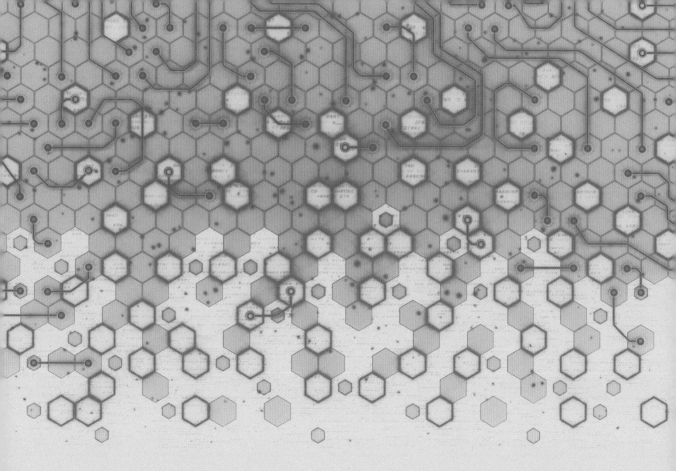

CHAPTER **2**

변수와
표준 입출력함수

Python All-In-One

SECTION 01   파이썬 표준 출력함수 print()

컴퓨터에 저장된 정보를 프로그래밍 언어를 통해 모니터에 나타낼 수 있는데 이것을 출력이라고 한다. 파이썬에서 출력할 때 print()함수를 사용한다. 앞장에서 우리는 다음과 같은 방식으로 화면에 "Hello World"라는 문자열(문자들의 나열)을 출력하였다.

```
print("Hello World")
```

print("문자열")을 이용해서 우리는 출력하고 싶은 문자열(=데이터)을 출력할 수 있다. 다음과 같이, print()함수의 괄호()안에 적은 자료가 출력된다.

```
print('출력할 내용1', '출력할 내용2', ...)
```

만약 자료를 여러 개 동시에 출력하려면 쉼표(,)를 사용하여 자료를 나열하면 된다. 또한, print 함수는 자동으로 개행(다음 라인으로 이동)시켜준다.

```
print("야호", "python")
print("한달 후", "파이썬 정복")
```

>> 야호 python
   한달 후 파이썬 정복

print()함수 내에서 +연산자 좌우에 문자열이 위치할 경우 두 문자열을 붙여 출력한다.

```
print("안녕" + "파이썬")
```

>> 안녕파이썬

문자열과 문자열 사이에 공백을 주기 위해 "안녕"과 같이 "안녕"글자 뒤에 스페이스를 추가하거나, "안녕"문자열과 "파이썬"문자열 중간에 " "문자열(공백)을 추가하여 출력한다.

```
print("안녕" + "파이썬")
print("안녕" + " " + "파이썬")
```

>> 안녕파이썬
   안녕파이썬

print()함수 내에서 +연산자를 이용하여 숫자 형태의 문자열들을 출력할 경우 계산이 되지 않고 문자열이 서로 결합되서 출력된다. 단 +연산자로 문자열과 숫자를 출력할 경우 서로 다른 자료 형태이므로 오류가 발생한다.

```
print("10" + "20")
```

>> 1020

```
print("10" + "20")
```

```
Traceback (most recent call last):
  File "<pyshell#12>", line 1, in <module>
    print("10" + 20)
TypeError: must be str, not int
```

print()함수 내에서 문자열 뒤에 *연산자를 이용하여 숫자를 지정할 경우 문자열이 지정된 숫자만큼 반복되어 출력된다.

```
>>> print("파이썬" * 10)
파이썬파이썬파이썬파이썬파이썬파이썬파이썬파이썬파이썬파이썬
```

print()함수의 괄호 안에 아무것도 입력하지 않으면 아무것도 출력하지 않고 단순하게 줄바꿈을 한다. IDLE 셸 모드에 print()를 입력하면 아무것도 출력하지 않고 빈 한 줄을 만든 후 프롬프트를 표시한다.

```
>>> print()
>>>
```

TIP 내부적으로 개행도 하나의 문자로 취급하며 '\n' 문자를 개행 문자라고 말한다.

1.1 숫자 데이터 출력

숫자 데이터를 출력하고 싶을 때는 print함수의 괄호 안에 따옴표없이 숫자만 쓰면
된다. 괄호안에 수식을 사용하게 되면 계산된 결과를 출력해준다.

```
>>> print(1)
1
>>> print(1+2)
3
>>> a=[1, 2, 3]
>>> print(a)
[1, 2, 3]
```

위에서 볼 수 있듯이 print() 함수에서 숫자를 출력할 경우 숫자뿐만 아니라 사칙연산
(+, -, *, /)과 같은 계산에서도 수행할 수 있다. 또한 뒤에서 배울 리스트, 튜플 등
에서도 사용할 수 있다.

1.2 문자 데이터 출력

문자를 출력할 경우 "Chosun", 'Chosun'과 같이 큰 따옴표(""), 작은 따옴표('')안
에 문자열을 넣어 주어야 한다. print() 함수 인수에 출력하려는 문자열 값을 전달하
여 실행한다.

```
>>>print("Hello python")
Hello python
>>>print('Hello python')
Hello python
```

여러줄의 문자열을 출력하고 싶을때는 따옴표를 연달아 3개를 써서 묶어주면 된다.

```
memo= ''' 나는 파이썬을 공부한다.
파이썬 정복하고 말거야
한달만 기다려 파이썬''
print(memo)
```

>> 나는 파이썬을 공부한다.
파이썬 정복하고 말거야
한달만 기다려 파이썬

1.3 여러 가지 출력형태 지정하기

1.3.1 End 파라미터

End 파라미터를 사용하면 끝문자를 변경하여 출력할 수 있다. Print 함수는 기본적
으로 끝 문자를 개행 문자로 적용하는데, end파라미터를 사용하여 끝문자를 변경 가
능하다.

```
01   print("Hello")
02   print("Powerful Python", end='\n')
03   print("Fun Python")
```

>> Hello
Powerful Python
Fun Python

```
01  print("Hello", end=" ")
02  print("Easy", end=" ")
03  print("Powerful Phthon", end=" ")
```

>> Hello Easy Powerful Python

1.3.2 Sep 파라미터

Sep 파라미터를 사용하면 구분문자를 변경할 수 있다. Print 함수는 기본적으로 구분문자를 공란(Space) 한 개로 적용한다.

```
>>> print("Hello", "Easy", "Python")
```

>> Hello Easy Python

```
01  print("Hello", "Easy", "Python", sep=" ")
02  print("Hello", "Easy", "Python", sep="")
03  print("Hello", "Easy", "Python", sep="\t")
04  print("Hello", "Easy", "Python", sep=",")
```

>> Hello Easy Python
   HelloEasyPython
   Hello   Easy   Python
   Hello,Easy,Python

1.3.3 이스케이프 문자(Escape Char : 탈출문자)

특수문자	표현 내용	비고
\n	새로운 줄	새로운 줄(New line)을 의미함, Enter 키를 누른 것과 같은 줄바꿈 효과
\t	탭	Tab 키를 누른 효과(보통 4칸 띄움)
\'	작은따옴표 문자	' 자체를 출력함
\"	큰따옴표 문자	" 자체를 출력함
\\	\ 문자	\ 자체를 출력함
\b	backspace	역방향으로 한 문자 지움, IDLE 쉘 모드에서는 실행 안될 수 있으미 콘솔에서 확인 가능함

```
01   print("Hello World\tSee you")
02   print("I Love \"Seoul\" city")
```

>> Hello World   See you
   I Love "Seoul" city

```
>>> print("파이썬\t반가워\n우리 친해지자\n\n또 만나")
```

파이썬 반가워
우리 친해지자

또 만나

SECTION 02　변수

2.1 변수와 메모리

변수는 프로그래밍 언어에서 중요한 개념이다. 컴퓨터는 기본적으로 다양한 연산을 통해 정보를 제공하는데, 컴퓨터가 다양한 연산을 하기 위해서는 사용자가 입력하는 다양한 형태의 값들을 저장할 수 있는 "메모리"라고 하는 공간이 필요하다. 프로그램에서 사용되는 수치나 문자등의 값을 저장한 메모리 공간을 변수라고 한다.

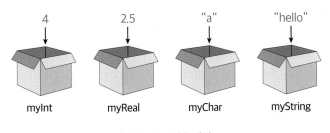

그림 2-1　변수 개념

출처: https://velog.io/@mgm-dev/1.-%EB%B3%80%EC%88%98%EB%9E%80-%EB%AC%B4%EC%97%87%EC%9D%B8%EA%B0%80

그렇다면 파이썬과 같은 프로그래밍 언어는 어떻게 이 저장 공간인 메모리를 사용할 수 있을까? 프로그래밍 언어가 저장 공간인 메모리를 사용하려면 변수를 사용해야 한다. 변수란 여러 번 사용될 수 있게 이름을 붙인 것이다. 작성한 코드를 다 기억할 필요 없이 코드를 읽기 쉽게 하기 위해 사용하며 프로그래머들은 변수를 사용하여 데이터를 저장한다.

또한 리터럴 상수만 사용하여 프로그램을 작성할 수는 없다. 무언가의 정보를 담고 수정할 수 있는 어떤 공간이 필요할 것이다. 즉, "변수"를 이용하는 것이 좋다. 변수는 이름 그대로 변할 수 있는 공간을 말하며 여기에는 무엇이든 저장할 수 있다. 변수들은 단순히 정보를 저장할 때 사용되는 컴퓨터의 기억 장치의 한 부분을 가져다가 적당한 이름을 붙여 사용하는 것이다. 리터럴 상수와는 달리 변수들은 프로그램 내에서 여러 방법을 통해 변경되고 사용되기 때문에 한눈에 알아보기 쉬운 이름을 지어 주는 것이 좋다. 변수의 값은 프로그램을 시작할 때 초기화된 후, 실행 도중에 변경되거나 계산에 활용될 수 있다.

변수를 요리하기 위해 사용되는 그릇이라 생각하면 좀 더 쉽게 이해할 수 있을 것이다. 요리를 무언가를 담기 위해서는 그릇이 필요하듯 프로그램을 작성하기 위해 먼저 변수를 선언하는 것이 좋다.

2.2 변수명 선언과 값 대입하기

2.2.1 변수명 선언

변수명은 식별자(identifier)의 일종으로, 식별자는 변수와 변수들을 식별하는 역할을 한다. 파이썬의 변수명을 포함한 식별자 작성 규칙은 다음과 같다.

> **TIP   파이썬의 변수명 식별자 작성 규칙**
>
> ① 숫자, 알파벳, 한글, 언더 바(_) 등을 사용할 수 있다.
> ② 첫 글자를 숫자로 시작할 수 없다.
> ③ 숫자로만 구성된 변수 이름을 만들 수 없다.
> ④ 파이썬 문법에서 사용되는 예약어(예: for, while, if 등)를 변수 이름으로 쓸 수 없다.
> ⑤ 빈 칸과 연산자(+, -, % 등)를 이름 안에 사용할 수 없다.

■ 변수명의 올바른 예

```
varname      # 영문자로 구성
varname1     # 첫 글자가 아닐 경우 숫자 사용 가능
_varname     # 밑줄 문자로 시작 가능
var_name     # 중간에 밑줄 문자 사용 가능
VarName      # 대/소문자가 구분되므로 varname과 VarName은 서로 다른 변수
varfor       # 예약어 for가 다른 글자에 붙여 함께 사용 가능
```

■ 변수명의 틀린 예

varname$	# 특수 문자를 사용할 수 없음
var name	# 중간에 공백을 사용할 수 없음
1varname	# 숫자로 시작할 수 없음
for	# 예약어 for를 단독으로 변수명으로 사용할 수 없음

변수의 역할을 잘 설명하는 이름으로 지어야 한다. 잘 만들어진 변수 이름은 프로그램을 보다 더 읽기 편하고 이해하기 쉽게 해준다.

- 년, 월, 일을 의미하는 변수를 만들 때
- a, b, c 형태의 변수 이름   (×)
- start_year, start_month, start_day 형태의 변수 이름   (○)

2.2.2 변수에 값 대입하기

변수에 값을 넣는 것을 변수에 값을 대입/할당(assign) 한다라고 말한다.

대입 연산자(=)는 값을 대입하기 위한 연산자로 a=1과 같이 대입 연산자를 사용한 문장을 대입문/할당문(assignment statement)이라한다.

변수에 처음 값을 대입하는 것을 변수 초기화(initialization) 라 하는데, 변수를 선언해서 사용할때는 초기화해서 사용하는 것이 좋다.

- 변수 x에 1을 대입하는 문장 : x = 1

```
x = 1
```

- 변수에 있는 값은 프로그램이 실행되는 도중에 변경이 가능하다.

```
x = 1
x = 2
```

- 변수 값은 수식에서 계산에 활용될 수 있고, 계산된 결과 값은 다시 변수에 대입하여 저장할 수 있다.

```
x = 1
y = 2
x = x + 3
y = y + 3
z = x + y
```

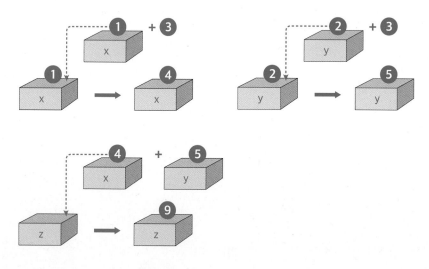

예제 2-1

변수 x에 3을 대입하고, 변수 y에 4를 대입한 후, 변수 t를 이용하여 변수 x의 값과 변수 y의 값을 서로 바꿔보자.

```
>>> x = 3
>>> x = 4
>>> print(x, y)
3 4
>>> t = x
>>> x = y
>>> print(x, y)
4 3
```

주의!!! 변수 t를 사용하지 않고 x, y 두 변수의 값을 서로 직접 바꾸면 한 변수의 값이 다른 변수의 값으로 곧바로 대입되어 두 변수의 값이 같아진다.

```
>>> x = 3
>>> x = 4
>>> print(x, y)
3 4
>>> x = y
>>> print(x, y)
4 4
>>> y = x
>>> print(x, y)
4 4
```

예제 2-2

변수 a에 3을 대입하고, 변수 b에 5를 대입해보자. 그리고 변수 c에 a*a+b*b의 값을 대입하여
출력해보자.

변수 a에 3을 대입하고 변수 b에 5를 대입한 후, a*a+b*b를 계산하여 변수 c에 대입
할 수 있다.

```
>>> a = 3
>>> b = 5
>>> c = a * a + b * b
>>> print(a, b, c)
3 5 34
```

다중 대입문(multiple assignment statement)을 이용하면 여러개의 변수에 값을 한번
에 기입할 수 있다.

```
형식 1 : a=b=c=1
```

여러 개의 변수에 같은 값을 순차적으로 대입한다.

```
형식2 : a , b = 1, 2
```

= 양쪽에 여러 개의 변수, 여러 개의 수식을 한 번에 기입한다. 이때 변수와 대입하는
각 값은 ,로 구분하며 양쪽의 변수 및 표현의 개수는 동일해야 한다. 형식2의 방식을
사용하면 예제1과 같이 임시 변수 t가 없이도 두 변수의 값을 서로 바꿀 수 있다.

```
>>> x, y = 3, 4
>>> print(x, y)
3 4
>>> x, y = y, x
>>> print(x, y)
4 3
```

SECTION 03　파이썬 표준 입력함수 input()

input 함수는 사용자로부터 입력을 받는 함수이다. 해당 함수가 호출되면 명령 프롬프트로부터 사용자의 입력을 받을 수 있다. input() 함수의 반환으로 사용자가 입력한 것을 "문자열" 타입으로 반환하게 된다. 우리는 이 함수의 반환 특정 변수에 받아서 사용자의 입력을 처리하면 된다.

3.1 문자열 입력받기

문자들이 모인 것을 문자열(string)이라고 한다. input() 함수는 키보드로 입력된 값을 문자열로 반환한다. input() 함수의 인수에는 사용자 입력을 돕기 위한 안내 문구 등을 표시하는 문자열 작성할 수 있다.

```
>>> name = input("첫 번째 이름 : ")
```

위 코드에서 문자열 입력 과정은 다음과 같다.

input() 함수 실행하면 파이썬 쉘에 "첫 번째 이름 :" 문자열 출력되고 사용자로부터 입력을 기다린다. 사용자가 키보드로 값을 입력하고(ex.홍길동) Enter 키를 누르면 입력한 값을 문자열로 반환하여 변수 name에 대입된다.

```
>>> name = input("첫 번째 이름 : ")
첫번째이름 : 홍길동
```

예제 2-3

사용자로부터 학번과 이름을 입력받아 각각 변수 stud_num과 변수 name에 저장하고 해당 변수의 값을 출력해보자.

```
>>> stud_num = input("학번 : ")
학번 : 12345678
>>> stud_num = input("이름 : ")
이름 : 홍길동

>>> print("학번 : ", stud_num, "이름: ", name)
학번 : 12345678 이름: 홍길동
```

input() 함수는 사용자로부터 입력한 값을 문자열로 반환하므로 변수 stud_num에 대입된 값은 문자열 값이다. stud_num을 확인하면 문자열 변수이므로 결과가 '12345678'로 나타난다.

```
>>> stud_num = input("학번 : ")
학번 : 12345678
>>> stud_num
'12345678'
```

3.2 정수 입력받기

input() 함수는 사용자의 입력을 문자열로 반환하기 때문에 입력 받은 숫자 형태의 문자열에 산술 연산을 적용하면 오류가 발생한다.

```
>>> x = input("정수 : ")
정수 : 10
>>> y = x + 1
Traceback (most recent call last):
  File "<physhell#6>", line 1, in <module>
    y = x + 1
TypeError: must be str, not int
```

따라서, 정수를 입력하고 싶을 때는, int(input()) 형식으로 정수 입력한다. 여기서 사용된int() 함수는 문자열을 정수로 변환하는 함수로 input()함수로 입력받은 문자열을 정수형으로 형 변환(type conversion)해주는 역할을 한다.

```
>>> x = int(input("정수 : "))
정수 : 10
>>> y
11
```

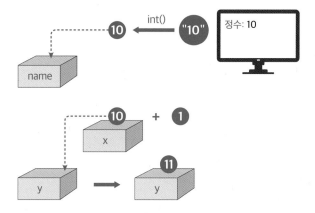

예제 2-4

사용자로부터 두 개의 정수를 입력받아 각각 변수 x와 변수 y에 대입하고, print()함수를 이용하여 덧셈한 결과를 출력해보자.

```
>>> x = int(input("정수1 : "))
정수1 : 4
>>> y = int(input("정수2 : "))
정수2 : 2

>>> print(x + y)
6
```

〈int()함수와 input()함수를 이용하여 정수를 입력받을 때 정수가 아닌 문자열을 입력한 경우 오류가 발생하는지 확인해보자〉

> int()함수와 input()함수를 이용하여 정수를 입력받을 때 정수가 아닌 문자열을 입력한 경우 오류가 발생하는지 확인해보자.

int()함수와 input()함수를 이용하여 정수를 입력받을 때 정수가 아닌 문자열을 입력한 경우 "ValueError : invalid literal for int() with base 10: '10a'"오류가 발생한다. 이 오류는 int()함수의 인수로 10진수값이 입력되어야 하는데, '10a'라는 문자열 값이 입력되어 오류가 발생하였음을 나타낸다.

```
>>> x = int(input("정수 : "))
정수 : 10a
Traceback (most recent call last):
  File "<physhell#15>", line 1, in <module>
    x - int(int("wjdtn : "))
ValueError: invalid literal for int() with base 10: '10a'
```

예제 2-5

이름을 문자열로 입력받아 변수 name에 대입하고 출생연도를 정수로 입력받아 변수 year에 대입하여 출력해보자.

hint 이름은 문자열 값을 입력받는 것이므로 input()함수를 이용하여 입력을 받고, 출생연도는 정수값을 입력받는 것이므로 int()함수와 input()함수를 이용하여 입력을 받는다.

```
>>> name = input("이름 : ")
이름 : 홍길동
>>> year = int(input("출생년도 : "))
출생년도 : 1999
>>> print(name, year)
홍길동 1999
```

1. 다음 중에서 잘못된 표현을 고르시오

   ① a = 100   ② b = 200
   ③ c = a + b   ④ 300 = d

2. 다음 코드의 실행 결과를 고르시오.

   ```
   a = 200
   b = 300
   c = a + b
   print( a, '+', b, '=', c)
   ```

   ① a + b = c   ② 200 + 300 = 500
   ③ 200, +, 300, =, 500   ④ 200 '+' 300 '=' 500

3. 다음 코드를 실행했을 때 result 변수에 최종적으로 저장되는 값을 고르시오.

   ```
   number1 = 200
   number2 = 300
   result = number1 + 200
   ```

   ① 200   ② 300
   ③ 400   ④ 500

4. 다음 중 문법상 오류가 발생하는 코드를 고르시오.

   ① a = 100   ② b = 200
   ③ a + b = 300   ④ a = b + 300

5. 다음 코드를 실행했을 때 result1과 result2에 들어갈 값을 차례대로 고르시오.

```
number1 = 10
number2 = 2
result1 = number1 + number2
result2 = number1 / number2
```

① 20, 5.0   ② 5.0, 20
③ 20, 20   ④ 5.0, 5.0

6. 다음은 문자열의 덧셈이다. 실행 결과를 고르시오.

```
string1 = "안녕"
string2 = "2"
print(string1 + string2)
```

① 안녕안녕   ② 안녕
③ 22   ④ 안녕2

7. 다음 중 변수명으로 사용하기에 올바르지 않은 것을 고르시오.

① mydata2   ② my_data2
③ 2mydata   ④ _2mydata

8. 다음 코드를 실행한 후에, 키보드로 200과 300을 입력했다면 출력될 결과를 고르시오.

```
number1 = input("숫자1 ==> ")
number2 = input("숫자2 ==> ")
print(number1 + number2)
```

① 500   ② 200300
③ 200   ④ 300

9. 문자열, 실수 등을 정수로 변환하는 함수를 고르시오.

    ① integer()   ② int()
    ③ input()   ④ print()

10. 다음과 같은 실행 결과가 나오도록 코드를 작성하시오.

    실행 결과

    아이디 ==> NCT127
    이름 ==> 재현
    메일 ==> python@nct.com
    아이디는 NCT127이며, 이름은 재현이며, 이메일은 python@nct.com 입니다.

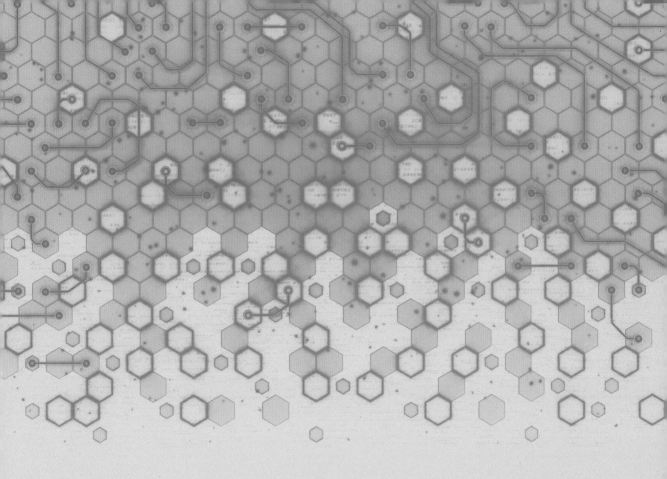

CHAPTER **3**

자료형과 연산자

Python All-In-One

변수가 저장하는 데이터 형식을 자료형(data type)이라고 한다. 변수에 저장되는 데이터들은 정수형, 실수형, 문자형과 같이 다양한 형식(type)을 갖는다. 파이썬은 변수를 선언할 때, 자료형을 명시적으로 선언하지 않아도 자동으로 자료형을 구분해준다.

```
x = 1                # 정수
x = 3.14             # 실수
x = "Text string"    # 문자열
```

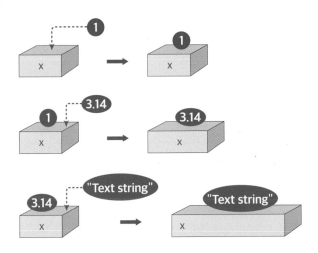

하지만 기본적으로 프로그래밍을 할때는 이 자료형을 구분해주는 것이 중요하다. 뿐만 아니라, 데이터를 분석할 때 이 자료형에 따라서 분석 방법이 달라질 수 있기 때문에 자료형에 대해 이해하는 것은 아주 기본적이면서도 필수적이다.

SECTION 01   기본 자료형

1.1 수치 자료형

파이썬에서 사용되는 숫자형은 다음과 같습니다.

숫자형	코드 예시
정수	1, 2, -10
실수	3.14, -1.5
복소수	1+2j
8진수	0o21, 0o30
16진수	0xDA

파이썬에서 가장 많이 사용되는 수치 자료형으로는 크게 정수형(integer)와 실수형(float)형이 있다. 정수형은 소수점이 없는 숫자를 의미하며 int로 표현된다. 실수형은 소수점이 있는 숫자로 float로 표현된다.

숫자형은 어떻게 만들고 사용할까?

1.1.1 정수형

정수형이란 말 그대로 정수(integer)를 뜻하는 자료형이다. 양의 정수, 음의 정수, 0이 포함된다. 다음은 정수를 변수 x에 대입하고, type()함수를 이용하여 변수 x의 자료형을 출력하는 코드이다.

```
x = 3
print(x, type(x))
```

>> 3 <class 'int'>

1.1.2 실수형

파이썬에서 실수형(Floating_point)은 소수점이 포함된 숫자를 말합니다. 다음 예는 실수를 변수 x에 대입하는 예이다.

```
y = 123.98
print(y, type(y))
```

>> 123.98 <class'float'>

1.2 문자열 자료형

컴퓨터는 수를 계산하기 위해 만들어진 기계이다. 따라서, 컴퓨터가 주로 다루는 데이터는 정수, 실수 등 숫자이다. 하지만, 연산을 위한 목적이 아닌 문자 그대로 데이터를 사용해야 할 경우가 있는데, 이때 사용되는 자료형이 문자열이다.

문자열은 문자들의 나열을 의미하며 str으로 표현한다. 파이썬에서 문자열은 작은따옴표(') 또는 큰따옴표(")의 쌍으로 표현한다. 그리고, 여러줄로 이루어진 문자열은 작은따옴표 3개(''') 또는 큰따옴표 3개(""")의 쌍으로 표현한다.

■ 한 줄 문자열

```
>>> str1 = "Hello"
>>> str2 = 'Python'
```

■ 여러 줄 문자열

```
>>> long = '''Hello Phython,
My name is Gildong.
Nice to mett you'''
```

1.2.1 문자열형의 index

문자열은 문자열을 구성하는 각 원소(문자)사이에 정해진 순서가 존재하는 순서형(sequence)자료형이다. 따라서, 문자열 내의 각 문자는 index를 통해 개별적으로 다룰 수 있다. index는 문자가 배열된 순서를 나타내며 항상 '0'부터 순서가 매겨지고, 문자뿐 아니라 공백(space)로 인덱스가 부여된다.

```
str_a = 'ABC'
```

그림 3-1 문자열의 index 구조

그림. 1은 문자열 'ABC'를 할당한 변수 str_a의 index 구조를 나타낸 것으로, index 범위는 0~2까지가 된다.

다음 예시 코드를 살펴보자. 공백도 인덱스가 부여된 것을 확인할 수 있다. 범위를 넘어서는 index를 사용하게 되면 색인오류(IndexError)가 발생하므로 범위 내의 index만 사용하도록 주의를 기울여야 한다.

```
>>> str_b = 'Good Luck'
>>> str_exam[0]
'G'
>>> str_exam[4]
' '
>>> str_exam[9]
Traceback (most recent call last):
  File "<pyshell#1>", line 1, in <module>
    str_a[3]
IndexError: string index out of range
```

1.2.2 문자열의 일부분 추출

슬라이싱을 이용하면 인덱스 번호를 사용하여 문자열의 개별 문자 추출이 가능하다.
슬라이싱은 대괄호 안에 인덱스를 넣고 추출하고 싶은 범위를 콜론(:)으로 구분해 표
시하면 된다.

```
>>> type(False)
<class 'bool'>
>>> type(3 >= 1)
<class 'bool'>
>>> type(True == 'True')
<class 'bool'>
```

- [n:m] : n번째부터 m-1번째까지를 의미
- [:m] : 처음부터 m-1번째까지를 의미
- [n:] : n부터 문자열의 마지막까지를 의미

슬라이싱을 하더라도 원본 문자열은 그대로 유지된다.

예제 3-1

2000년 이후 출생자의 주민번호를 입력받아, 다음과 같이 출력되도록 슬라이싱기능을 활용하여 프로그램을 작성해보자. (주의! 문자열로 입력받을 것)

> 주민번호 앞자리 입력 : 000304
> 당신은 2000년에 태어났군요
> 당신의 생일은 03월 04일이군요
> 당신은 올해 21살 이군요.

```
code = input("주민번호 앞자리 입력 : ")
year = "20" + code[0:2]
month = code[2:4]
day = code[4:6]
age = 2023 - int(year) +1
print("당신은 "+year+"년에 태어났군요")
print("당신의 생일은 "+month+"월 "+day+"일이군요")
print("당신은 올해 "+age+"살 이군요")
```

1.3 자료형의 변환

변수에 저장된 정수, 실수, 문자열 등의 다양한 자료형의 값은 사용자에 의해 강제로 다른 자료형으로 변환될 수 있다.

자료 유형	자료형	형 변환 함수
정수(integer)	int	int()
실수(floating-point)	float	float()
문자열(string)	str	str()

자료형을 나타내는 키워드를 함수로 사용하면 해당 자료형으로 변환할 수 있다.

- int() 함수 : 정수 형태의 문자열/실수 값을 정수로 형 변환
- float() 함수 : 실수 형태의 문자열/정수 값을 실수로 형 변환
- str() 함수 : 실수/정수 값을 문자열로 형 변환

다음 예시를 통해 형변환 함수로 기본자료형 값의 형변환이 어떤식으로 이루어지는 지 확인할 수 있다.

```
x1 = "3.14"        # 문자열
x2 = float(x1)     # 실수
x3 = int(x2)       # 정수
x4 = str(x3)       # 문자열
```

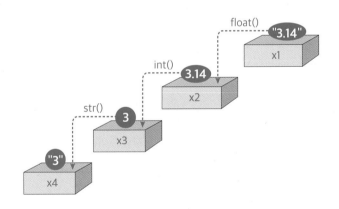

예제 3-2

사용자로부터 실수 형태의 문자열을 입력받아 실수형으로 변환하여 출력하고, 이어서 정수형, 문자열로 연속으로 변환하고 출력해보자. 출력할 때, 각 변수의 값들과 자료형을 함께 출력해보자.

```
>>> text = input("실수 형태 문자열 : ")
실수 형태 문자열 : 3.14
>>> fnum = float(text)
>>> inum = int(fnum)
>>> tstr = str(inum)
>>> print(text, type(text), fnum, type(fnum))
3.14 <class 'str'> 3 <class 'str'>
>>> print(inum, type(inum), tstr, type(tstr))
3 <class 'int'> 3 <class 'str'>
```

실습 3-1 문자가 포함된 실수형태의 값(ex. 10.0a)을 float()함수를 통해 형변환 하면 어떠한 오류가 발생하는지 확인해보자.

float()함수와 input()함수를 이용하여 실수값을 입력받을 때 문자가 포함된 값을 입력한 경우 "ValueError:could not convert string to float:'10.0a'"오류가 발생한다. 이 오류는 문자열을 실수로 변환하는 과정에서 오류가 발생하였음을 나타내는데, 문자열이 아닌 "10"과 같은 정수 형태를 입력할 경우 정상적으로 변환되어 10.0값이 반환된다.

```
x=float(input("실수: "))
실수: 10.0a
Traceback (most recent call last):
  File "<physhell#0>", line 1, in <module>
    x=float(input("실수: "))
ValueError: could not convert string to float: '10.0a'
```

예제 3-3

실수값을 입력받는 것이므로 float()함수와 input()함수를 이용하여 입력을 받는다.

```
>>> fnum = float(input("실수 : "))
실수 : 3.14
>>> print(fnum)
3.14
```

실습 3-2 문자가 포함된 실수형태의 값(ex. 10.0a)을 float()함수를 통해 형변환 하면 어떠한 오류가 발생하는지 확인해보자.

```
정수 입력 : 345
345 <class 'int'> 345 <class 'int'>
```

파이썬은 정수, 실수, 문자열의 기본 자료형 외에도 다음과 같은 자료형을 지원한다.

- 부울(boolean) : true 또는 false 값을 갖는 자료형 ex. bool_val=True
- 리스트(list) : 대괄호 안에 임의의 객체를 순서있게 나열한 자료형
  ex) list_val=[1,2,3]
- 튜플(tuple) : 리스트와 유사하지만 원소의 값을 변경할 수 없는 자료형
  ex) tuple_val=(1,2,3)
- 집합(set) : 원소의 값들이 순서에 상관없이 모인 자료형 ex. set_val={2,3,1}
- 딕셔너리(dictionary) : 중괄호안에 '키:값'의 쌍으로 된 원소로 구성된 순서없는 자료형 ex. dic_val={0 : "male" , 1 : "female"}

1.4 서식 지정자와 문자열 포매팅

파이썬에서는 복잡한 문자열 출력을 위한 문자열 포매팅(string formatting)를 지원한다. '문자열 포매팅'이란, 문자열을 형식화된 문자열로 표현하는 방법이다. 문자열을 형식화하는 방법에는 % 기호를 사용하는 방식과 format 메서드를 사용하는 방식, 그리고 f-string을 사용하는 방식이 있다.

1.4.1 %기호(서식 지정자)를 사용한 문자열 포매팅

문자열을 이용하여 어떠한 데이터를 표현할 때, 그 데이터의 자료형의 형식(서식)에 맞게 그에 대응하는 데이터를 문자열로 표현할 수 있다. 서식 지정자란 저장된 데이터를 어떤 형태로 출력할지 정해주는 문자이다.

서식 지정자를 사용하는 이유는 다음 몇 가지로 정리된다. 소스코드가 보기 좋게 표현될 수 있고, 실수의 경우 소수점 자릿수를 지정할 수 있다. 또한 출력 형태를 깔끔하게 정렬하여 표현하는 것이 가능하고, 정수를 10진수 뿐만 아니라, 8진수, 16진수 등의 형태로도 표현이 가능하다. 서식 지정자는 %기호 뒤에 자료형을 가리키는 문자를 붙여서 만들고, 서식 지정자를 사용하여 문자열을 생성하는 형식은 다음과 같다.

> "**서식지정자**가 포함된 문자열" % 서식 문자에 대입될 **변수**

문자열 중간에 %d가 있으면 이 부분에 정수 타입의 숫자를 출력하겠다는 의미이다. 다음 코드의 예시를 보자.

```
num = 50
s = 'my age %d' % num
print(s)
```

>> my age 50

"my age %d" 위치에 num이 들어가게 되어서 "my age 50"와 같이 출력된다. 문자열 뒤에 %를 붙이고 서식문자에 대입될 변수를 사용한 것을 잘 알아둬야 한다.

양식 문자	표현 내용	비고
%d	정수(십진수)	Decimal (0~9)
%f	실수(소수점)	Floating point number
%g	정수 혹은 실수	소수점의 여부에 따라 정수, 실수 자동표시
%s	문자열	String
%c	문자	Character
%o	8진수	Octal nmber (0~7)
%x	16진수	Hexa number (0~9, A~F)

예제 3-4

다음 주어진 코드의 3개 변수에 대해 %s, %d, %f를 사용하는 코드로 수정하여 출력해보자.

```
01  name = "홍길동"
02  age = 21
03  weight = 58.7
04  print("내 이름은", name, "입니다.")
05  print("나는", age, "살입니다.")
06  print("나의 몸무게는", weight, "kg입니다.")
```

```
01  name = "홍길동"
02  age = 21
03  weight = 58.7
04  print("내 이름은 %s입니다." % name)
05  print("나는, %d살입니다." % age)
06  print("나의 몸무게는, %f kg입니다." % weight)
```

실수를 표현하는 %f는 기본적으로 소수점 아래 6자리까지 표현한다. 원한다면, 실수의 소수점 이하 자릿수를 지정할 수 있다. 다음과 같이 %f사이에 '.자릿수'를 추가하면 된다.

```
height = 167.748
text = '내 키는  %.2f cm입니다' % height
print(text)
```

>> 내 키는 167.75 cm입니다

1.4.2 format() 함수를 사용한 문자열 포매팅

파이썬은 문자열을 만들 때 서식 지정자 방식보다 더 간단한 문자열 포매팅(string formatting)을 제공한다. 문자열 포매팅은 { }(중괄호) 안에 포매팅을 지정하고 format()함수 인자로 값을 지정한다.

```
'{인덱스0},{인덱스1}'.foramt(값0,값1)
```

다음과 같이 단어를 삽입할 위치를 {}로 지정하고 format()함수에 원하는 단어를 전달하면 {} 위치에 전달한 단어를 삽입해 출력한다. 이때 {}를 플레이스 홀더라고 부른다.

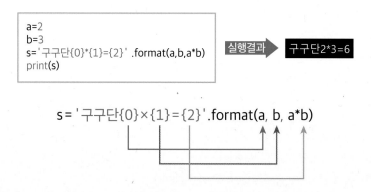

사용하는 방법은 여러가지가 있는데 하나씩 예시를 통해 살펴본다.

(1) 값 직접 입력하기

```
#직접 대입하기
s1='name : {0}' .format("홍길동")
print(s1)
```

>> name : 홍길동

인덱스 입력이 없을때는 format()함수의 인자 순서대로 값을 출력하고, 인덱스가 있는 경우는 인덱스 번호에 맞는 값을 출력한다. 인덱스를 중복해서 입력하면 해당 인덱스에 따른 값을 출력한다.

(2) 변수 입력하기

```
#변수로 대입하기
age=55
s2='abe:{0}' .format(age)
print(s2)
```

>> age:55

(3) 변수 이름에 직접 입력하기

```
#이름으로 대입하기
s3="number:{num}, gender:{gen}" .format(num=1234, gen={'male'})
print(s3)
```

>> number:1234, gender:male

변수 이름에 직접 입력하는 방식은 format()함수에 입력하는 값의 순서를 내 마음대로 바꿀 수 있다는 장점이 있다.

앞에서 배운 서식지정자를 이용한 방식과 비교해보자.

```
a = 100
b = 100
print("a is %d, b is %d" % (a,b))
```

```
a = 100
b = 100
print("a is {}, b is {}" .format(a,b))
```

1.4.3 f-string을 사용한 문자열 포매팅

f-string을 사용한 문자열 포매팅은 파이썬3.6부터 사용할 수 있는 기능이다. 문자열 맨 앞에 f를 붙여주고, 중괄호 안에 직접 변수이름이나 출력하고 싶은 값을 넣으면 된다.

```
형식 : f'문자열 {변수}'
```

```
height = 167.748
text = f'내 키는  {height}cm입니다'
print(text)
```

>> 내 키는 167.748 cm입니다

f-string을 사용하여 소숫점 자리수를 표현하고 싶을 때는 중괄호 안에 콜론(:)을 쓰고, 오른편에 .자릿수f를 써주면된다.

```
형식 : f'문자열 {변수:.자릿수f}'
```

```
1  num=10.2345
2  result=f'num : {num:.2f}'
3  print(result)
```

>> 10.23

f-string을 이용하여 문자열을 정렬할 때는 중괄호안에 {:숫자<}형태로 쓰면 된다. <는 왼쪽 정렬, ^는 가운데 정렬, >는 오른쪽 정렬을 의미하며, 숫자는 정렬할 총 칸의 수가 되고, 남은 빈 칸은 공백으로 채우게 된다. format()함수도 동일한 방식으로 문자열을 정렬할 수 있다.

```
a = "ABCDEF"
print(f'정렬결과 : {a<10}입니다.')
print(f'정렬결과 : {a^10}입니다.')
print(f'정렬결과 : {a>10}입니다.')
```

>> 정렬 결과 : ABCDEF   입니다.
    정렬 결과 :   ABCDEF 입니다.
    정렬 결과 :   ABCDEF입니다.

공백이 아닌 다른 문자로 빈 공간을 채우고 싶다면 :뒤에 공백대신 채울 문자(1글자)를 추가하면 된다.

```
a = "ABCDEF"
print(f'정렬결과 : {a*<10}입니다.')
print(f'정렬결과 : {a@^10}입니다')
print(f'정렬결과 : {a%>10}입니다.')
```

>> 정렬 결과 : ABCDEF****입니다.
    정렬 결과 : @@ABCDEF@@입니다.
    정렬 결과 : %%%%ABCDEF입니다.

SECTION 02 여러 가지 연산자

2.1 산술 연산자

파이썬 역시 계산기와 마찬가지로 아래의 연산자를 이용해 사칙연산을 수행한다. 기본적으로 덧셈, 뺄셈, 곱셈, 나눗셈 연산이 있다.

연산	연산자	수식	결과
덧셈	+	6 + 4	10
뺄셈	-	6 - 4	2
곱셈	*	6 * 4	24
나눗셈	/	6 / 4	1.5

예제 3-5

사용자로부터 두 개의 정수를 입력받 아각각 변수 x와 변수 y에 대입하고 print()함수를 이용하여 사칙연산(+,-,*,/)의 결과를 출력해보자.

```
>>> x = int(input("정수1 : "))
정수1 : 4
>>> y = int(input("정수2 : "))
정수2 : 2
```

```
>>> print(x + y)
6
>>> print(x - y)
2
>>> print(x * y)
8
>>> print(x / y)
2.0
```

추가적으로 파이썬은 정수 나눗셈과 나머지값을 계산하는 연산자를 제공한다.

기본 사칙연산에서 사용되는 / 연산자에 의한 나눗셈 연산은 피연산자가 둘 다 정수라 하더라도 항상 실수 연산을 하여 결과값이 실수가 된다.

나눗셈에 의한 정수 결과를 구하고 싶을 때는 // 연산자를 사용하면된다. 연산의 결과는 나눗셈의 몫에 해당한다. 나눗셈의 나머지 값을 구할 경우에는 % 연산자를 사용한다.

연산	연산자	수식	결과
나눗셈(실수)	/	6 / 4	1.5
나눗셈(정수)	//	6 / 4	1
나머지	%	6 / 4	2

$$1.5 \longleftarrow 6 / 4$$

$$① \longleftarrow 6 // 4$$

$$4 \overline{)6}$$
$$\underline{-4}$$
$$② \longleftarrow 6 \% 4$$

예제 3-6

정수를 입력받아 500원 동전 개수와 100원 동전 개수를 구해보자.

```
>>> x = int(input("금액 : "))
금액 : 750
>>> x500 = x // 500

>>> x100 = x % 500
>>> x100 = x100 // 100

>>> print("500원 :", x500, "100원 : ", x100)
500원 : 1 100원 : 2
```

2.2 비교 연산자

비교연산자는 두 개의 피연산자를 비교하는데 사용된다. 변수나 상수의 값을 비교할 때 쓰이는 연산자로 두 피연산자 사이의 관계를 확인할 때 사용하기 때문에 관계연산자라고도 한다. 관계를 비교하여 참(True)과 거짓(False)으로 결과를 반환한다. 연산 결과는 항상 true 또는 false인 논리값(boolean)이 반환되고, 뒤에서 배울 if 조건식과 함께 많이 사용된다.

비교연산	의미	결과
x > y	x가 y보다 큰가?	True
x >= y	x가 y보다 크거나 같은가?	True
x < y	x가 y보다 작은가?	False
x <= y	x가 y보다 작거나 같은가?	False
x == y	x가 y보다 같은가?	False
x != y	x가 y보다 다른가?	True

예제 3-7

6을 변수x에, 2를 변수 y에 각각 대입한 후, 관계 연산자를 이용하여 두 변수에 대한 관계 연산의 결과를 출력해보자.

```
>>> x = 6
>>> y = 2
>>> x > y
True
>>> x >= y
True
>>> x < y
False
>>> x <= y
False
```

```
>>> x == y
False
>>> x != y
True
```

2.3 논리 연산자

논리연산은 여러 조건을 조합하여 참인지 거짓인지 판단하는 것을 의미한다. 파이썬에서 제공하는 논리 연산자 and, or, not 의 연산 결과는 Bool 타입으로 반환된다. 즉 and, or, not의 결과는 True 아니면 False 로 나오게 된다.

2.3.1 and 연산자

조건 A와 조건 B가 모두 참이면 참(True)을 반환한다. 즉, 조건 A 나 조건 B 중 둘 중 하나라도 거짓이면 거짓(False)를 반환한다. 당연히 조건 A, B가 둘다 거짓이면 거짓(False)를 반환한다.

예를 들어, "국어 점수가 80점 이상이고 영어 점수가 80점 이상이다"라는 조건을 만족하려면 'kscore >= 80' 조건과 'escore >= 80'을 동시에 만족해야 하므로 'kscore >= 80 and escore >= 80'와 같이 표현한다.

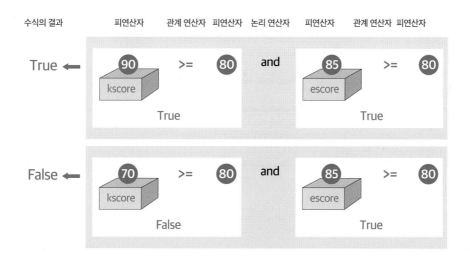

2.3.2 or 연산자

or 연산은 조건 A, B 둘 중 하나라도 True이면 전체 결과가 True이다. 즉, 두 조건 모두가 False가 인 경우에만 False 이고, 조건 중 하나라도 True 이면 True 이다.

예를 들어, "국어 점수가 80점 이상이거나 영어 점수가 80점 이상이다"라는 조건은 'kscore >= 80' 조건과 'escore >= 80'둘 중 하나만 만족하면 참이 된다. 따라서, 'kscore >= 80 or escore >= 80'와 같이 표현한다.

2.3.3 not 연산자

not 조건은 조건을 반대로 해석하면 된다. A가 거짓이라면 참(True)를 반환하고 A가 참이라면 거짓(False)를 반환한다.

논리 연산자	의미
x and y	x와 y가 True이면 True, 그렇지 않으면 False
x or y	x나 y 중에서 하나만 True이면 True, 모두 False이면 False
not x	x가 True이면 False, x가 False이면 True

논리 연산의 결과는 다음과 같이 진리표로 한눈에 정리할 수 있다. 논리식이나 논리
회로에 대한 입출력 결과를 기록한 표를 진리표라고 한다.

x	y	x and y	x or y	not x
True	True	True	True	False
True	False	False	True	False
False	True	False	True	True
False	False	False	False	True

예제 3-8

변수 k에 대입한 값과 변수 e에 대입한 값이 모두 80 이상인지 논리연산자 and와 or를 이용하
여 관계 연산해보자.

```
>>> k = 90
>>> e = 85
>>> k >= 80 and e >= 80
True
>>> k >= or e >= 80
True
```

2.4 연산자의 우선순위

수식에 2개 이상의 연산자가 사용될 때 어느 연산자를 먼저 평가하여 계산할지 결정해야 한다. 다음 두 수식의 결과는 어떻게 계산될까?

a + b * c	x * y * z

a + b * c	a + b * c	x * y + z	x * y + z
①	①	①	①
②	②	②	②

다음과 같이 수식에 괄호를 사용하면 계산의 순서를 보다 더 명확히 할 수 있다.

a + (b * c)	(x * y) * z

a + (b * c)	(x * y) + z
①	①
②	②

산술 연산자의 경우 기본적으로 다음과 같은 수학적 관례를 따르고 있다.

- 괄호(Parentheses)는 가장 높은 우선순위를 가지며, 괄호 내의 식이 먼저 실행된다.
- 지수승(Exponentiation)은 다음으로 높은 우선순위를 가진다.
- 곱셈(Multiplication)과 나눗셈(Division)은 동일한 우선순위를 가진다.
- 덧셈(Addition)과 뺄셈(Subtraction)은 동일한 우선순위를 가진다.
- 같은 우선순위를 갖는 연산자는 왼쪽에서 오른쪽 순서로 실행된다.

파이썬의 연산자 우선순위는 다음 표와 같다.

순위	연산자	설명	순위	연산자	설명
1	**	지수 연산	8	< > <= >=	관계 연산(비교)
2	~ + -	비트 반전, +부호, -부호	9	== !=	관계 연산(동등)
3	* / // %	곱셈, 실수 나눗셈, 정수 나눗셈, 나머지	10	is, is not	아이덴티티 연산
4	+ -	덧셈, 뺄셈	11	in, not in	소속 연산
5	<< >>	왼쪽 비트 이동, 오른쪽 비트 이동	12	not	논리 부정
6	&	비트 AND	13	and, or	논리 AND, 논리 OR
7	^ |	비트 XOR, 비트 OR	14	= += -= /= //= %= **=	대입 연산

1. 다음 중 사칙 연산자 기호가 아닌 것을 고르시오.

   ① +   ② -
   ③ *   ④ /

2. 다음 계산의 결과를 고르시오.

   ① 20   ② 14
   ③ 10   ④ 9

3. 다음은 연산자와 설명이다. 설명이 잘못된 것을 고르시오.

   ① // : 나누기(몫) 연산자   ② % : 나머지 연산자
   ③ ** : 제곱 연산자   ④ *** : 제곱근 연산자

4. 다음은 대입 연산자 코드이다. 오류가 발생하는 것을 고르시오.

   ① num1, num2 = 10, 20   ② num1, num2, num3 = 10, 20, 30
   ③ num1, num2 = 10   ④ num1 =20

5. 다음은 대입 연산자에 대한 설명이다. 설명이 맞는 것을 고르시오.

   ① =의 오른쪽이 모두 계산된 후에 왼쪽에 대입되므로 value에는 300이 대입됨
   ② -의 왼쪽이 먼저 계산되므로 num에는 300이 대입됨
   ③ value와 num에는 동일한 값이 대입됨
   ④ num에는 100이 value에는 200이 대입됨

6. 파이썬의 정수형에 대한 설명과 거리가 먼 것을 고르시오.

   ① 정수형은 <class 'int'>로 표현된다.   ② 소수점이 없는 숫자를 의미한다.
   ③ 표현하는 숫자의 크기에 제한이 있다.   ④ 정수와 정수를 더하면 정수가 된다.

7. 다음 코드를 실행한 결과를 고르시오.

   ① 99   ② 100
   ③ 101   ④ 102

8. 다음 비교 연산자 중에서 결과가 True인 것을 고르시오.

   ① 10 > 20   ② 10 == 20
   ③ 10 >= 20   ④ 10 <= 20

9. 다음 논리 연산자 중에서 결과가 True인 것을 고르시오.

   ① 10 > 20 and 10 == 20   ② 10 == 20 and 10 > 20
   ③ 10 >= 20 and 10 > 20   ④ 10 <= 20 and 10 < 20

10. 파이썬의 기본 데이터형과 거리가 먼 것을 고르시오.

    ① 정수형   ② 실수형
    ③ 지수형   ④ 문자열형

11. 파이썬에서 출력되는 변수의 형을 짝을 지은 것이다. 잘못된 것을 고르시오.

    ① 정수 : <class 'int'>   ② 실수 : <class 'double'>
    ③ 문자열 : <class 'str'>   ④ 불형 : <class 'bool'>

12. 파이썬의 정수형에 대한 설명과 거리가 먼 것을 고르시오.

    ① 정수형은 <class 'int'>로 표현된다.   ② 소수점이 없는 숫자를 의미한다.
    ③ 표현하는 숫자의 크기에 제한이 있다.   ④ 정수와 정수를 더하면 정수가 된다.

13. 다음은 이스케이프 문자에 대한 설명이다. 거리가 먼 것을 고르시오.

   ① \n : 다음 탭으로 이동　　　　　　② \b : 뒤로 한 칸 이동

   ③ \' : '를 출력　　　　　　　　　　④ \\ : \를 출력

14. 문자열의 길이를 알려주는 함수를 고르시오.

   ① size()　　　　　　　　　　　② length()

   ③ len()　　　　　　　　　　　　④ input()

15. 다음은 문자열 함수의 설명으로 잘못된 것을 고르시오.

   ① count() : 어떤 글자가 몇 번 나왔는지 확인　　② isupper() : 대문자로 변경

   ③ find() : 어떤 글자가 몇 번째 위치하는지 확인　　④ len() : 문자열의 길이를 확인

16. 다음과 같은 결과가 나오도록 코드를 작성하시오.

> **실행 결과**
>
> 숫자 1 ==>100
> 숫자 2 ==>3
> 100 / 3 = 33.333333333333336
> 100 % 3 = 1
> 100 // 3 = 33
> 100 ** 3 = 1000000

17. 다음과 같은 결과가 나오도록 코드를 작성하시오. 단, 첫 행은 다음과 같이 선언한다.

> **실행 결과**
>
> 원본 문자열 : 파이썬은 재밌어요~~ Python is Funny. ^^
> 모두 대문자로 : 파이썬은 재밌어요~~ PYTHON IS FUUNY. ^^
> 모두 소문자로 : 파이썬은 재밌어요~~ python is funny. ^^
> Python 글자의 시작 위치 : 12

CHAPTER **4**

컨테이너 자료형

Python All-In-One

SECTION 01   리스트

1.1 리스트의 개념

파이썬에서는 기본 데이터 타입인 숫자형 타입, 불리언 타입, 문자열 타입과는 별도로 이들로 구성되는 다양한 컨테이너 형태의 데이터 구조를 제공한다. 그 중 가장 많이 사용되는 것이 바로 리스트(list) 타입이다.

리스트는 파이썬의 기본적인 자료형 중 하나로, 여러 개의 값을 담을 수 있는 순차적인 자료 구조로, 원소들이 연속적으로 저장되는 형태의 자료형이다. 많은 양의 데이터들을 한 번에 모아 효율적으로 처리하고 저장할 수 있으며, 저장되는 요소들이 모두 같은 자료형일 필요는 없다. 리스트는 대괄호[ ]로 묶어서 표현하고, 서로 다른 자료형의 값을 콤마(,)로 구분하며 리스트 안에는 0개 이상의 원소가 저장될 수 있다. 아무런 요소도 저장하고 있지 않은 리스트는 [ ]로 표현하며 빈 리스트라고 한다.

[123, '가나다', 'ABC']

그림 4-1   리스트 구조

리스트를 만들 때는 대괄호 [와] 사이에 요소(element) 또는 변수 목록을 입력해주고, 각 데이터들은 콤마(,)를 통해 구분한다.

리스트변수명 = [요소_1, 요소_2, ...]

그림 4-2   리스트 선언 형식

리스트의 원소들은 다음 그림과 같이 앞에서부터 정해진 순서대로 인덱싱된다.

그림 4-3   리스트의 인덱싱

리스트를 만들 때는 대괄호([ ])로 감싸주고 안에 들어가는 원소는 쉼표를 통해 구분하는데, 어떠한 타입의 자료형도 가능하다. 다른 리스트도 원소가 될 수 있다.

다음은 여러 가지 형식의 리스트를 생성하는 예제 코드이다.

```
>>> a = [ ]                                      # empty list
>>> b = [1, 2, 3]
>>> c = [ 'Lift', 'is', 'too', 'short']
>>> d = [1, 2, Lift, is]
>>> e = [1, 2, ['Life', 'is'] ]                  # 다른 list도 원소가 될 수 있음
```

list()함수를 사용하여 다음과 같이 리스트를 생성할 수도 있다.

```
>>> a=list()
>>> print(a)
[]
>>> b=list("PYTHON")
>>> b
['P', 'Y', 'T', 'H', 'O', 'N']
```

range()함수는 시작값, 종료값, 증가값을 파라미터로 하여 숫자 시퀀스를 생성하는 함수인데, 이 range()함수를 사용하여 연속된 값을 가지는 리스트 생성이 가능하다.

range()함수로 숫자 시퀀스를 생성할 때, 파라미터에 증가값이 없는 경우는 시작값부터 종료값−1까지의 숫자가 1씩 증가하면서 생성된다.

```
range(시작값, 종료값, 증가값)
```

그림 4-4   range()함수의 문법

다음은 range()함수를 이용하여 리스트를 생성하는 예제 코드이다.

```
>>> a = list( range (1,11,1) )
>>> b = list( range (5,15,5) )
>>> c = list( range (1,20,3) )
```

```
>>> print(a)
      [1, 2, 3, 4, 5, 6, 7, 8, 9, 10]
>>> print(b)
      [5, 10, 15, 20, 25, 30, 35, 40, 45, 50]
>>> print(c)
      [1, 4, 7, 10, 13, 16, 19]
```

1.2 인덱싱과 슬라이싱

리스트도 문자열처럼 리스트의 각 원소 사이에 정해진 순서가 존재하는 순서형
(sequence)자료형이다. 따라서, 리스트 내의 각 원소는 index 번호를 통해 개별 원소
에 접근할 수 있다.

```
letters = ['A', 'B', 'C', 'D', 'E', 'F']
>>> letters[1]
>>> B
```

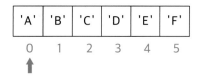

문자열과 마찬가지로 리스트에서도 인덱스 번호를 사용하여 특정 범위의 원소를 추
출하는 슬라이싱이 가능하다. 리스트명[시작:끝]와 같은 형식을 사용하고 시작요소
부터 (끝−1) 인덱스에 있는 요소까지 선택하여 슬라이싱 한다.

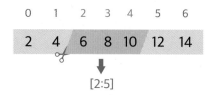

- [n:m] : n번째부터 m−1번째까지를 의미

```
aa = [10, 20, 30, 40]
aa[0:3]
aa[2:4]
```

출력 결과

```
[10, 20, 30]
[30, 40]
```

- ['m] : 처음부터 m−1번째까지를 이미
- [n:] : n부터 문자열의 마지막까지를 의미

```
aa = [10, 20, 30, 40]
aa[2:]
aa[:2]
```

출력 결과

```
[30, 40]
[10, 20]
```

1.3 리스트의 연산

문자열과 리스트는 굉장히 비슷한 자료형으로, 사용할 수 있는 연산자와 함수가 비슷하다.

문자열에서와 마찬가지로 +연산자는 리스트끼리 결합을 하는 연산자이고, *연산자는 곱한 수만큼 반복한다. len()함수는 리스트 원소의 크기(개수)를 구하는 함수이다.

다음 코드를 통해 리스트 연산자가 어떤 방식으로 사용되는지 확인해보자.

list_a와 list_b 변수에 리스트를 생성한다.

```
list_a = [1, 2, 3]
list_b = [4, 5, 6]
```

다음은 연산자 +를 사용해 list_a와 list_b의 자료를 연결하고, 반복 연산자 *를 사용해 list_a의 자료를 3번 반복하는 코드이다.

```
>>> print("list_a + list_b =", list_a + list_b)
    [1, 2, 3, 4, 5, 6]
>>> print("list_a * 3 =", list_a * 3)
    [1, 2, 3, 1, 2, 3, 1, 2, 3]
```

len()함수를 사용하여 list_a의 크기를 구하면 list_a의 원소개수를 반환한다.

```
# 길이 구하기
>>> len(list_a)
3
```

1.4 리스트의 메소드

문자열과 마찬가지로 리스트 변수명 뒤에 '.'을 붙여서 여러 가지 리스트의 관련 함수들을 이용할 수 있다. 함수는 요소 추가, 삭제, 정렬, 일치요소 수 확인 등의 작업을 쉽게 할 수 있어 리스트를 이용할 때 유용하다.

다음은 유용하게 쓰이는 리스트 관련 함수들에 대한 설명 및 사용 예이다.

함수	설명

append( )	• 리스트의 끝에 새 요소를 추가
	
	``
	>>> list_exam=[1, 2, 3, 4]
	>>> list_exam.append(5)
	>>> list_exam
	[1, 2, 3, 4, 5]
	``

insert( )	• index로 명시한 리스트 내의 위치에 새 요소 삽입
	
	``
	>>> list_exam=[1, 3, 5]
	>>> list_exam.insert(1, 2) #1 위치(두 번째)에 데이터 2 삽입
	>>> list_exam
	[1, 2, 3, 5]
	>>> list_exam.insert(3, 4) #3 위치(네 번째)에 데이터 4 삽입
	>>> list_exam
	[1, 2, 3, 4, 5]
	``

extend( )	• 기존 리스트에 다른 리스트를 이어붙임. + 연산자와 같은 기능
	
	``
	>>> list_exam=[1, 2, 3]
	>>> list_exam.extend([4, 5, 6])
	>>> list_exam
	[1, 2, 3, 4, 5, 6]
	``

함수	설명

remove( )	• 매개변수로 입력한 데이터를 리스트에서 찾아 요소를 제거(중복 값이 있는 경우 발견한 첫 번째 요소만 제거)
	
	``
	>>> list_exam=[1, 2, 3, 1, 2, 3]
	>>> list_exam.remove(1)
	>>> list_exam
	[2, 3, 1, 2, 3]
	``

pop( )	• 리스트의 마지막 요소 또는 특정 요소 제거
	
	``
	>>> list_exam=[1, 2, 3, 4, 5]
	>>> list_exam.pop( ) # 마지막 요소 제거
	>>> list_exam
	[1, 2, 3, 4]
	>>> list_exam.pop(2) # 2 위치(세 번째) 요소 제거
	>>> list_exam
	[1, 2, 4]
	``

count( )	• 매개변수로 입력한 데이터와 일치하는 요소 수 count
	
	``
	>>> list_exam=[1, 10, 3, 10, 5]
	>>> list_exam.count(10)
	2
	>>> list_exam.count(5)
	1
	``

index( )	• 리스트내에서 매개변수로 입력한 데이터와 일치하는 요소의 index를 알려줌(중복 값이 있는 경우 발견한 첫 번째 요소의 index)
	
	``
	>>> list_exam=[1, 10, 3, 10, 5]
	>>> list_exam.index(10)
	1
	>>> list_exam.index(5)
	4
	``

함수	설명

sort( )	• 리스트 내의 요소를 정렬(기본 오름차순 정렬하며, reverse =True 매개변수 값 사용 시 내림차순 정렬)
	
	``
	>>> list_exam=[1, 3, 2, 5, 4]
	>>> list_exam.sort( ) # 오름차순 정렬
	>>> list_exam
	[1, 2, 3, 4, 5]
	>>> list_exam.sort(reverse = True) # 내림차순 정렬
	>>> list_exam
	[5, 4, 3, 2, 1]
	``

reverse( )	• 리스트 내의 요소의 순서를 반대로 뒤집기
	
	``
	>>> list_exam=[1, 3, 2, 5, 4]
	>>> list_exam.reverse( )
	>>> list_exam
	[4, 5, 2, 3, 1]
	>>> list_exam=['대','한','민','국']
	>>> list_exam.reverse( )
	>>> list_exam
	['국', '민', '한', '대']
	``

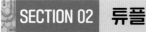
SECTION 02 튜플

2.1 튜플의 개념

주일의 요일들로 구성되는 자료형이나 홀수 또는 짝수 등과 같이 일련의 순서를 갖는 자료형을 이용하고자 하는 경우 리스트를 사용하면 편리하다. 그러나, 리스트는 원소 값을 수정하거나 삭제할 수 있기 때문에 원소가 바뀌거나 누락되어 표현하고자 하는 내용과 달라질 수 있다. 이런 경우에는 튜플형을 사용한다. 튜플은 리스트와 몇 가지 점을 제외하곤 모든 것이 동일하다. 그 다른 점은 다음과 같다.

- 리스트는 '[' 과 ']'으로 둘러싸지만 튜플은 '('과 ')'으로 둘러싼다.
- 리스트는 원소 값을 생성, 삭제, 수정이 가능하지만 튜플은 일절 허용하지 않는다.

튜플을 만들 때는 그림 4-2와 같이 소괄호 (와) 사이에 요소(element) 또는 변수 목록을 입력해주고, 각 데이터들은 콤마(,)를 통해 구분한다. 두 번째 형식처럼 소괄호 (와)를 생략하는 것도 가능하다.

형식 1	형식 2
튜플변수명 = (요소_1, 요소_2, …)	튜플변수명 = 요소_1, 요소_2, …

그림 4-5   튜플 선언 형식

튜플의 요소는 대개의 경우 같은 목적의 유사 항목을 위해 동일 데이터 형으로 구성되지만, 목적에 따라 서로 다른 데이터 형인 경우도 가능하다. 또한, 튜플의 요소로 리스트, 또 다른 튜플 등 서로 다른 자료형을 혼용하는 것도 허용된다. 예를 들어 (1, 2, 3)은 정수(int) 형, 요일을 나타낸 ('Sun', 'Mon', 'Tue', 'Wed', 'Thu', 'Fri', 'Sat')는 문자열형 등 동일 형으로 이루어진 튜플이다. 그리고, 내가 좋아하는 것을 표현한 ('가을', 'Love', 7, '튤립')은 문자열형, 정수형 등 여러 형이 혼합된 튜플이다.

다음은 여러 가지 형식의 튜플을 생성하는 예제 코드이다.

```
>>> a= ( 1, 2, 3, 4)                        # int 형 요소
>>> a= 1, 2, 3, 4                           # int 형 요소, ( ) 생략
>>> b= ('홍길동', '이순신', '강감찬')         # string 형 요소
>>> c= (24, 180, '대한민국')                 # int형 + string형 요소
>>> d= (24, 180, ['대한민국', '서울'])        # int형 + list형
>>> e= (24, 180, ['대한민국', '서울'], (1, 2, 3))  # int형 + list형 + tuple형
>>> f= ( )                                   # Empty list
>>> print(a, b, c, d, e, f)
(1, 2, 3, 4) ('홍길동', '이순신', '강감찬') (24, 180, '대한민국') (24, 180,
['대한민국', '서울']) (24, 180, ['대한민국', '서울'], (1, 2, 3)) ( )
```

튜플 생성시 주의할 점은 다음과 같이 요소가 하나인 튜플을 만들 때이다. t3과 t4는 튜플이지만 t1과 t2는 일반값이 되었다. 따라서, 요소가 하나인 튜플을 만들때는 t3과 t4처럼 요소 뒤에 쉼표(')를 반드시 붙여야 한다.

```
>>> t1=(10)
>>> t2=10
>>> t1; t2
10
10
>>> type(t1); type(t2)
<class 'int'>
<class 'int'>
>>> t3=(10,)
>>> t4=10,
>>> t3; t4
(10,)
(10,)
>>> type(t3); type(t4)
<class 'tuple'>
<class 'tuple'>
```

2.2 튜플의 연산

■ 튜플 병합(Concatenation) 및 반복(Iteration)

튜플형은 리스트형과 같이 원소로 이루어져 있고 index 구조를 갖기 때문에 병합('+'), 반복('*') 연산이 가능하다. 즉, 튜플은 고정된 정보를 가지는 특징만 제외하면 기본적으로 리스트형과 거의 동일하다.

'+'는 수식에서 이용되는 연산자로 두 숫자를 더할 때 사용한다. 그러나 이 연산자를 리스트형 사이에서 사용하면 리스트를 병합하는 기능을 한다. 다음 예제를 살펴보자.

```
>>> tuple_season=('봄', '여름', '가을', '겨울')
>>> tuple_day=('월 '화', '수', '목', '금', '토')
>>> season_day= list_season + list_day
>>> season_day
('봄', '여름', '가을', '겨울', '월', '화', '수', '목', '금', '토')
```

변수 tuple_season과 tuple_day에 각각 튜플형인 ('봄', '여름', '가을', '겨울')과 ('월 '화', '수', '목', '금', '토')이 할당되어 있다. 두 변수에 + 연산을 한 결과를 보면 우리가 알고 있는 수학의 덧셈 연산이 아닌 각 튜플이 가지고 있는 요소를 합치라는 의미를 갖는 것을 알 수 있다.

'*' 연산자도 튜플형에서 사용 가능하다. 일반 수식에서는 곱셈 연산을 의미하지만, 튜플형에 사용하면 같은 튜플 요소를 반복해서 병합한다.

```
>>> tuple_season=('봄', '여름', '가을', '겨울')
>>> tuple_season= list_season * 2
>>> tuple_season
('봄', '여름', '가을', '겨울', '봄', '여름', '가을', '겨울')
```

2.3 패킹과 언패킹

패킹(packing)은 말그대로 묶는다는 뜻이고, 언패킹(unpacking)은 묶여있는 것을 풀어내는 뜻이다. 패킹은 여러 개의 데이터를 컬렉션으로 묶어 변수에 대입하는 것이고, 언패킹은 컬렉션 속의 요소들을 여러 개의 변수에 나누어 대입하는 것으로, 시퀀스의 요소를 변수에 나눠 대입할 때는 두 시퀀스의 길이가 일치해야한다.

다음 예시 코드로 패킹과 언패킹이 어떻게 사용되는지 확인하자.

```
numbers= 1, 2, 3, 4, 5              #packing
a, b, c, d, e = numbers            #unpacking
```

numbers에 패킹된 데이터의 수가 5개이므로, 언패킹을 할때는 변수 5개가 필요하다.

언패킹을 할 때, 대입문 좌변의 변수 하나에 별 기호(*)를 붙여 다른 변수에 대입하고 남은 나머지 요소를 대입할 수 있다. 변수명 앞에 * 표시를하면 여러 개의 값을 갖는 리스트가 된다.

```
a, b, *rest=numbers               #1,2를 제외한 나머지를 rest에 대입
print(a, b, rest)
```

>> 1 2 [3, 4, 5]

언패킹할 때, 사용되지 않거나 필요없는 변수는 언더스코어(_)표시를 한다.

```
a,b,*_=numbers       # a에 1, b에 2를 저장하고 나머지는 사용하지 않음
```

SECTION 03　딕셔너리

3.1 딕셔너리의 개념

'사람'사은 누구든지 "이름" = "홍길동", "생일" = "몇 월 몇 일" 등으로 구분할 수 있다. 파이썬은 영리하게도 이러한 대응관계를 표현할 수 있는 자료형이 제공되는데, 이것은 요즘 나오는 대부분의 언어들도 갖고 있는 자료형으로 Associative array, Hash라고도 불린다.

딕셔너리란 단어 그대로 해석하면 사전이란 뜻이다. 즉, people 이란 단어에 '사람', baseball 이라는 단어에 '야구'라는 뜻이 부합되듯이 딕셔너리는 Key와 Value라는 것을 한 쌍으로 갖는 자료형이다. 위의 예에서 보면 Key가 'baseball'이라면 Value는 '야구'가 될 것이다. 딕셔너리는 리스트나 튜플처럼 순차적으로(sequential) 해당 요소 값을 구하지 않고 key를 통해 value를 얻는다. 딕셔너리의 가장 큰 특징이라면 key로 value를 얻어낸다는 점이다.

baseball이란 단어의 뜻을 찾기 위해서 사전의 내용을 순차적으로 모두 검색하는 것이 아니라 baseball이라는 단어가 있는 곳만을 펼쳐보는 것이다. 또한 딕셔너리형은 앞서 설명한 스트링, 리스트형과는 달리 index로 운용되지 않기 때문에 원소들의 출력순서가 정해져 있지 않다. 때문에 딕셔너리형을 생성하고 출력하면 생성시 원소의 순서와는 다르게 출력된다.

딕셔너리형을 만들 때는 중괄호 { 와 } 사이에 요소(element) 들을 입력해주고, 각 요소들은 콤마(,)를 통해 구분한다. 각각의 요소는 Key : Value형태로 표기한다.

```
딕셔너리_변수명 = {Key1:Value1, Key2:Value2, Key3:Value3,,,,}
```

3.2 딕셔너리의 연산

딕셔너리에 존재하지 않는 키에 접근하면 KeyError가 발생한다. 그래서 존재하는 키
인지, 존재하지 않는 키인지 확인하는 방법이 필요하다.

■ in 키워드

리스트 내부에 값이 있는지 없는지 확인할 때 in 키워드를 사용했던 것처럼 딕셔너리
내부에 키가 있는지 없는지 확인할 때도 in 키워드를 사용한다.

그럼 다음 코드를 살펴보자. 사용자로부터 접근하고자 하는 키를 입력받은 후, 존재
하는 경우에만 접근해서 값을 출력한다.

```python
# 딕셔너리를 선언합니다.
dictionary = {
    "name": "김치찌개",
    "type": "한식",
    "ingredient": ["김치","돼지고기","두부","양파"],
    "origin": "대한민국"
}

# 사용자로부터 입력을 받습니다.
key = input("> 접근하고자 하는 키: ")

# 출력합니다.
if key in dictionary:
    print(dictionary[key])
else:
    print("존재하지 않는 키에 접근하고 있습니다.")
```

> **출력 결과**
>
> \>>> 접근하고자 하는 키: name
> 김치찌개
> \>>> 접근하고자 하는 키: age
> 존재하지 않는 키에 접근하고 있습니다.

3.3 딕셔너리의 메소드

딕셔너리 또한 리스트처럼 딕셔너리 변수명 뒤에 '.'을 붙여서 여러 가지 딕셔너리 관련 함수들을 이용할 수 있다.

다음은 유용하게 쓰이는 딕셔너리 관련 함수들에 대한 설명 및 사용 예이다.

함수	설명
get( )	• 특정 key에 대한 value 확인, 딕셔너리명[key]와 기능동일 \>>> dic_exam={'홍길동':'과학' , '임꺽정':'영어'} \>>> dic_exam.get('홍길동') '과학' \>>> dic_exam['홍길동'] '과학'
keys( )	• 딕셔너리의 모든 키 반환 \>>> dic_exam={'홍길동':'과학' , '임꺽정':'영어'} dict_keys(['홍길동', '임꺽정'])
values( )	• 딕셔너리의 모든 값(value)를 리스트로 만들어 반환 \>>> dic_exam.values() dict_values(['과학', '영어']) \>>> list(dic_exam.values()) ['과학', '영어']

함수	설명
items( )	• 튜플 형태로 만들어 반환 ```\n>>> dic_exam={'홍길동':'과학' , '임꺽정':'영어'}\n>>> dic_exam.items()\ndict_items([('홍길동', '과학'), ('임꺽정', '영어')])\n>>> tuple(dic_exam.values())\n('과학', '영어')\n```
in	• 딕셔너리 안에 해당 key가 있는지 확인, 있을 경우 True, 없을 경우 False 반환 ```\n>>> dic_exam={'홍길동':'과학' , '임꺽정':'영어'}\n>>> '홍길동' in dic_exam\nTrue\n>>> '김길동' in dic_exam\nFalse\n```

SECTION 04 집합

4.1 집합의 개념

셋 Set은 집합을 나타내기 위한 자료형으로 원소의 중복은 허용하지 않으면서 순서가 없는 자료형이다. set 함수 혹은 {} 중괄호 안에 콤마로 구분된 하나 이상의 값을 넣으면 생성할 수 있다.

```python
test_set = set() # 공집합 선언시 test_set = {} 하면, 공집합이 아닌 딕셔너리를 생성하게 됩니다.
test_set = {1,2,2,2,3,4,5}
print(test_set) #결과: {1, 2, 3, 4, 5} -> 중복 허용 X
```

합집합, 교집합, 차집합을 연산하는 함수를 제공한다.

```python
s1 = {1,2,3,4,5}
s2 = {4,5,6,7,8}

# 합집합
print(s1|s2) #결과: {1, 2, 3, 4, 5, 6, 7, 8}
print(s1.union(s2)) #결과: {1, 2, 3, 4, 5, 6, 7, 8}

# 교집합
print(s1&s2) #결과: {4, 5}
print(s1.intersection(s2)) #결과: {4, 5}

# 차집합
print(s1-s2) #결과: {1, 2, 3}
print(s1.difference(s2)) #결과: {1, 2, 3}
```

4.2 집합의 메소드

함수/메소드	설명
x in s	원소 x가 집합 s의 원소인가? (x ∈ s)
x not in s	원소 x가 집합 s의 원소가 아닌가? (x ∉ s)
s.add(x)	원소 x를 집합 s에 추가
s.remove(x)	원소 x를 집합 s에서 제거. 없으면 KeyError 발생.
s.discard(x)	원소 x가 있다면 집합 s에서 제거
s.pop()	집합 s에서 임의의 원소를 하나 반환하고 집압에서 제거. 공집합이면 KeyError 발생.
s.clear()	집합 s의 모든 원소 삭제

다음 코드를 통해 집합 메소드의 실행 예시를 확인하자.

```
s = {'a','b','c','d','e','f'}

print('a' in s) #결과: True
print('z' in s) #결과: False

s.add('g')
print(s) #결과: {'c', 'e', 'b', 'd', 'g', 'a', 'f'} -> 집합은 순서가 없어요!

s.remove('a')
print(s) #결과: {'c', 'e', 'b', 'd', 'g', 'f'}

s.discard('b')
print(s) #결과: {'c', 'e', 'd', 'g', 'f'}

print(s.pop()) #결과: c

s.clear()
print(s) #결과: set()
```

1. 다음과 같이 코드를 작성했을 때, 실행 결과로 알맞은 것은?

```
score_dict = {'Kim' : 80, 'Lee' : 85, 'Ahn' : 83, 'Choi' : 90}
first_key = list(score_dict.keys())[0]
score_dict[first_key] = 90
print(score_dict.values())
```

① {'Kim' : 80, 'Lee' : 85, 'Ahn' : 90, 'Choi' : 90}

② dict_values([90, 90, 90, 90])

③ { 'Kim' : 90, 'Lee' : 85, 'Ahn' : 83, 'Choi : 90}

④ dict_values([80, 85, 90, 90])

⑤ dict_values([90, 85, 83, 90])

2. 다음 코드를 실행하여 아래와 같은 실행 결과를 출력하려 한다. 빈 칸에 맞지 않은 코드를 모두 고르시오.

```
from collections import deque

deque_list = deque(['a', 'b', 'c'])



print(deque_list)
```

```
deque(['c', 'a', 'b'])
```

① deque_list.rotate(1)

② deque_list.rotate(-2)

③ deque_list.appendleft('c')

④ deque_list = deque(['c', 'a', 'b'])

⑤ deque_list = deque(['a', 'b', 'c'])

3. 다음과 같이 코드를 작성했을 때, 실행 결과로 알맞은 것은?

```
from collections import Counter

text = 'Hello, this is python world!'
c = Counter(text)
print(c['l'])
```

① 3   ② 1
③ None   ④ 0
⑤ 에러 발생

4. 다음과 같이 코드를 작성했을 때, 실행 결과로 알맞은 것은?

```
dictionary = {"a": 1, "b": 2, "c": 3}
dictionary.setdefault( 'b', 4 )
dictionary.setdefault( 'd', 5 )
dictionary["c"]  = dictionary["d"]
dictionary["b"] = dictionary["c"]
dictionary["d"]  = dictionary["b"]
print(dictionary)
```

① {'a': 1, 'b': 4, 'c': 3, 'd': 5}   ② {'a': 1, 'b': 2, 'c': 3, 'd': 5}
③ {'a': 1, 'b': 4, 'c': 5, 'd': 5}   ④ {'a': 1, 'b': 5, 'c': 5, 'd': 5}
⑤ {'a': 1, 'b': 3, 'c': 4, 'd': 3}

5. 다음 코드의 실행 결과를 쓰시오.

```
box = [1,'red',3,(),[ ],None]
print(len(box))
```

6. 다음과 같이 코드를 작성했을 때, 실행 결과로 알맞은 것은?

```
>>> fruits = ('apple','banana','cherry','strawberry')
>>> fruits[0] = 'orange'
```

① ('apple','banana','cherry','strawberry')

② ('orange','banana','cherry','strawberry')

③ IndentationError: unexpected indent

④ TypeError: 'tuple' object does not support item assignment

⑤ NameError: name 'fruits' is not defined

7. 다음과 같이 코드를 작성했을 때, 실행 결과로 알맞은 것은?

```
def quiz_2(list_data):
    a = set(list_data)
    return (list(a)[1:5])

list_1 = [0, 3, 1, 7, 5, 0, 5, 8, 0, 4]

print(quiz_2(list_1))
```

① {1, 3, 4, 5}　　　　　　② {0, 3, 1, 7}

③ [1, 3, 4, 5]　　　　　　④ {3, 1, 7, 5}

⑤ [3, 1, 7, 5]

8. 다음 코드를 실행하여 아래와 같은 실행 결과를 출력하려 한다. 빈 칸에 알맞은 코드를 고르시오.

```
>>> fruit_name =
>>> print(type(fruit_name))
<class 'tuple'>
```

① ('python korea')

② ['python korea']

③ 'python korea'

④ ('python korea',)

⑤ {python korea}

9. 다음과 같이 코드를 작성했을 때, 실행 결과로 알맞은 것은?

```
list_1 = [0, 3, 1, 7, 5, 0, 5, 8, 0, 4]
def quiz_2(list_data):
    a = set(list_data)
    return (list(a)[1:5])
quiz_2(list_1)
```

① {1, 3, 4, 5}

② [1, 3, 4, 5]

③ {3, 1, 7, 5}

④ {0, 3, 1, 7}

⑤ [3, 1, 7, 5]

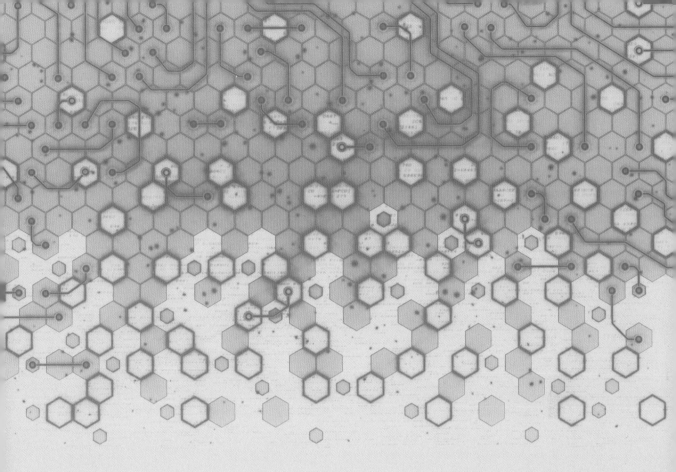

CHAPTER **5**

제어문

Python All-In-One

SECTION 01 조건문

1.1 if-조건문

프로그램의 실행 흐름 중 가장 기본적인 것은 위에서 아래로 순서대로 실행되는 것
이다. 그러나 프로그램을 작성하는 과정에서 순서대로만 문장을 실행하지 않고, 조
건에 따라 실행을 하는 경우나 하지 않는 경우가 있다. 또한 조건에 따라 한 부분을
실행하거나 다른 부분을 실행하기도 한다. 이렇게 조건에 따라 선택하여 실행되는
구조를 선택구조라 하는데 파이썬에서 선택 구조를 위한 기본 문장은 if문이다. if 조
건문은 조건에 따라 코드를 실행하거나, 실행하지 않게 만들고 싶을 때 사용하는 구
문이다. if문 내에 조건색을 포함하여 조건문이라고하며, 조건에 맞으면(즉, 조건식
의 값이 참이면) 문장 또는 블록을 실행하고, 그렇지않으면 건너뛴다.

if 조건문의 기본적인 구조는 다음과 같다..

---

if 조건식: if의 조건문 뒤에는 반드시 콜론(:)을 붙여줘야 한다.
   조건식 값이 참일 때 실행할 문장   if문 다음 문장은 4칸 들여쓰기 후 입력한다.

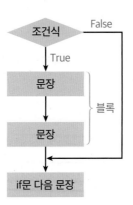

조건식은 관계 연산자나 논리 연산자 등이 사용된 수식이며 수식의 결과는 참(True)
이나 거짓(False)로 변환된다. 조건식의 값이 참이며, 문장이나 블록이 실행되고, 조
건식의 값이 거짓이며 문장이나 블록을 실행하지 않고 건너뛴다.

```
score=80
if score > 70:
    print("합격입니다.")
    print("축하합니다.")
```

실행 결과

```
합격입니다.
축하합니다.
```

블록(block)은 여러 문장들을 하나의 공간 안에 모아둔 것으로 하나의 블록 안에 속한 문장들은 모두 같이 실행된다. 블록에 있는 문장들은 4칸 공백으로 들여쓰기 (indent)를 하며, 이 공백으로 같은 블록에 속했는지 여부를 판별하게 된다. 블록 내에서 들여쓰기한 공백 개수가 다르면 오류가 발생한다.

```
score=80
if score > 70:
    print("합격입니다.")
     print("축하합니다.")   ← 오류발생

SyntaxError : unexpected indent
```

예제 5-1

정수를 입력받아 변수 num에 대입한 후, if문을 연속으로 3개 사용하여 변수 num의 값이 0보다 크면 "양수"를 출력하고, 0과같으면 "0"을 출력하고, 0보다 작으면 "음수"를 출력해보자.

```
num = int(input("정수 : ") )
if num > 0:
    print("양수")
```

```
if num == 0:
    print("0")
if num < 0:
    print("음수")
```

실행 결과

```
정수 : 2
양수
정수 : 0
0
정수 : -3
음수
```

1.2 if-else 조건문

if 조건문의 경우 if문 다음의 조건식이 거짓일 경우 문장을 실행하지 않고 건너뛴다. 만약 조건식의 값이 거짓인 경우에도 실행할 문장이 있으면 if 조건문 뒤에 else 구문을 붙여서 사용할 수 있다. if-else 조건문은 조건식의 값이 참이면 if 아래의 문장 부분을 실행하고, 조건식의 값이 거짓이면 else 아래의 문장 부분을 실행한다. if 조건문과 다르게 if-else 조건문은 참이나 거짓에 해당하는 부분 중 반드시 한 부분은 실행한다.

```
if 조건식:
    조건식 값이 참일 때 실행할 문장
else :
    조건식 값이 거짓일 때 실행할 문장
```

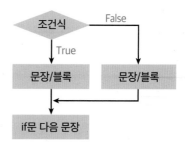

```
score=70
if score > 80:
    print("합격입니다.")
    print("축하합니다.")
else:
    print("불합격입니다.")
```

실행 결과

```
불합격입니다.
```

예제 5-2

양의 정수를 입력받아변수 num에 대입한 후, 변수 num의값을 2로 나누어 나머지가 0이면 "짝수"를 출력하고, 그렇지 않으면(나머지가 1이면) "홀수"를 출력해보자.

```
num = int(input("정수 : ") )
if num % 2 == 0:
    print("짝수")
else :
    print("홀수")
```

실행 결과

```
정수 : 4
짝수
정수 : 5
홀수
```

변수 num의 값을 2로 나누어 나머지가 0이면 짝수이므로 "짝수"가 출력되고, 그렇지 않으면(나머지가 1이면)홀수이므로, "홀수"가 출력된다. 두 번 실행하여 각각 4와 5를 입력하면 각각 "짝수", "홀수"가 출력된다.

1.3 if-else 조건문

앞서 if문에서 한 가지 조건에 대한 참/거짓을 판별했다면, 다수의 조건식을 두고 판단해야 할 때도 존재한다. 세 개 이상의 조건을 연결해서 사용하는 방법이 필요하다. 그것이 바로 elif 구문이다.

elif 구문은 if 조건문과 else 구문 사이에 입력하며, 다음과 같은 형태로 사용한다.

```
if 조건식 1:
    조건식 1의 값이 참일 때 실행할 문장
elif 조건식 2:
    조건식 2의 값이 참일 때 실행할 문장
 ...
else:
    모든 조건이 거짓일 때 실행할 문장
```

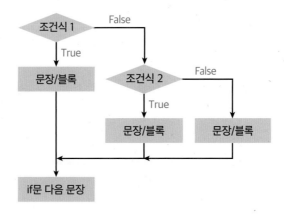

조건식 1의 값이 참이면 해당 문장이 실행되고, 거짓이면 다음의 조건식 2를 검사한다. elif 조건식 형태가 계속 이어져 있으면, 조건식의 값을 검사하여 참인 경우 해당 문장이 실행되고, 거짓이면 다음 조건식을 검사한다. 최종적으로 조건식의 값들이 모두 거짓인 경우 else 부분의 문장이 실행된다.

예제 5-1의 코드를 if-elif-else문으로 바꾸면 다음과 같다.

```
num = int(input("정수 : "))
if num > 0:
    print("양수")
else num == 0:
    print("0")
else num < 0:
    print("음수")
```

실행 결과

```
정수 : 2
양수
정수 : 0
0
정수 : -3
음수
```

예제 5-3

if-elif-else문을 사용하여 현재 월을 구하고 이를 기반으로 계절을 구하는 코드를 작성해보자.

```
# 날짜/시간과 관련된 기능을 가져옵니다.
import datetime

# 현재 날짜/시간을 구하고
# 쉽게 사용할 수 있게 월을 변수에 저장합니다.
now = datetime.datetime.now()
month = now.month

# 조건문으로 계절을 확인합니다.
if 3 <= month <= 5:
    print("현재는 봄입니다.")
elif 6 <= month <= 8:
    print("현재는 여름입니다.")
```

```
elif 9 <= month <= 11:
    print("현재는 가을입니다.")
else:
    print("현재는 겨울입니다.")
```

실행 결과

현재는 봄입니다.

코드를 작성한 시기가 3월이었으므로 실행결과는 "봄"으로 출력된다. 7행까지의 실행으로 현재 날짜에서 월을 추출하여 month에 넣고, 첫 번째 조건인 month에 저장된 값이 3보다 크거나 같고 5보다 작거나 같은지(3 <= month <= 5)를 비교한 후, 그 결과가 참이므로 바로 밑에 있는 실행문 "현재는 봄입니다."를 출력하고 코드 실행을 끝낸다.

만약 7월이었다면 10행에서 거짓으로 판정되어 12행으로 이동해 조건문을 비교한 후 "현재는 여름입니다."를 출력하고 코드 실행을 끝낸다.

SECTION 02   반복문

프로그램 코드를 작성할 때, 특정 코드 부분을 반복해서 작성해야 하는 경우가 많이 발생한다. 반복된 코드 부분들은 반복문 형태로 표현할 수 있으며, 이 경우 프로그램 코드를 간결하게 할 수 있다. 프로그램에서 반복(iteration)은 같은 문장이나 부분을 지정된 횟수나 조건에 따라 여러번 반복하는 구조이다.

2.1 for문

특정한 문장을 반복해서 수행해야 할 상황에서 반복 횟수를 알고 있을 때가 있다. 이 경우를 확정 반복이라고 하며 for문을 사용하여 표현한다. 지정된 횟수만큼 반복하는 횟수 제어 반복은 리스트를 이용하거나 range()함수를 이용한다.

리스트를 이용하거나 range()함수를 이용한 for 반복문의 기본 형태는 다음과 같다.

---

for 변수 in 리스트 또는 range()
　　반복할 문장

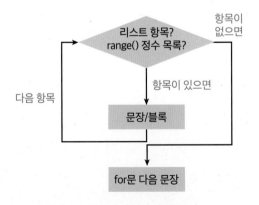

for 변수 in 리스트/range()

2.1.1 리스트를 이용한 반복

리스트 내에 정해진 개수의 값을 저장한 후, for문을 이용하여 리스트 내의 값에 따라 정해진 횟수만큼 반복할 수 있다. for문에서 리스트를 이용하여 반복할 경우, 리스트 원소들의 순서대로 반복하면서 문장을 반복한다.

예를 들어 다음 코드는 출력을 5번 반복한다.

```
for i in [1,2,3,4,5]:
    print("파이썬")
```

실행 결과

```
파이썬
파이썬
파이썬
파이썬
파이썬
```

첫 번째 반복에서 변수 i의 값은 리스트 첫 번째 원소인 1이 되고, print()함수가 실행된다. 두 번째 반복에서는 변수 i의 값은 리스트 두 번째 원소인 2가 되고, print()함수가 실행된다. 이러한 방식으로 리스트 원소의 값이 변수 i에 순서대로 대입되어 print()함수가 반복 실행된다.

예제 5-4

리스트를 이용한 반복을 사용하여 1부터 5까지 정수 숫자들의 합계를 구해보자.

1부터 5까지의 반복을 위해 [1,2,3,4,5] 리스트가 필요하고, 해당 숫자를 더하기 위한 변수 s가 필요하다. 리스트 원소의 누적합을 구하기 위한 변수 s는 for문 바깥에서 0으로 초기화 해야한다.

```
s=0
for i in [1,2,3,4,5]:
    s = s + i
    print(f"i : {i}, s : {s}")
print(f"s : {s}")
```

실행 결과

```
i : 1, s : 1
i : 2, s : 3
i : 3, s : 6
i : 4, s : 10
i : 5, s : 15
s : 15
```

for문으로 반복하는 중간의 변수 i와 s의 값을 출력하여 확인하기 위해 print(f"i : {i}, s : {s}") 코드를 추가하였다. 리스트 원소들의 전체 합계는 반복이 종료된 후, for문 바깥에서 print()함수로 확인한다.

2.1.2 range() 함수를 이용한 반복

range()함수는 for 반복문과 함께 많이 사용되는 정수를 생성하는 함수이다. range()함수의 일반적인 형식은 다음과 같다.

```
range(start=0, stop, step=1)
```

range()함수가 호출되어 실행되면, start에 주어진 값으로 시작하여 (stop−step)까지 step 간격으로 정수들을 생성한다. start와 step이 생략된 채로 ragne()함수가 호출되면, start=0, step=1로 간주하여 실행된다. 즉, 아래 코드와 같이 range(100)으로 호출하면, start와 step은 생략된 것이며 ragne(0,100,1)로 호출한 것과 같고, 함수 결과는 0에서 시작하여 stop(100)−step(1)인 99까지의 정수가 생성된다. 위의 예제 리스트 [1,2,3,4,5]의 경우와 같이 1부터 5까지의 정수를 생성할 경우는 range(1,6,1)또는 range(1,6)으로 호출해야 한다.

예를 들어 다음 코드는 출력을 0부터 99까지 100번 반복한다.

```
for i in range(100):
    print("출력")
```

예제 5-5

range()함수를 이용하여 1부터 5까지 정수 숫자들의 합계를 구해보자.

1부터 5까지의 반복을 위해 range(1,6)으로 함수를 호출해야하며, 해당 숫자를 더하기 위한 변수 s가 필요하다. range()함수에서 생성된 정수의 누적합을 구하기 위한 변수 s는 for문 바깥에서 0으로 초기화 해야한다.

```
s=0
for i in range(1,6)
    s = s + i
print(f"s : {s}")
```

실행 결과

```
s : 15
```

실습 5-1 for문과 조건문을 이용하여 numbers 리스트 [263, 103, 5, 32, 65, 9, 72, 800, 99]의 원소가 다음 세가지 형태와 같이 실행되도록 프로그램을 구현하시오.

실행 결과

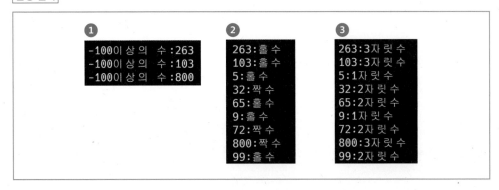

실습 5-2 for 문과 range()함수를 이용하여 1부터 100까지의 모든 홀수의 합과 짝수의 합을 각각 계산하여 출력해보자.

실행 결과

홀수 합 : 2500
짝수 합 : 2550

2.2 while문

반복의 횟수는 정확히 모르지만 반복의 조건을 알고 있을 때, while문을 통해 조건에 따른 반복을 수행할 수 있다. 조건식의 값이 참인 경우 문장을 반복하고, 조건식의 값이 거짓이면 반복을 종료한다. while문의 기본적인 형태는 다음과 같다.

> while 조건식 :
>   반복할 문장 또는 블록

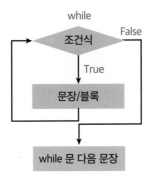

일반적으로 while문에 진입하기 전에 조건을 빅하기위한 초기 조건값을 미리 설정하고, while 루프 내에서 다음 반복 진행을 위해 조건 값을 변경하여 조건을 비교하고 계속 반복 여부를 결정하게 된다. 따라서, 초기 조건값 설정을 위한 문장과 조건 값 변경을 위한 문장이 while문 구조에 다음과 같이 포함된다.

```
조건 초기화문
while 조건식 :
    반복할 문장 또는 블록
    조건 변경문
```

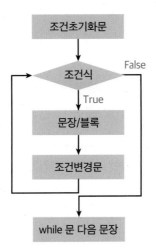

초기 변수의 값을 설정하고, 설정된 변수의 값을 이용하여 조건을 비교한 후 조건식의 값이 참이면 반복을 시작한다. 그리고 조건변경문을 통해 변수의 값을 변경한 수

다시 조건식을 비교하여 참이면 반복을 계속한다. 만약 조건식의 값이 거짓이면 반복을 종료한다. 이렇게 변수를 통해 반복문을 제어한다고 하여 반복문의 조건 비교 변수를 루프제어 변수(loop control vatiable)이라고 한다.

for문을 이용하여 리스트 원소 누적합 구한 앞의 예제 코드를 while문으로 작성해보면 다음과 같다.

```
s=0
i=1
while i <= 5:
    s = s + i
    i = i + i    # 조건변경문
print(f"s : {s}")
```

실행 결과

```
s : 15
```

여기서 i의 값이 변경됨에 따라 조건이 변경되어 반복이 진행된다. 즉, i가 루프제어 변수이다.

예제 5-6

1부터 반복을 시작하여 루프 제어 변수 i의 값이 10보다 작거나 같을 때까지 반복하면서 숫자가 짝수인 경우의 합계를 구해보자. (단, 루프 제어 변수 i의 값은 1씩 증가함)

1부터 10까지 반복되는 숫자를 저장하기 위한 루프제어 변수 i와 합계를 구하기 위한 변수 s가 필요하다. 또한 10보다 작거나 같을 때까지 반복하기 위해 while문을 사용하는데, while문 안에서 짝수 여부를 판별하기 위한 조건식 if문을 사용한다.

```
s=0     # 조건 초기화문
i=1
while i <= 10:
  if i % 2 == 0:
    s = s + i
  i = i + i    # 조건변경문
print(f"s : {s}")
```

실행 결과

```
s : 30
```

실습 5-3 임의의 정수 n을 입력받아, While문을 이용하여 1부터 n까지 반복하면서 숫자 중 3의 배수의 합을 구해보자. (단, 루프 제어 변수 i의 값은 1씩 증가함)

변수 i의 초기값은 1로 대입하고, n까지의 반복이므로 조건식은 i <= n으로 작성한다.

실행 결과

```
정수 입력 : 9

입력받은 수 9까지의 3의 배수의 합은 18입니다.
```

2.2.1 루프제어

for문과 while문 내의 모든 문장은 정해진 조건을 만족하는 한 반복하여 실행된다. 하지만 반복문을 수행하는 도중 어떤 조건을 만나면 반복문 루프를 빠져나오거나, 일부 문장을 건너뛰고 반복을 계속하고자 할 때가 있다. 이러한 반복문의 루프를 제어하기 위해 break문과 continue문을 이용할 수 있다. 반복문 내에 있는 break문이 실행될 경우 즉시 반복문의 루프를 벗어난다. 반복문 내에서 continue문을 만나게 되면 continue문 아래에 있는 문장들은 건너뛰고 다음 반복을 계속 진행한다.

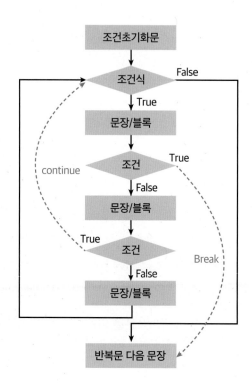

다음 코드는 1부터 10까지 반복하면서 변수 값을 출력하는데, break문을 이용하여 변수의 값이 7이면 반복을 종료하고, continue문을 사용하여 홀수인 경우는 변수 값을 출력하지 않는다.

```python
for i in range(1,11):
    if i = 7:
        break
    if i % 2 != 0:
        continue
        print(i, end=" ")
print("")
print(i)
```

실행 결과

```
2 4 6
7
```

예제 5-7

for문을 이용하여 1부터 20까지를 반복하면서 숫자가 홀수이면 continue문을 사용하여 반복을 계속 진행하고, 짝수이면 합계를 구해보자. 단 합계가 30을 넘으면 반복을 종료해보자. 반복을 진행하면서 반복 진행 횟수와 합계를 계속 표시하고, 반복이 종료된 후에도 표시해보자.

for문으로 1부터 20까지의 숫자를 반복하는 동안 값을 저장하기 위한 루프제어 변수 i가 필요하고, 합계를 구하기 위한 변수 s가 필요하다. if문을 이용하여 변수 i의 값이 홀수이면 반복을 계속하고 짝수이면 값이 누적되도록 하다. if문을 이용하여 변수 s의 값이 30을 넘었는지 비교하여 30이 넘으면 반복을 종료한다.

```python
s = 0
for i in range(1,21):
    if i % 2 == 1:
        continue
    s = s + i
    print(f" i : {i}, s : {s}")
    if s > 30:
        break
print(f" i : {i}, s : {s}")
```

실행 결과

```
 i : 2, s : 2
 i : 4, s : 6
 i : 6, s : 12
 i : 8, s : 20
 i : 10, s : 30
 i : 12, s : 42
 i : 12, s : 42
```

예제 5-8

while 문을 이용하여 반복하면서 정수를 입력받아 입력된 모든 수의 합을 출력해보자. 단, 입력한 정수값이 0이 아니면 반복을 계속 진행하고, 0이면 반복을 종료한다.

입력 값이 0이 될 때까지 while문을 계속 반복하는 것이므로 while True: 로 반복한다.

```
s=0
while True:
    num = int(input("정수 : "))
    if num == 0 :
        break
    else:
        s = s + num
        continue
print(f"합 : {s}")
```

실행 결과

```
정수 : 5
정수 : 4
정수 : 3
정수 : 0
합 : 12
```

실습 5-4 무한 반복을 이용하여 관리자가 비밀번호를 입력하고 로그인을 시도할 때 비밀번호가 틀렸다면 '비밀번호를 다시 확인하세요!'를 출력하고, 다시 비밀번호를 입력받는다. 5회 이상 로그인에 실패하면 '로그인 실패! 횟수 초과!!!' 메시지를 출력하고 종료한다. 비밀번호가 올바르다면 '로그인 됐습니다'를 출력하고 종료한다. 올바른 암호는 "perfectpython"으로 정한다.

Hint 무한 반복을 이용하므로 while True: 로 반복한다. 비밀번호를 입력하는 횟수를 저장할 변수 count를 while문 바깥에서 선언하고 while문 반복으로 입력을 받을 때마다 count 변수를 증가시킨다. 입력한 패스워드가 일치하지 않을 때 count의 값이 5이상인지 비교하여 반복을 계속할 것인지, "로그인 실패! 횟수 초과!" 메시지를 출력하고 종료할 것인지 결정한다.

실행 결과 1

비밀번호 : python
비밀번호를 다시 확인하세요!
비밀번호 : perfectpython
로그인 됐습니다!

실행 결과 2

비밀번호 : py
비밀번호를 다시 확인하세요!
비밀번호 : python
비밀번호를 다시 확인하세요!
비밀번호 : ppp
비밀번호를 다시 확인하세요!
비밀번호 : perfect
비밀번호를 다시 확인하세요!
비밀번호 : pt
로그인 실패! 횟수 초과!

실습 5-5 While문의 무한반복을 이용하여 UP & DOWN 게임을 구현해보자.

Hint   1~100사이의 임의의 숫자를 얻기 위해 다음과 같은 코드를 활용한다.

```
from random import *
num=randint(1,100)
```

실행 결과

1차 시도: 값 입력>> 50
UP!!
2차 시도: 값 입력>> 75
UP!!
3차 시도: 값 입력>> 90
DOWN!!

```
4차 시도: 값 입력>> 84
DOWN!!
5차 시도: 값 입력>> 80
UP!!
6차 시도: 값 입력>> 82
UP!!
7차 시도: 값 입력>> 83
7회째 정답!!
```

2.3 컨테이너 자료형과 반복문

반복할 수 있는 시퀀스 구조를 가지는 자료형에는 문자열, 리스트, 딕셔너리 등이 있다. 앞에서 살펴본 바와 같이 리스트를 이용한 반복에 for문이 사용된다.

다음 예시는 반복을 이용하여 주어진 리스트의 원소에서 가장 작은 수를 구하는 코드이다.

```python
a = [38, 21, 53, 62, 19]
smallest = a[0]          # 리스트a의 첫번째 요소 a[0]를 변수 smallest에 저장
for i in a:
    if i < smallest:     # i가 smallest보다 작다면
        smallest = i     # smallest에 i를 할당
print(f"smallest : {smallest}")
```

실행 결과

```
smallest : 19
```

예제 5-9

위의 코드를 참고로 하여 주어진 리스트 a = [38, 21, 53, 62, 19] 에서 가장 큰 수를 구해보자.

```python
a = [38, 21, 53, 62, 19]
largest = a[0]
for i in a:
    if i > largest :
        largest = I
print(f"largest : {largest}")
```

실행 결과

```
largest : 62
```

for 반복문은 문자열을 함께 사용할 수도 있다. 문자열을 for 반복문의 뒤에 넣으면 글자 하나하나에 반복이 적용된다. 실행결과를 보면 어떤 식으로 실행되는지 쉽게 이해할 수 있다.

```python
for character in "안녕하세요":
    print("-", character)
```

실행 결과

```
- 안
- 녕
- 하
- 세
- 요
```

for 반복문과 딕셔너리를 조합하는 방법을 살펴보자. for 반복문과 딕셔너리를 조합해서 사용하면 다음과 같은 형태가 된다. 여기서 주의할 점은 딕셔너리 내부에 있는 키가 변수에 들어간다는 것이다.

```
for 키 변수 in 딕셔너리:
    반복할 문장
```

딕셔너리 자체는 어렵지 않게 사용할 수 있다. 중요한 것은 활용이다. 다음 코딩 결과를 통해 살펴보자.

```
scores = { 'Korean': 80, 'Math': 90, 'English': 80}
for item in scores.items():
    print(item)        #item은 튜플형태
```

실행 결과

```
('Korean', 80)
('Math', 90)
('English', 80)
```

딕셔너리의 key와 value쌍으로 이루어진 튜플을 반복하여 출력한다.

```
scores = { 'Korean': 80, 'Math': 90, 'English': 80}
for x in scores.keys():
    print(x)    #key값 출력
```

딕셔너리의 key값으로부터 value 값만 순차적으로 출력한다.

실행 결과

```
Korean
Math
English
```

예제 5-10

어느 커피숍에는 메뉴가 4가지 있다. "아메리카노, 카페라떼, 그린티라떼, 모카라떼"각 메뉴의 가격은 2,000원, 2,500원, 3,000원, 3,500원이다. 이 목록을 dictionary로 작성하여 출력하고, 주문한 메뉴의 가격을 출력하는 프로그램을 작성해보자. 목록에 없는 메뉴를 주문한 경우는 "주문한 메뉴는 판매하지 않습니다"를 출력하고 종료한다.

```python
menu={
  "아메리카노":2000,
  "카페라떼":2500,
  "그린티라떼":3000,
  "모카라떼":3500
}
print(f"{'MENU':=^80}")
for item in menu.items():
  print(item, end=" ")
print()

while True:
    order=input("\n메뉴 주문>> ")
    if order in menu.keys():
        # print(f"주문한 {order}의 가격은 {menu.get(order)}원입니다.")
        print(f"주문한 {order}의 가격은 {menu[order]}원입니다.")
    else:
        print("주문한 메뉴는 판매하지 않습니다.")
        break
```

실행 결과

```
============================MENU============================
('아메리카노', 2000) ('카페라떼', 2500) ('그린티라떼', 3000) ('모카라떼', 3500)

메뉴 주문>> 아메리카노
주문한 아메리카노의 가격은 2000원입니다.
```

메뉴 주문>> 그린티라떼
주문한 그린티라떼의 가격은 3000원입니다.

메뉴 주문>> 바닐라라떼
주문한 메뉴는 판매하지 않습니다.

실습 5-6 주소록에 친구를 등록하고, 친구를 이름으로 검색한 후 연락처를 출력하는 프로그램을 작성하시오. 실행결과를 참고하여 문제를 해결하시오.

1. 딕셔너리자료 구조를 사용하여 임의로 친구의 이름과 연락처를 저장한다.
2. 딕셔너리에서 전체 친구의 이름만 검색하여 리스트로 변환한 후 출력한다.
3. 찾는 친구의 이름은 반복문을 이용하여사용자로부터 입력받아처리한다.(변수명은 적절하게 사용하시오.)
4. 찾는 친구가 있으면 연락처를 출력하고 없으면 에러 메시지를 출력하고 반복문을 벗어난다.

실행 결과

['홍길동', '김유신', '이순신', '김좌진', '강감찬']
search_name>> 홍길동
010-1221-1234
search_name>> 임꺽정
Not Found
프로그램 종료

1. 다음 표를 채우시오. 코드가 여러 개 나올 수 있는 경우 가장 간단한 형태를 작성하시오.
   예를 들어 range(5), range(0, 5), range(0, 5, 1)은 모두 같은 값을 나타내는데, 이때
   는 range(5)로 작성하시오.

코드	나타내는 값
range(5)	[0, 1, 2, 3, 4]
range(4, 6)	
range(7, 0, -1)	
range(3, 8)	[3, 4, 5, 6, 7]
	[3, 6, 9]

2. 빈칸을 채워 키와 값으로 이루어진 각 리스트를 조합해 하나의 딕셔너리를 만드시오.

```
# 숫자는 무작위로 입력해도 상관없다.
key_list = ["name", "hp", "mp", "level"]
value_list = ["기사", 200, 30, 5]
character = {}



# 최종 출력
print(character)
```

실행 결과

{ 'name': '기사', 'hp': 200, 'mp': 30, 'level': 5}

EXERCISE

3. 현대인들은 축약어를많이 사용한다. 예를 들어서 "B4(Before)" "TX(Thanks)" "BBL(Be Back Later)" "BCNU(Be Seeing You)" "HAND(Have A Nice Day)"와 같은 축약어들 이있다. 축약어를풀어서 일반적인 문장으로 변환하는 프로그램을 작성하여 보자.

> 1. 딕셔너리자료 구조를 사용하여 축약어를저장한다.
> 2. 번역할 문장은 사용자로부터 입력받아처리한다.(변수명은 적절하게 사용하시오.)
> 3. 입력받은문장을 공백 기준으로 잘라서(split함수 이용) 리스트로 만든 후, 축약어가 포함되어 있으면 축약어를풀어서 변환한다.

> 실행 결과
>
> 번역할 문장을 입력하시오: **TX MR. Park**
> Thanks MR. Park
>
> 번역할 문장을 입력하시오: **TX Stefan BBL**
> Thanks Stefan Be Back Later

4. while 문을 이용하여 무한 반복을 하면서 정수를 입력받아합을 계산해보자. 단, 입력한 정수값이양수이면 합을 구하고, 음수이면 합을 구하지 말고 계속 반복을 진행한다. 단, 0 인 경우 반복을 종료하고 계산된 합을 출력한다.

> 실행 결과
>
> 정수 : 5
> 정수 : 4
> 정수 : -2
> 정수 : -1
> 정수 : 3
> 정수 : 0
> 합 : 12

5. 재고품 관리를 하려고 한다. 비품이 떨어지지 않도록 비품을 3개 이상으로 유지한다고 할 때, 각각 사야할 비품과 가격, 총 비용을 계산해 출력하여라.

품명	가격	현재개수
믹스	6000	2
종이컵	15000	3
커피스틱	3000	1

1. 딕셔너리를 사용하여 품목은 key, 가격과 현재개수는 리스트형태의 value로 저장한다.
2. 사야할 비품의 개수에 따른 가격과, 총 비용을 나타내는 변수를 선언하고 초기화한다.
3. 반복문과 조건문을 이용하여 비품의 잔여개수가 3개보다 작을 때 구입해야 할 비품의 품명과 필요 금액을 계산하여 출력한다.
4. 비품의 재고가 3개 이상일때는 coninue문을 이용하여 필요금액 계산없이 반복을 수행한다.
5. 재고가 부족한 비품을 구입하는데 필요한 총 비용을 출력한다.

실행 결과

믹스:1개 부족
믹스를 구입하는데 필요한 금액 : 6000원입니다.
커피스틱:2개 부족
커피스틱을 구입하는데 필요한 금액 : 6000원입니다.
부족한 비품을 사는데 필요한 총 비용: 12000원

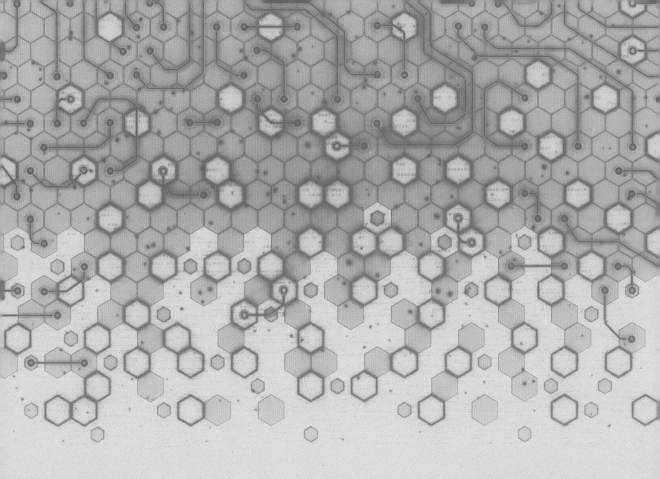

CHAPTER **6**

함수

Python All-In-One

SECTION 01   함수의 개념

1.1 함수의 필요성

프로그래밍을 하다보면, 자주 사용하는 명령이나 작업이 많이 생긴다. 만약 어떤 기능을 실행하는 코드를 자주 사용해야 한다면, 그때마다 매번 긴 코드를 입력하는 것은 상당히 귀찮은 일이다. 이런 불편함을 해결해 주는 것이 바로 함수이다.

함수는 특정 기능을 실행하는 코드 또는 코드의 모임이다. 특정 기능이란 덧셈같은 비교적 간단한 연산부터 네트워크 연결, 회원 인증, 메일 발송과 같이 복잡하고 어려운 작업까지 모두 포함한다. 이러한 특정 기능을 하는 코드를 하나로 묶어두고, 언제든 필요할 때마다 가져다 쓸 수 있게 만든 것이다. 함수를 사용하면 일일이 코드를 입력할 필요 없이, 이미 작성된 함수 이름만 가져다 쓰면 된다.

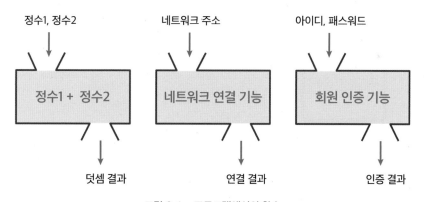

그림 6-1   프로그램에서의 함수

만약 '커피 자판기' 함수가 있다면, 아주 간단하게 음료를 마실 수 있다. 자판기 함수를 불러와서, 투입구에 동전을 넣고, 메뉴를 선택하면, 음료가 나오기 때문이다. 번거롭게 물을 끓이고, 컵을 준비하고, 원두를 갈아 내리기까지의 모든 코드를 일일이 작성하지 않아도 된다.

■ 함수의 구조

사실 우리는 이미 함수에 익숙하다. 앞에서 사용한 print(), input(), int()모두 함수이다. 공통점을 찾아보면, 자료를 넣으면 어떤 특정 기능을 한다는 것이다. print의 경우에는 자료의 출력, input의 경우는 자료의 입력, int의 경우는 자료를 정수형으로 변환한다.

위에서 예를 든 커피 자판기 함수에서 물, 컵, 원두를 넣으면 완성된 커피가 나온 것처럼, 함수는 파이썬을 통해 어떤 입력을 받아서 특정 명령을 실행하고 그 결과를 알려주는 역할을 한다.

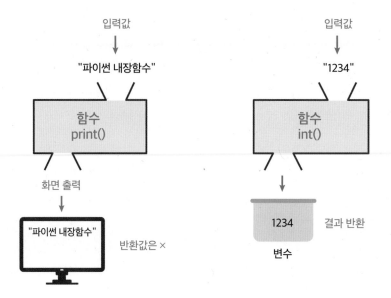

1.2 내장함수와 사용자 정의 함수

파이썬의 함수에는 파이썬 내부에 이미 만들어져있는 함수와 사용자가 새롭게 만든 함수, 크게 두 종류가 있다. 각각 내장 함수와 사용자 정의 함수라고 한다.

1.2.1 내장 함수

내장 함수란 파이썬 내부에 저장되어 있는 함수를 말한다. 앞에서 사용한 print(), input(), int()가 바로 내장 함수이다. 이미 파이썬 안에 저장되어 있어서 가져다 쓰면 되니까 매우 편리하다.

abs()	delattr()	hash()	memoryview()	set()
all()	dict()	help()	min()	setattr()
any()	dir()	hex()	next()	slice()
ascii()	divmod()	id()	object()	sorted()
bihn()	enumerate()	input()	oct()	staticmethod()
bool()	eval()	int()	open()	str()
breakpoint()	exec()	isinstance()	ord()	sum()
bytearray()	filter()	issubclass()	pow()	super()
bytes()	float()	iter()	print()	tuple()
callable()	format()	len()	property()	type()
chr()	frozenset()	list()	range()	vars()
classmethod()	getattr()	locals()	repr()	zip()
compile()	globals()	map()	reversed()	__import__()
complex()	hasattr()	max()	round()	

https://docs.python.org/3/library/functions.html

1.2.2 사용자 정의 함수

내장 함수는 편리하지만, 우리가 원하는 작업을 할 수 있는 함수가 모두 들어있지는 않다. 원하는 기능을 포함시켜서 함수를 직접 만들어 사용할 수 있다. 그것을 사용자 정의 함수라고 한다. 다음은 사용자 정의 함수를 만드는 법을 배워보자.

SECTION 02   함수의 선언 및 호출

2.1 함수의 선언

함수는 한마디로 '코드의 집합'이다. 함수를 생성하는 기본형은 다음과 같다.

함수는 크게 헤더와 몸체로 나눠진다. 헤더(header)는 def 키워드로 시작한다. 이어서 함수의 이름과 매개 변수를 적어주고 콜론(:)을 찍어준다. 콜론을 찍는 이유는 인터프리터가 성급하게 해석하지 말라는 의미이다. 함수는 몸체(body)까지 입력되어야 비로소 해석을 시작할 수 있다.

함수의 몸체는 함수가 수행하는 작업을 위한 명령어들로 구성된다. 함수의 몸체에서 명령문을 수행하고 난 후에는 return 키워드를 사용하여 명령문의 결과를 반환한다. return 문이 실행되면 함수가 종료한다. 함수 몸체 안의 문장들은 똑같은 간격으로 들여쓰기 되어야 한다.

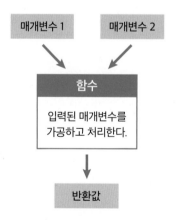

2.2 매개 변수 유무에 따른 함수 호출

2.2.1 입력도 없고 반환값도 없는 함수

먼저, 기본적인 함수의 형태를 살펴보자. 매개변수(parameter)가 사용되지 않고, 함수 결과를 반환하지 않는 사용자 정의 함수의 기본 형태이다.

```
def 함수 이름() :
    수행문장1
    수행문장2
```

다음 코드는 "안녕하세요"를 출력하는 print()함수 3개를 포함한 print_hi()함수를 만든 후 호출하여 실행하는 간단한 예제이다.

```
def print_hi():
    print("안녕하세요")
    print("Hello")
    print("Hi~!")

print_hi()     #함수 호출
```

실행 결과

```
안녕하세요
Hello
Hi~!
```

함수의 이름은 함수를 호출할 때 사용하며, 들여쓰기로 함수의 시작과 끝을 정의한다. 즉, print_hi()함수는 들여쓰기가 된 첫 번째 print()함수부터 시작하여 같은 들여쓰기가된 세 번째 print()함수까지 함수의 몸체를 구성한다. 만약 다음과 같이 세 번째 print()함수의 들여쓰기가 첫 번째 print()함수와 다를 경우 함수의 몸체 부분은 print("Hello")까지만 해당된다.

```
def print_hi():              #  함수 print_hi()정의
    print("안녕하세요")        # 함수의 몸체 부분
    print("Hello")           # 함수의 몸체 부분
print("Hi~!")                #  함수 print_hi()와 별개의 문장

print_hi()                   # 함수 호출
```

실행 결과

```
Hi~!
안녕하세요
Hello
```

함수가 정의(definition)되면 함수를 사용하게 되며, 이를 '함수를 호출(call)한다'라고 한다. 위 코드에서 정의한 print_hi()함수를 호출하면 print_hi()함수 내의 print()함수가 순서대로 실행되어 값이 출력된다.

함수를 정의하고 호출하는 과정에서 주의할 점은 함수를 호출하기 전에 반드시 먼저 함수가 정의되어야 한다. 만약 함수 호출이 함수 정의보다 먼저 나타나면 해당 함수가 정의되지 않았다는 오류 메시지가 나타난다.

```
print_hi()                   # 함수 호출

def print_hi():              #  함수 print_hi()정의
    print("안녕하세요")
    print("Hello")


========================================================
NameError : name 'print_hi' is not defined
```

예제 6-1

for문을 이용하여 1부터 10까지 출력하는 함수 print_num( )를 작성하고 호출해보자.

for문을 이용하여 1부터 10까지 출력하는 함수를 def print_num()으로 정의하고, 정의된 함수 print_num()을 호출한다.

```python
def print_num():
    for i in range(1,11):
        print(i, end=" ")
    print(" ")


print_num()
```

실행 결과

```
1 2 3 4 5 6 7 8 9 10
```

실습 6-1 "환영합니다"를 출력하는 welcom()함수를 선언해보자. for문을 이용하여 3회 반복하면서 welcome()함수를 호출하여 실행해보자.

실행 결과

```
환영합니다.
환영합니다.
환영합니다.
```

2.2.2 입력만 있는 함수

함수를 호출할 때 함수로 값을 전달할 수 있다. 함수로 전달하는 값을 인수(argument)라고 하고, 함수에서 전달된 값을 받는 변수를 매개변수(parameter)라고 한다. 인수와 매개변수는 함수를 호출할 때 값을 주고받는데 필요하다. 매개변수(입력)만 이쪽, 함수 결과를 반환하지 않는 함수의 선언 형식은 다음과 같다.

```
def 함수이름(매개변수1, 매개변수2, ... ):
    수행문장
```

다음은 매개변수로 두 개의 정수 값을 전달받아 더한 후 값을 출력하는 func_add() 함수를 정의하고 func_add()로 함수를 호출하여 실행하는 코드이다.

```
def func_add(n1, n2):
    s = n1 + n2
    print(f"{n1} + {n2} = {s}")

a, b = 3, 5
func_add(a, b)
```

실행 결과

```
3 + 5 = 8
```

함수를 정의할 때 사용한 매개변수의 개수가 두 개이므로, 함수를 호출할 때 사용하는 인수 개수도 두 개임을 주의해야 한다. 또한 함수를 호출할 때, 인수는 순서대로 매개변수에 전달된다. 즉, 위 예제에서 인수 a의 값 3은 매개변수 n1으로 전달되고, 인수 b의 값 5는 매개변수 n2으로 전달된다.

예제 6-2

시작에 해당하는 정수를 입력받아 변수 s에 대입하고, 끝에 해당하는 정수를 입력받아 변수 e
에 대입한 후, for문을 이용하여 s부터 e까지 출력하는 함수print_se(st, ed)를 작성하고 호출
해보자.(단, 입력한 후 변수 s의 값이 변수 e의 값보다 작을 때만 함수를 호출한다.)

for문을 이용하여 시작정수 s부터 끝 정수 e까지 출력하는 함수를 def print_se()으로 정의하
고, 정의된 함수 print_se()을 호출한다.

```python
def print_se(st, ed):
    for i in range(st, ed+1):
        print(i, end=" ")
    print(" ")


s=int(input("시작 정수 : "))
e=int(input("끝 정수 : "))
if s < e :
    print_se(s, e)
else:
    print("시작값이 끝값보다 작아야 합니다.")
```

실행 결과 1

```
시작 정수 : 5
끝 정수 : 2
시작값이 끝값보다 작아야 합니다.
```

실행 결과 2

```
시작 정수 : 2
끝 정수 : 5
2 3 4 5
```

실습 6-2 두 개의 숫자를 전달받아 큰 수를 반환하는 maxnum()함수를 선언해보자. 두 개의 숫자를 입력받아함수를 호출하고 결과를 출력해보자.

실행 결과

```
숫자 1 : 3
숫자 2 : 7
큰 수 = 7
```

2.2.3 함수의 결과 반환 받기

함수는 매개변수를 통해 값을 전달받아 계산한 후 return 예약어를 사용하여 함수 밖으로 값을 반환할 수 있다. 함수 결과를 반환하는 return 예약어를 포함한 함수의 기본적인 형식은 다음과 같다.

```
def 함수이름():
    수행문장
    return 반환값
```

```
def 함수이름(매개변수1, 매개변수2 …):
    수행문장
    return 반환값
```

두 정수 값을 전달받아 더한 후 값을 반환하는 plus()함수를 정의하고, plus()함수를 호출하여 결과를 반환받아 출력하면 다음과 같다.

```
def plus(v1, v2):
    result=0
    result = v1 + v2
    return result

hap = plus(100, 200)
print(f"반환값 : {hap}")  #print(f"반환값 : {plus(100,200)}")
```

실행 결과 1

```
반환값 : 300
```

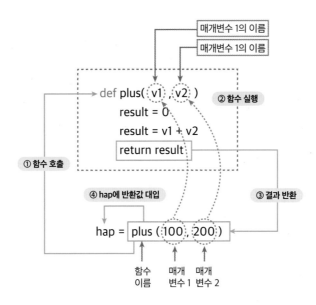

이렇게 return 뒤에 반환하고자 하는 값을 넣으면 함수 밖에서 값을 받아서 사용할 수 있다. 위의 예제에서 직접 100과 200 인수 값을 입력으로 사용하여 plus()함수를 호출할 경우 두 수의 합 300을 반환하여 변수 hap에 저장된다. print(f"반환값 : {plus(100,200)}")과 같이 함수의 인수로 사용될 경우 반환 값이 print()함수의 인수로 사용되며 v3 = 10 + plus(100,200)과 같이 수식에서 사용될 경우 반환된 값이 수식에서 계산된다. 만약 plus(100,200)과 같이 함수 단독으로 사용할 경우 반환된 값을 사용하지 않는다.

예제 6-3

사용자로부터 입력받은 세 정수의 평균값을 구하여 반환하는 avg( )함수를 만들고 호출해보자. 또한 avg( ) 함수의 결과를 반환받아 출력해보자.

```
def avg(a, b, c):
    s = (a + b + c) / 3
    return s


int1 = int(input("값1 : "))
int2 = int(input("값2 : "))
int3 = int(input("값3 : "))
r = avg(in1, in2, in4)
print("평균 = ", r)
```

실행 결과

```
값1 : 3
값2 : 5
값3 : 7
평균 : 5.0
```

실습 6-3 정수를 매개 변수로 전달받아 1보다 큰 정수이면 1부터 전달된 정수까지의 합계를, 0보다 작은 정수이면 -1부터 전달된 정수까지의 합계를 구하여 반환하는 one_sum()함수를 선언해보자. 정수를 입력받아함수를 호출하고 결과를 반환받아출력해보자. 단, 입력된 수가 0이면 '입력된 수가 0입니다 ' 라는 문자열을 출력한다.

실행 결과

```
정수 >> 0
입력된 수가 0입니다.
정수 >> 10
1에서 10까지의 합은 55입니다.
정수 >> -3
-1에서 -3까지의 합은 -6입니다.
```

실습 6-4 1부터 10까지 범위의 임의의 자연수를 매개 변수로 전달받아 1이면 1부터 10까지의 합을, 2이면 1부터 20까지의 합을, 3이면 1부터 30까지의 합을, 4부터 10이면 같은 방법으로 1부터 각각의 합을 구하여 반환하는 in_sum()함수를 선언해보자. 자연수를 입력받아 함수를 호출하고 결과를 반환받아 출력해보자. 단, 1부터 10까지의 범위의 수가 아니면 '입력값의 범위를 초과하였습니다 ' 라는 문자열을 출력한다.

실행 결과

```
자연수 >> -1
입력값의 범위를 초과하였습니다.
자연수 >> 5
1부터 50까지의 합은 1275입니다.
```

SECTION 03   함수 심화

3.1 변수의 사용범위

3.1.1 함수 안에서 선언한 변수의 효력 범위 : 지역변수

함수 안에서 사용할 변수의 이름을 함수 밖에서도 동일하게 사용한다면 어떻게 될까?
다음 예를 살펴보자.

```
# vartest.py
a = 1
def vartest(a):
    a = a +1

vartest(a)
print(a)
```

실행 결과

```
1
```

먼저 a라는 변수를 생성하고 1을 대입했다. 그리고 입력으로 들어온 값에 1을 더해
주고 결과 값은 리턴하지 않는 vartest 함수를 선언했다. 그리고 vartest 함수에 입력
값으로 a를 주었다. 마지막으로 a의 값을 print(a)로 출력했다. 과연 어떤 값이 출력
될까?

vartest 함수에서 매개변수 a의 값에 1을 더했으므로 2가 출력될 것 같지만, 위의 코
드를 실행해 보면 결과값은 1이 나온다. 그 이유는 함수 안에서 사용하는 매개변수
는 함수 안에서만 사용하는 '함수만의 변수'이기 때문이다. 즉, def vartest(a)에서 입
력값을 전달받는 매개변수 a는 함수 안에서만 사용하는 변수일 뿐, 함수 밖의 변수 a
와는 전혀 상관없다는 뜻이다.

따라서 vartest 함수는 다음처럼 매개변수 이름을 hello로 바꾸어도 이전의 vartest 함수와 완전히 동일하게 동작한다.

```python
def vartest(hello):
    hello = hello + 1
```

즉, 함수 안에서 사용하는 매개변수는 함수 밖의 변수 이름과는 전혀 상관없다는 뜻이다.

다음 예를 보면 더욱 분명하게 이해할 수 있을 것이다.

```python
# vartest_error.py
def vartest(a):
    a = a + 1

vartest(3)
print(a)
```

위 프로그램을 실행하면 어떻게 될까? vartest(3)을 수행하면 vartest 함수 안에서 a는 4가 되지만, 함수를 호출하고 난 후 print(a) 문장은 오류가 발생하게 된다. 그 이유는 print(a)에서 사용한 a 변수는 어디에도 선언되지 않았기 때문이다. 함수 안에서 선언한 매개변수는 함수 안에서만 사용될 뿐, 함수 밖에서는 사용되지 않는다. 이렇게 한정된 지역(함수 내)에서만 사용되는 변수를 지역 변수라고 한다.

첫 번째 예에서 함수 바깥에서 정의한 변수 a는 함수 외부에서도 사용이 가능한다. 이와 같이 프로그램 전체에서 사용되는 변수를 전역변수라고 한다.

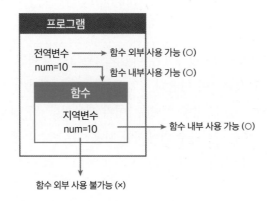

① 지역변수의 생존 범위

함수 1
a = 10 a가 무엇인지 함수1에서 안다.

함수 2
a가 무엇인지 함수2에서 모른다.

② 전역변수의 생존 범위

함수 1
b가 무엇인지 함수1에서 안다.

함수 2
b가 무엇인지 함수2에서 안다.

a = 20

다음 예시 코드를 보자.

```
## 함수 정의 부분
def func1() :
    a = 10      # 지역변수
    print("func1()에서 a의 값 ", a)

def func2() :
    print("func2()에서 a의 값 ", a)

## 전역변수 선언 부분
a = 20

## 메인 코드 부분
func1()
func2()
```

실행 결과

```
func1()에서의 a의 값 10
func2()에서의 a의 값 20
```

위의 코드와 같이 지역변수와 전역변수의 이름이 같은 경우 지역변수가 우선시 된다. 함수 내에 변수가 정의되어 있는가를 확인하면 간단히 구분할 수 있다. 같은 a라고 해도 func1()의 a는 함수 내에서 따로 정의했으므로 지역변수이다. func2()의 a는 함수 안에서 정의된 것이 없으므로 전역변수 이다.

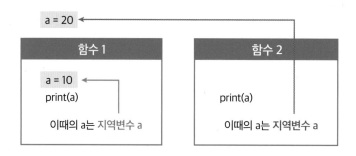

3.1.2 함수 안에서 함수 밖의 변수를 변경하는 방법

다시 vartest함수를 보자. vartest라는 함수를 사용해서 함수 밖의 변수 a를 1만큼 증가할 수 있는 방법은 없을까? 이 질문에는 2가지 해결 방법이 있다.

(1) return 사용하기

```python
# vartest_return.py
a = 1
def vartest(a):
    a = a +1
    return a

a = vartest(a)
print(a)
```

첫 번째 방법은 return을 사용하는 방법이다. vartest 함수는 입력으로 들어온 값에 1을 더한 값을 리턴하도록 변경했다. 따라서 a = vartest(a)라고 작성하면 a에는 vartest 함수의 리턴값이 대입된다.

여기에서도 물론 vartest 함수 안의 a 매개변수는 함수 밖의 a와는 다른 것이다.

(2) global 명령어 사용하기

```python
# vartest_global.py
a = 1
def vartest():
    global a
    a = a+1

vartest()
print(a)
```

실행 결과

```
2
```

두 번째 방법은 global 명령어를 사용하는 방법이다. global은 함수 안에서 사용되는 변수로 지역변수 대신에 무조건 전역변수로 쓰고 싶을 경우에 사용하는 예약어이다. global 예약어와 함께 나오는 변수는 무조건 전역변수이다. 위 예에서 볼 수 있듯이 vartest 함수 안의 global a 문장은 함수 안에서 함수 밖의 a 변수를 직접 사용하겠다는 뜻이다. 하지만 프로그래밍을 할 때 global 명령어는 사용하지 않는 것이 좋다. 함수는 독립적으로 존재하는 것이 좋기 때문이다. 외부 변수에 종속적인 함수는 그다지 좋은 함수가 아니다. 따라서 되도록 global 명령어를 사용하는 이 방법은 피하고 첫 번째 방법을 사용하기를 권한다.

3.2 재귀 함수

하나의 함수가 실행되는 동안 다른 함수를 호출할 수 있으며 심지어 실행되는 함수 자신을 다시 호출할 수 있다. 예를 들어 아래 countdown() 함수의 본문에 현재 정의되고 있는 자신에 대한 호출이 포함되어 있다.

```
def countdown(n):
  if n <= 0:
    print('발사!')
  else:
    print(n)
    countdown(n-1)
```

countdown() 함수의 작동 방식은 다음과 같다.

- **n 이 0 이하인 경우**: '발사!' 출력
- **n 이 양의 정수인 경우**: n을 출력한 다음 바로 countdown(n−1) 호출.

n 이 양수인 경우 동일한 함수가 호출되지만 인자가 1씩 작아지고 결국 0이 되어 더이상의 함수 호출이 없어 실행이 멈춘다. 예를 들어 countdown(3)을 호출하면 다음처럼 실행된다.

```
countdown(3)
```

실행 결과

```
3
2
1
발사!
```

함수 본문에 자신을 호출하는 함수를 기능을 재귀 recursion이라 하며, 재귀 함수(recursive function)는 재귀를 활용하는 함수이다.

3.2.1 기저 조건과 무한 재귀

재귀 함수의 실행이 멈추려면 재귀 호출 과정에서 언젠가는 더 이상 자신을 호출하지 않아야 한다. countdown() 함수는 0과 함께 호출될 때 더 이상 재귀 호출을 하지 않는다. 이렇게 더 이상 재귀 호출이 발생하지 않도록 하는 경우를 기저 조건 (base case)이라 한다. 즉, countdown() 함수의 기저 조건은 n = 0이다.

반면에 아래 함수는 기저 조건을 갖지 않는다.

```
def count_infinitely (n ):
    print (n )
    count_finitely (n +1 )
```

count_infinitely() 함수를 호출하면 재귀 호출이 무한정 반복됨을 쉽게 알 수 있다. 하지만 파이썬을 포함해서 대부분의 프로그래밍 언어는 재귀 호출의 무한 반복을 허용하지 않고 언젠가 아래와 같은 오류를 발생시키면서 실행을 중지시킨다.

```
Traceback (most recent call last ):
  File "<stdin>",line 1 ,in <module >
  File "<stdin>",line 3 ,in count_infinitely
  File "<stdin>",line 3 ,in count_infinitely
  File "<stdin>",line 3 ,in count_infinitely
  [Previous line repeated 992 more times ]
  File "<stdin>",line 2 ,in count_infinitely
RecursionError :maximum recursion depth exceeded while calling a Python object
```

하나 더 알기   최대 재귀 한도

파이썬은 최대 재귀 한도(Maximum recursion depth)를 정해 허용되는 재귀 호출의 최대 반복 횟수를 지정한다. 한도는 파이썬 버전과 운영체제 등에 따라 다를 수 있으며 필요에 따라 조정하는 것도 가능하다.

사용하는 파이썬의 최대 재귀 한도는 다음 명령문으로 확인할 수 있다.

```
>>> import sys
>>> print (sys .getrecursionlimit ())
```

재귀 함수를 실행해서 무한 반복에 빠지거나 최대 재귀 한도를 벗어났다는 오류 메시지가 발생하면 다음 두 가지 사항을 확인해야 한다.

- 기저 조건이 주어졌는가?
- 어떠한 경우에도 기저 조건에 다달하는가?

하나라도 충족되지 않거나 확인할 수 없다면 해당 재귀 함수의 활용에 매우 주의를 기울여야 한다.

3.2.2 재귀 함수의 반환값

함수의 반환값을 지정하는 return 표현식이 여러 번 사용될 수 있다. 예를 들어 짝수이면 0, 홀수이면 1을 반환하는 함수는 다음과 같이 정의한다.

```python
def even_odd (n ):
    if n %2 ==0 :
        return 0
    else :
        return 1
```

```python
even_odd (8 )
```

실행 결과

```
0
```

```python
even_odd (3 )
```

실행 결과

```
1
```

파이썬 프로그램은 함수 실행 중에 return 표현식 명령문을 만나면 표현식의 값을 반환하면서 동시에 함수의 실행을 멈춘다. 따라서 함수 본문에 return 명령문이 여러 번 사용되었다 하더라도 한 번만 실행되며, 결국 하나의 반환값만 지정된다. 재귀 함수에 대해서도 동일하게 적용되며 보통은 기저 조건이 성립할 때의 반환값과 재귀 단계에서의 리턴값을 별도로 지정한다.

다음 countdown_num() 함수는 카운트 다운 횟수를 반환한다. 인자로 0을 사용하면 바로 0을 반환값으로 지정하고 이후 명령문을 더 이상 실행하지 않고 바로 종료한다.

```python
def countdown_num (n ):
    if n <=0 :
        return 0
    else :
        print (f"{n}이(가) 양수인 경우!")
        result =countdown_num (n -1 )+1
        return result


print (f"반환값: {countdown_num (0)}")
```

실행 결과

```
반환값: 0
```

하지만 n이 0보다 크면 countdown_num(n-1) 이 재귀적으로 호출되어 실행이 종료할 때까지 기다렸다가 반환값을 받아 result가 가리키는 값을 지정한다. 이런 방식으로 재귀 과정에서 반환된 값을 받아 새로운 값을 생성하는 데에 활용할 수 있다.

예를들어 n = 1이면 재귀 호출이 한 번 발생하며 재귀 호출된 countdown_num(0)은 0을 반환하며 종료된다. 따라서 result = 0 + 1이 실행되어 최종적으로 1을 반환한다.

```
print ('반환값:',countdown_num (1 ))
```

실행 결과

```
>> 1 이(가) 양수인 경우!
반환값: 1
```

일반적으로 n = k이면 재귀 호출이 k-1 번 발생하며 재귀적으로 호출된 역순으로
계산된 값을 반환하며 실행을 종료한다.

```
print ('반환값:',countdown_num (2 ))
```

실행 결과

```
>> 2 이(가) 양수인 경우!
1 이(가) 양수인 경우!
반환값: 2
```

```
print ('반환값:',countdown_num (1 ))
```

실행 결과

```
>> 3 이(가) 양수인 경우!
2 이(가) 양수인 경우!
1 이(가) 양수인 경우!
반환값: 3
```

■ 팩토리얼 구현 예제

- $n! = 1 \times 2 \times 3 \times \cdots \times (n-1) \times n$
- 수학적으로 0!과 1!의 값은 1이다.

```python
# 반복적으로 구현한 n!
def factorial_iterative(n):
    result = 1
    # 1부터 n까지의 수를 차례대로 곱하기
    for i in range(1, n + 1):
        result *= i
    return result

# 재귀적으로 구현한 n!
def factorial_recursive(n):
    if n <= 1: # n이 1 이하인 경우 1을 반환
        return 1
    # n! = n * (n - 1)!를 그대로 코드로 작성하기
    return n * factorial_recursive(n - 1)

# 각각의 방식으로 구현한 n! 출력(n = 5)
print('반복적으로 구현:', factorial_iterative(5))
print('재귀적으로 구현:', factorial_recursive(5))
```

실행 결과

```
반복적으로 구현: 120
재귀적으로 구현: 120
```

3.2.3 재귀 함수 사용의 유의 사항

재귀 함수를 잘 활용하면 복잡한 알고리즘을 간결하게 작성할 수 있다.

단, 오히려 다른 사람이 이해하기 어려운 형태의 코드가 될 수도 있으므로 신중하게 사용해야 한다. 모든 재귀 함수는 반복문을 이용하여 동일한 기능을 구현할 수 있다. 재귀 함수가 반복문보다 유리한 경우도 있고 불리한 경우도 있다. 컴퓨터가 함수를 연속적으로 호출하면 컴퓨터 메모리 내부의 스택 프레임에 쌓인다. 그래서 스택을 사용해야 할 때 구현상 스택 라이브러리 대신에 재귀 함수를 이용하는 경우가 많다.

3.3 함수의 인수

3.3.1 디폴트 매개변수

우리가 함수에서 매개변수를 정의할 때 그 매개변수의 디폴트값 즉 기본값을 지정해 줄 수 있다. 다음과 같은 형식으로 사용한다.

```
def 함수이름 (매개변수1, 매개변수2 = A, 매개변수3 = B):
    수행문장
    return 반환값
```

함수 호출시 인수가 전달되면 전달된 인수의 값이 적용되고 전달되지 않았다면 디폴트값이 적용된다. 아래의 예시 코드를 통해 확인해보자.

```
def add_to_num(n=5):
    i = 1
    sum = 0
    for i in range(n+1):
        sum = sum + i
    print(f"입력한 숫자까지의 합은 : {sum}")

add_to_num(10)
add_to_num()
```

실행 결과

```
입력한 숫자까지의 합은 : 55
입력한 숫자까지의 합은 : 15
```

해당 예제에서는 함수 선언에서 n=5를 이용해 매개변수 n의 디폴트 값을 5로 지정해 주었다.

첫 번째 함수 호출에 인수 10을 넘겨주어 n=10, 1~10의 합인 55가 출력되었고 두 번째 함수 호출에 인수를 넘겨주지 않아 n=5, 1~5의 합인 15가 출력되었다.

디폴트 매개변수를 사용할 때 주의할 점이 있다. 입력 매개변수가 여러개 있을 때, 디폴트 매개변수와 혼용해 사용하는 경우에 디폴트 매개변수 다음에는 초기값이 지정되지 않은 매개변수가 올 수 없다.

아래의 예제 코드를 보자.

```
# 디폴트 파라미터 예제 1
def func1(a, b=5, c=10):
    return a + b + c


func1(1, 2, 3) # 1 + 2 + 3
func1(1, 2) # 1 + 2 + 10
func1(1) # 1 + 5 + 10
```

디폴트 매개변수가 있으면 인수를 생략해도 함수가 잘 작동하는것을 볼 수 있다. 매개변수가 여러 개 일 경우, 인수는 왼쪽부터 차례대로 넘겨준다.

다음 예시를 보자.

```
# 잘못 선언된 디폴트 매개변수
def func3(a, b=10, c): # func3(a=10, b, c)
    return a + b + c


func3(1, 2)
```

디폴트 매개변수가 위와 같이 선언되었을 경우 다음과 같은 구문오류가 뜬다.

SyntaxError : non-defalut argument follows defalut argument

우리가 함수를 호출할때는 ( ) 괄호안에 인자를 순서대로 넣게 되는데, func3()함수를 호출했을 때, 2가 어디로 들어가야할 지 알수 없기 때문이다. b에 들어가려니 c값이 비어있게 된다. 따라서 디폴트 매개변수는 뒤쪽에 몰아주어야 한다.

3.3.2 가변인자

함수의 입력값 매개변수의 개수가 매번 달라지거나 많아진다고 가정해보면, 매개변수 숫자에 따른 함수가 여러개 정의되어야 한다. 굉장히 비효율적이다. 파이썬은 이러한 문제를 해결하기 위해 매개변수 앞에 *를 붙여서 매개변수를 몇 개를 입력하든 함수 내에서 튜플로 인식하여 이 문제를 해결했다. 기본 형태는 아래와 같다.

```
def 함수이름 (*매개변수):
    수행문장
    return 반환값
```

아래 예제는 매개변수로 넘어온 값들을 모두 더한 값을 반환하는 함수이다.

```
def func6(*args):
    a = 0
    for i in args:
        a = a + i
    return a

b = func6(1, 2)
print(b)

c = func6(2, 3, 4, 5)
print(c)

d = func6(1, 2, 3, 4, 5, 4, 3, 2, 1)
print(d)

e = func6()
print(e)
```

실행 결과

```
3
14
25
0
```

이렇게 매개변수에 *args를 선언 하면 함수를 호출 할때 인자의 개수가 0개여도, 2
개여도 4개여도 N개여도 상관없이 함수에서 다 입력으로 받을 수 있다. *매개변수로
넘어온 값을 파이썬은 튜플 타입으로 변환하여 함수 내부에 전달한다. 튜플로 처리
되기 때문에 튜플안의 요소를 자유롭게 사용할 수 있다.args는 아규먼트(arguments)
의 축약어 이며, 보통 이렇게 N개의 매개변수를 표현할때 args를 사용한다.

1. 함수에서 지역변수(local variable)와 전역 변수(global variable)에 대한 설명이 아닌 것은?

① 지역변수는 함수 안에서만 사용되는 변수이다.

② 전역변수는 함수 밖의 전체 코드에서 선언된 변수이다.

③ 지역변수는 함수 밖에서 참조를 할 수 있다.

④ 전역변수는 함수 안에서 참조가 가능하다.

⑤ 전역 변수와 지역 변수의 이름이 같을 때 이를 구분해주기 위해 `global`이라는 특수명령어를 사용한다.

2. 다음과 같이 코드를 작성했을 때, 실행 결과로 알맞은 것은?

```
def test(k):
    print("Input is", k)


k = 100
test(k)
```

① Input is 100   ② NameError

③ IndexError   ④ ValueError

⑤ None

3. 다음과 같이 코드를 작성했을 때, 실행 결과로 알맞은 것은?

```
def counter(*args):
    count = len(args)
    return count

print(counter(["test", "hello", "oooo"]))
```

① 1   ② 2

③ 3   ④ 4

⑤ 0

4. 다음과 같이 코드를 작성했을 때, 실행 결과로 알맞은 것은?

```
def f(x):
    y = x
    x = 7
    return y * x

x = 4
print(f(3))
print(x)
```

① 9
   4

② 9
   3

③ 21
   4

④ 49
   3

⑤ 21
   7

5. 파이썬에서 인수를 사용하는 방법들 중 함수의 기본 인터페이스에 지정된 변수 이외의 추가 변수를 입력할 수 있게 하는 인수의 이름은 무엇인지 고르시오.

① 키워드 인수
② 디폴트 인수
③ 가변인수
④ 정형 인수
⑤ 키워드 가변 인수

6. 키워드 인수(keyword arguments)의 설명으로 알맞은 것을 고르시오.

① 함수의 인터페이스에 지정된 매개변수변수만 사용하여 함수의 인수를 지정하는 방법
② 별도의 매개변수값이 입력되지 않을 때, 인터페이스 선언에서 지정한 초깃값을 사용하는 방법
③ 함수의 인터페이스에 지정된 매개변수 이외의 추가 매개변수를 함수에 입력할 수 있게 지원하는 방법
④ 매개변수의 이름을 따로 지정하지 않고 입력하는 방법
⑤ 함수의 매개변수명을 변경하여 인자값을 넘기는 방법

7. 다음과 같이 코드를 작성했을 때, 실행 결과로 알맞은 것은?

```
def print_hi():
    print("Hi")
```

① Hi   ② NameError
③ hello()   ④ ValueError
⑤ 출력 값 없음

8. 다음과 같이 코드를 작성했을 때, 실행 결과로 알맞은 것은?

```
name = 'jiho'
def call_my_name():
    print(name)
    name = 'sehoon'

call_my_name()
```

① 'jiho'
② 'sehoon'
③ None
④ UnboundLocalError: local variable 'name' referenced before assignment
⑤ 'call_my_name'

9. 다음 코드의 실행 결과를 쓰고, 그 결과값이 나오는 이유를 설명하시오.

```
country = ["Korea", "Japan", "China"]
country.append("Remove")
print(country.remove("Remove"))
```

10. 다음과 같이 코드를 작성했을 때, 실행 결과로 알맞은 것은?

```python
def say_myself(name, old, woman=True):
    print("나의 이름은 %s 입니다." % name)
    print("나이는 %d살입니다." % old)
    if woman:
        print("여자입니다.")
    else:
        print("남자입니다.")
```

```python
>>> say_myself("최주영", 20)
```

① 나의 이름은 최주영 입니다.
   나이는 20살입니다.
   여자입니다.

② 나의 이름은 최주영 입니다.
   남자입니다.
   나이는 20살입니다.

③ 나의 이름은 최주영 입니다.
   여자입니다.
   나이는 20살입니다.

④ 나의 이름은 최주영 입니다.
   나이는 20살입니다.
   남자입니다.

⑤ 나의 이름은 최주영 입니다.
   여자입니다.

11. 다음 코드의 실행 결과를 쓰시오.

```python
def exam_func():
    x = 10
    print("Value:", x)


x = 20
exam_func()
print("Value:", x)
```

12. 다음과 같이 코드를 작성했을 때, 실행 결과로 알맞은 것은?

```
def get_abbr(data_list):
    result = []

    for x in data_list:
        result.append(x[:3])

    return result
```

```
>>> get_abbr(['Seoul', 'Anyang', 'Incheon', 'Jeju'])
```

① ['Seoul', 'Anyang', 'Incheon']   ② ['Seoul', 'Anyang']
③ ['Seo', 'Any', 'Inc']   ④ ['Seo']
⑤ ['Seo', 'Any', 'Inc', 'Jej']

13. 다음과 같이 코드를 작성했을 때, 실행 결과로 알맞은 것은?

```
test_data = 3
def hi(a):
    b = a*3
    return b

print(hi(test_data))
```

① TypeError   ② 9
③ 3   ④ None
⑤ 0

14. 다음 코드의 실행 결과를 쓰시오.

```python
def sotring_function(list_value):
    return list_value.sort()

print(sotring_function([5,4,3,2,1]))
```

15. 다음과 같이 코드를 작성했을 때, 실행 결과로 알맞은 것은?

```python
a = 111
b = 222

def function_1():
    print(a)
    print(b)

def function_2():
    a = 333
    print(b)
    print(a)

function_1()
function_2()
```

① 111
　222
　222
　333

② 222
　333
　111
　222

③ 222
　111
　222
　333

④ 111
　222
　333
　333

⑤ 333
　222
　222
　111

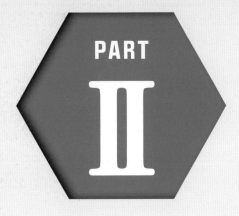

PART

II

Python All-In-One

파이썬 심화

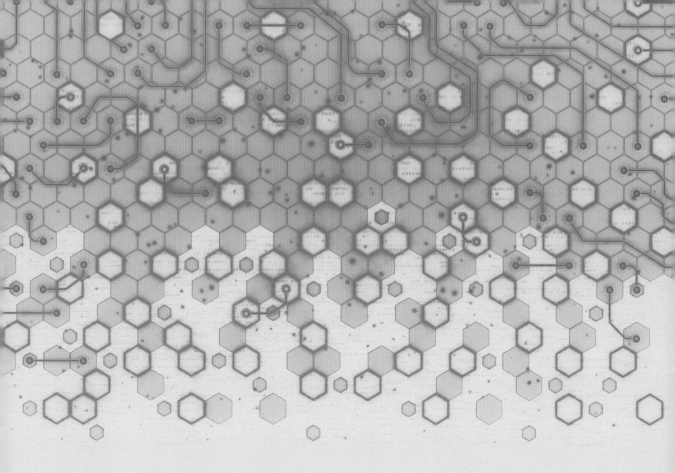

CHAPTER **7**

객체지향
프로그래밍

Python All-In-One

SECTION 01   객체지향 프로그래밍의 이해

1.1 객체 지향 프로그래밍과 객체

이제까지 우리는 많은 문제를 해결하기 위하여 문제의 해결 절차를 기술하고 그 중 필요한 부분을 함수와 같은 작업 단위로 나눈 후 이를 호출하는 방법을 배웠다. 이러한 문제 해결 기법을 절차적 프로그래밍이라고 한다. 이번 장에서는 객체 지향 프로그래밍과 클래스에 대해 살펴볼 것이다. 앞서 살펴본 내용에 비해 객체 지향 프로그래밍은 추상적인 내용이 다소 많을 것이다. 왜냐하면 객체지향 프로그래밍 기법이 효율적으로 소프트웨어 개발을 하는 방법을 연구하는 과정에서 탄생했기 때문이다.

파이썬의 특징을 객체지향 프로그래밍 언어라고 했는데, 앞서 본 자료형, 컬렉션, 함수 모듈은 모두 파이썬 객체이다.

객체지향 프로그래밍은 다양한 객체를 미리 정의해둔 클래스에 따라 생성하고, 이들이 프로그램 상에서 상호작용하여 목표에 도달하는 문제해결 방식이다.

객체지향 프로그래밍(Object-Oriented Programming)에서는 프로그램을 작성할 대상이 되는 실제 세계의 사물(객체)을 그대로 표현하고, 그것들이 어떻게 움직이는지 정해주고 나서야 비로소 그 객체들에게 일을 시킨다. 객체지향 프로그래밍을 잘 사용하면 보다 좋은 프로그램을 빨리 만들 수 있고, 나중에 수정하기도 편해진다.

1.2 객체 지향 프로그래밍과 절차적 프로그래밍

객체지향 프로그래밍은 우리가 프로그램을 짤 때, 프로그램을 실제 세상에 가깝게 모델링 하는 기법이다. 즉, 컴퓨터가 수행하는 작업을 객체들 사이의 상호작용으로 표현해보자는 아이디어가 바로 객체 지향 프로그램이의 핵심이며, 이를 위해 클래스나 객체들의 집합으로 소프트웨어를 개발한 것이다.

초기 프로그램이 언어에 해당하는 C나 포트란, 파스칼과 같은 프로그래밍 언어를 절차적 프로그래밍 언어라고 하는데 프로그램 작성을 효과적으로 하기 위해 함수나 모듈으 faksemfdjen고 이것들을 문제해결 순서에 맞게 호출하여 수행되도록 하는 방식이다. 예를 들어 add(a,b)와 같은 함수 블록이 있을 경우 사용자는 필요한 경우 add(100,200)과 같은 방식으로 함수를 호출해서 전체 문제를 해결할 수 있을 것이다. 이러한 함수블록이 많지 않고 호출도 제한적이라면 절차적 방법으로 문제를 수행할 수 있겠지만, 오늘날 프로그램은 수만 라인에서 수십만 라인 이상의 복잡한 코딩이 필요한 경우가 많다.

특히, 절차적 프로그램이 방식은 GUI시스템과 같이 다양한 그래픽 요소들이 있을 경우 효과적으로 문제를 해결하기 힘들다.

반면, 소프트웨어를 개발자들이 개발할 때 개발자는 각각의 요소들들을 객체화 시키고, 이 객체들이 다른 객체들과 상호작용하는 방식으로 개발하면 매우 편리하다.

두 방식 모두 프로그래밍 규모가 커지면 어렵기는 마찬가일 것이나, 객체 지향 프로그램이 방식이 개발이나 소프트웨어 업데이트 시의 유지보수 비용이 매우 적게 들기 때문에 최근 프로그래밍 언어는 객체 지향 방식을 선호한다.

SECTION 02   파이썬의 객체지향 프로그래밍

2.1 클래스과 객체의 관계

객체지향 프로그래밍에서 객체를 만들려면 객체를 바로 만들지 못하고 항상 클래스(class)라는 것을 만든 후에 그 클래스를 이용하여 객체를 만들어야 한다. 객체(object, instance)는 서로 연관된 데이터와 그 데이터를 조작하기 위한 함수를 하나의 집합에 모아놓은 것을 말한다. 이 때 집합의 원소가 되는 변수나 함수는 멤버(member) 또는 속성(attribute)이라고 한다. 특히 객체의 속성인 함수는 메서드(method)라고 부른다.

예를 들어 사각형의 면적을 구하는 프로그램을 만든다고 하자. 필요한 변수와 함수는 다음과 같다.

- 가로 길이와 세로 길이라는 두 개의 데이터를 넣을 변수
- 두 길이를 곱해서 면적을 구하는 함수

객체지향을 사용하지 않고 파이썬으로 구현하면 다음과 같다.

```
h = 10
v = 20

def area(h, v):
    return h * v

a = area(h, v)
print(a)
```

위 프로그램에서 사각형의 가로 길이를 나타내는 변수 h, 사각형의 세로 길이를 나타내는 변수 v, 그리고 이 사각형의 면적을 계산하는 함수 area는 제각기 떨어져 있다. 하지만 객체지향 프로그래밍에서는 이 세가지를 하나의 객체(object)로 묶을 수

있다.

다음은 이 프로그램을 객체지향 방식으로 다시 구현한 것이다.

```
class Rectangle(object):

    def _init_(self, h, v):
        self.h = h
        self.v = v

    def area(self):
        return self.h * self.v
```

위 코드는 클래스(class) 구현이라고 한다. 실제로 길이 변수들을 저장하고 면적을 계산하는 코드는 다음과 같다.

```
r = Rectangle(10, 20)
a = r.area()
print(a)
```

>> 200

위 프로그램에서 r이 바로 객체이다.

객체 r은 사각형의 가로 길이와 세로 길이를 나타내는 변수 h와 v 그리고 면적을 계산하는 함수 area()가 합쳐져서 만들어진 것이다. 객체 r에 포함된 이 변수들과 함수, 즉 속성을 꺼내려면 객체 이름 뒤에 점(.)을 붙인 다음 속성 이름을 입력하면 된다. 위 예제에서 Rectangle은 클래스이고 r은 Rectangle 클래스로 만들어진 객체이다. 객체와 클래스의 관계는 "붕어빵"과 "붕어빵을 굽는 틀"에 비유할 수 있다. 즉, 정해진 속성, 여기에서는 가로 길이 h와 세로 길이 v라는 속성을 가지도록 사각형 클래스를 한 번 만들어 놓으면 이 속성을 가지는 실제 사각형은 얼마든지 많이 만들 수 있다.

예를 들어 위에서 만들어 놓은 Rectangle 클래스로 다음과 같이 5개의 사각형을 만들 수도 있다.

```
a = Rectangle(1, 1)   # 가로 1, 세로 1인 사각형
b = Rectangle(2, 1)   # 가로 2, 세로 1인 사각형
c = Rectangle(4, 2)   # 가로 4, 세로 2인 사각형
d = Rectangle(6, 3)   # 가로 6, 세로 3인 사각형
e = Rectangle(8, 5)   # 가로 8, 세로 5인 사각형
```

이 사각형들의 면적은 다음과 같이 계산한다.

```
print(a.area())
print(b.area())
print(c.area())
print(d.area())
print(e.area())
```

2.2 클래스와 객체 생성

```
class Singer:                          # 가수를 정의
    def sing(self):                    # 노래하기 메서드
        return "Lalala"
```

클래스를 만들 때는 위와 같이 class 클래스이름: 형식으로 시작해서 그 다음부터 그 클래스의 성질이나 행동을 정의해주면 된다. 둘째 줄에는 함수가 정의되있다. 이와 같이 클래스 내부에 정의된 함수를 메서드(method)라고 부른다.

여기서 sing 메서드는 Singer라는 클래스가 하는 행동을 정의하고 있다. Singer 클래스를 만든 다음에는 blackpink라는 객체를 만들었다. 인스턴스명 = 클래스()와 같이 만들면 된다.

그 다음엔 그렇게 만들어진 blackpink에게 노래를 시켜보자. Singer 클래스에 sing 메서드를 정의해줬기 때문에 Singer 클래스에 속한 taeji 객체도 sing 메서드를 사용할 수 있다. 다시 말해서 가수는 노래할 수 있으니까 blackpink라는 가수도 역시 노

래를 할 수 있는 것이다. 이와 같이 어떤 객체의 메서드를 사용할 때는 객체.메서드 형식으로 해주시면 된다.

```
  blackpink = Singer()
 blackpink.sing()
 'Lalala'
```

![예제 7-23]

같은 방법으로 bts 객체를 만들어서 노래를 시켜보자.

```
bts = Singer()
bts.sing()
'Lalala'
```

2.3 생성자

파이썬에서 클래스를 정의하는 문법은 다음과 같다.

```
class 클래스이름(object):

    def __init__(self, 속성값1, 속성값2, 속성값3):
        self.속성이름1 = 속성값1
        self.속성이름2 = 속성값2
        self.속성이름3 = 속성값3
```

이때 속성값 인수는 필요하지 않다면 없어도 된다. 여기에서 class 블럭 안에 정의된 __init__란 함수는 생성자(constructor)라고 하며 클래스 정의에서 가장 중요한 함수이다.

객체를 생성할 때는 클래스이름을 함수처럼 호출해야 하는데, 이때 실제로는 __init__로 정의된 생성자 함수가 호출된다. 생성자 함수 내부에서는 생성자를 호출할 때 넣은 입력 변수, 즉 인자의 값을 속성값으로 저장한다.

예제 7-24

삼각형의 넓이를 계산하기 위한 클래스를 만든다. 이 클래스는 다음과 같은 속성을 가진다.

- 밑변의 길이 b 와 높이 h
- 삼각형의 넓이를 계산하는 메서드 area

예제 7-25

사각 기둥의 부피를 계산하기 위한 클래스를 만든다. 이 클래스는 다음과 같은 속성을 가진다.

- 밑면의 가로 길이 a, 밑면의 세로 길이 b, 높이 h
- 부피를 계산하는 메서드 volume
- 겉넓이를 계산하는 메서드 surface

SECTION 03 클래스의 상속

3.1 상속의 개념

상속이란 어떤 클래스가 다른 클래스의 성질을 물려받는 것을 말한다.

어떤 클래스를 만들 때 처음부터 모든 것을 새로 만들 필요 없이, 핵심적인 성질을 갖고 있는 다른 클래스로부터 상속을 받아서 조금만 손을 보면 쓸만한 클래스를 만들 수 있다. 클래스 상속을 사용하면 이미 만들어진 클래스 코드를 재사용하여 다른 클래스를 생성할 수 있다. 즉, 상속 과정에서 공통으로 사용하는 속성이나 메서드는 두 번 반복해서 코딩할 필요가 없다. 이때 상속을 받는 클래스를 자식 클래스(child class), 상속의 대상이 되는 클래스를 부모 클래스(parent class)라고 한다.

3.2 상속의 구현

부모 클래스에서 상속을 통해 자식 클래스를 만든다 상속을 위한 파이썬 문법은 다음과 같다.

```
class 자식클래스이름(부모클래스이름):

    def __init__(self, 속성값1, 속성값2):
        super(자식클래스이름, self).__init__()
        자식 클래스의 초기화 코드
```

어떤 클래스를 만들 때 처음부터 모든 것을 새로 만들 필요 없이, 핵심적인 성질을 갖고 있는 다른 클래스로부터 상속을 받아서 조금만 손을 보면 쓸만한 클래스를 만들 수 있다.

```
class Person:
    # 눈 두 개, 코 하나, 입 하나...
    eyes = 2
    nose = 1
    mouth = 1
    ears = 2
    arms = 2
    legs = 2

    # 먹고 자고 이야기하고...
    def eat(self):
        print('얌냠...')

    def sleep(self):
        print('쿨쿨...')

    def talk(self):
        print('주절주절...')
```

위의 Person이라는 클래스는 보통 사람을 나타낸 클래스이다. 눈, 코, 입, 팔다리가 다 있고, 먹고, 자고 이야기도 한다.

이번에는 학생이라는 클래스를 만들어 보자. 학생도 사람이니까 사람이 갖는 여러 성질이나 행동은 모두 갖고 있을 것이고, 거기에 학생만의 특징을 좀 더 갖도록 하면 된다. 하지만, 사람 클래스도 한참 걸려서 입력했는데, 또다시 학생클래스의 눈, 코, 입부터 시작해서 모든 것을 새로 만들어주려면 너무 비효율적일 것이다.

바로 이럴 때 다음과 같이 상속을 이용하면 손쉽게 학생 클래스를 만들 수 있다.

```
class Student(Person):     # Person 클래스를 상속받음
    def study(self):
        print('열공열공...')
```

위의 Student 클래스는 Person 클래스를 상속받았다. 우리가 Student 클래스를 눈, 코, 입부터 하나하나 다시 만들어 주지 않더라도 Person의 성질들을 모두 물려받아

서 갖게 된 것이다. 여기에 study라는 메서드만 하나 더 추가해서 마무리를 했다.

굳이 상속을 받지말고 스크립트를 복사해서 붙여도 가능하지만, 나중에 사람과 학생 클래스에 '옷 색깔'이라든지, '싸우다' 같은 것들을 추가하고 싶어진다면, 그때마다 사람 클래스와 학생 클래스를 각각 수정해야 된다.

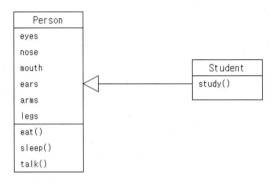

사람과 학생의 관계를 위와 같이 그림으로 표현할 수도 있다. 사각형은 각각의 클래스를 나타내고, 그 안에 클래스의 이름과 변수, 메서드를 적어주었다. 화살표는 '상속 관계'를 나타내고, 그 방향은 하위 클래스(상속받은 클래스)로부터 상위 클래스 (상속해준 클래스)를 향하고 있다.

이 화살표를 따라가면서 'is a'라고 읽으면 두 클래스의 관계를 쉽게 파악할 수 있다. "A Student is a Person.(학생은 사람이다)"이 된다.

그럼, 과연 Student 클래스가 Person 클래스의 모든 성질을 똑같이 갖고 있는 것인지도 확인해 보자. 먼저 위의 예제들을 파일로 저장해서 import하거나, 그냥 인터프리터에서 입력한 다음에 아래와 같이 테스트를 해 보자.

```
>>> lee = Person()
>>> lee.mouth
1
>>> lee.talk()
주절주절...
```

```
>>> kim = Student()
>>> kim.mouth
1
>>> kim.talk()
주절주절...
```

Person 클래스의 객체인 lee와 Student 클래스의 객체 kim의 결과가 똑같다. 이 결과로 Person 클래스로부터 상속받았기 때문에 그렇다는 것을 확인할 수 있다. 그러나, 상속 받은 것으로 끝이 아다. Student는 공부라는 추가된 메서드도 갖고 있다.

```
>>> kim.study()
열공열공...
```

1. 다음과 같이 코드를 작성했을 때, 실행 결과로 알맞은 것은?

```python
class Bit(object):
    def _init_(self):
        self._password = 5678

    def set_password(self, new_pw):
        self._password = new_pw
        print('Password changed')

    def get_password(self):
        print('Your password is :', self._password)

coin = Bit()
coin.get_password()
coin.set_password(1234)
print(coin._password)
```

① Your password is : 5678
   Password changed
   Your Password is : 5678

② Your password is : 5678
   Password changed
   Your Password is : 1234

③ Your password is : 5678
   Your password is : 1234
   Password changed

④ Your password is : 5678
   Password changed

⑤ Your password is : 5678
   Password changed
   AttributeError: 'Capsule' object has no
   attribute '_password'

2. 다음과 같이 코드를 작성했을 때, 실행 결과로 알맞은 것은?

```python
class SoccerPlayer(object):
    def _init_(self, name, position, back_number):
        self.name = name
        self.position = position
        self.back_number = back_number
    def change_back_number(self, back_number):
        self.back_number = back_number

jinhyun = SoccerPlayer("jinhyun", "MF", 10)
print("현재 선수의 등번호는:", jinhyun.back_number)
jinhyun.change_back_number(5)
```

① 현재 선수의 등번호는 :   ② 현재 선수의 등번호는 : 10
③ 에러 발생   ④ 현재 선수의 등번호는 : None
⑤ 현재 선수의 등번호는 : 5

3. 다음과 같은 코드는 객체 지향 프로그램의 어떤 특징을 보여주는지 고르시오.

```python
class Class(object):
    def _init_(self, name, score):
        self.name = name
        self.score = score

class Math(Class):
    def say():
        print("힘내")
```

① 다형성   ② 가시성
③ 상속   ④ 인스턴스
⑤ 속성

4. 파이썬의 클래스와 객체 지향 프로그래밍에 대한 설명으로 틀린 것은?

① 클래스에서 상속은 부모 클래스로부터 속성과 메서드를 물려받은 자식 클래스를 생성하는 것을 말한다.
② 클래스에서 _init_ ( ) 함수는 객체 초기화 예약 함수이다.
③ 객체 지향 프로그래밍에서 속성은 값(variable)으로, 행동은 메서드(method)로 표현된다.
④ 클래스에서 함수(function) 추가는 기존 함수의 사용법과 동일하다.
⑤ 다형성은 같은 이름의 메서드의 내부 로직을 다르게 작성하는 것을 말하며, 같은 부모 클래스를 상속하는 과정에서 주로 발생한다.

5. 다음 코드의 실행 결과를 쓰시오.

```
class TV(object):
    def _init_(self, size, year, company):
        self.size = size
        self.year = year
        self.company = company
    def describe(self):
        print(self.company + "에서 만든 " + self.year + "년형 " \
            + self.size + "인치 " + "TV")

class Laptop(TV):
    def describe(self):
        print(self.company + "에서 만든 " + self.year + "년형 " \
            + self.size + "인치 " + "노트북")

LG_TV = TV("32", "2022", "LG")
LG_TV.describe()

samsung_microwave = Laptop("15" , "2023", "Samsung")
samsung_microwave.describe()
```

6. 5번과 같은 코드에 대한 설명은 아래와 같다. 빈 칸에 알맞은 단어를 고르시오.

> 위 코드에서 Labtop 클래스는 TV 클래스를 [(가)]하였다. 또한, 같은 이름의 내부 로직을 다르게 작성했으므로 [(나)]의 사례로도 볼 수 있다.

① (가) : 상속, (나) : 인스턴스   ② (가) : 상속, (나) : 가시성

③ (가) : 속성, (나) : 다형성   ④ (가) : 속성, (나) : 인스턴스

⑤ (가) : 상속, (나) : 다형성

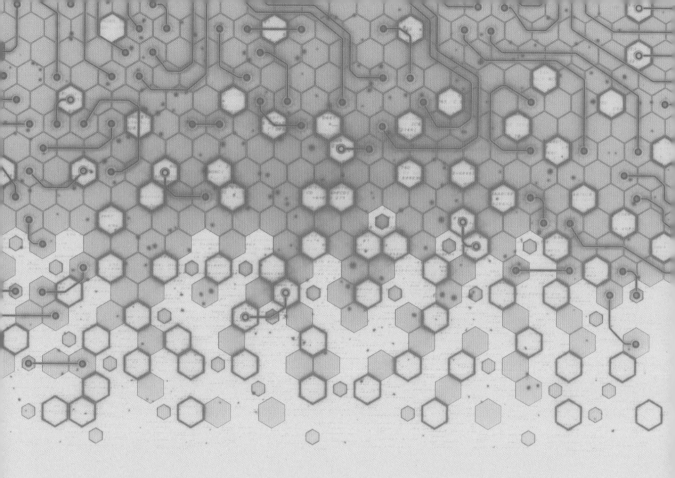

모듈과 패키지

Python All-In-One

SECTION 01   모듈과 패키지의 개념

파이썬은 매우 간결한 프로그래밍 언어이다. 처음 파이썬의 특징에 대해 알아볼 때 파이썬은 라이브러리가 많이 배우기 쉽다고 한 것을 기억할 것이다. 이것이 가능한 가장 큰 이유는 많은 사람들이 이미 파이썬으로 프로그램을 작성해두었기 때문이다. 파이썬에서는 이미 작성된 프로그램을 모듈이라고 하고, 이 모듈을 모아놓은 묶음을 패키지라고 한다. 앞서 from이라는 키워드를 사용하여 모듈을 호출한 경우가 있었는데, 이 때 모듈을 호출하기 위해 패키지부터 호출하는 명령어가 from이다. 일종의 디렉터리처럼 하나의 패키지 안에 여러개의 모듈이 있는데, 이 모듈들이 서로 포함관계를 가지며 거대한 패키지를 만든다.

SECTION 02 모듈

컴퓨터 프로그램을 만들려면 변수와 함수를 포함하여 많은 코드가 필요한데, 그럴 때마다 그 많은 코드를 일일이 다 입력하려면 비효율적이다. 그래서 프로그램에서 사용할 함수와 변수, 그리고 여러 자료를 미리 모아놓는 방법이 있는데 그것이 바로 모듈이다.

'피자 만들기'를 이용하여 모듈의 개념을 이해해보자.

'피자 만들기' 모듈에는 '도우 만들기'함수, '토마토 페이스트 만들기' 함수, '토핑 배합하기' 함수와 같은 특정 기능을 하는 함수도 들어있고, 또 각각의 함수에 집어 넣을 피자치즈, 토마토, 밀가루, 토핑 같은 변수도 들어있다. 요약하면, 모듈은 피자를 만드는 데 필요한 모든 것이 들어있다고 할 수 있다. 이 '피자 만들기' 모듈이 있으면, 피자를 만드는 과정 중에 필요한 여러 과정을 다 외울 필요도 없고, 재료도 가져다 사용하기만 하면 되므로 매우 편리하다. 이와 같이, 특정 목적을 위해 활용할 수 있도록 함수와 자료들을 모아 놓은 것을 모듈이라고 한다.

■ 모듈 불러오기

모듈은 직접 만들어서 사용할 수도 있고, 파이썬 안에 만들어져 있는 모듈을 불러와 사용할 수도 있다. 파이썬에 기본적으로 내장되어 있는 모듈을 '표준 모듈'이라고 하고, 다른 사람들이 만들어서 공개한 모듈을 '외부 모듈'이라고 부른다.

모듈은 내가 작성하지 않은 것을 가져다 사용하는 것이므로, import라는 키워드와 함께 사용한다.

```
import 모듈 이름
```

일반적으로 모듈을 가져오는 import 구문은 코드의 가장 위에 작성한다.

■ from 구문

각 모듈의 내용 전체를 알 필요는 없다. 각 모듈에서 필요한 함수만 가져다 쓰면 된다. 모듈에는 정말 많은 변수와 함수가 들어있다. 그 중에 우리가 활용하고 싶은 기능은 극히 일부이고, 그러한 함수를 사용할 때마다, random.randint, random.choice 등 함수 앞에 모듈 이름을 계속 써줘야 하는 것이 귀찮다고 느껴질 수 있다.

그 때, 사용하는 구문이 from이다.

> from 모듈 이름 import 가져오고 싶은 변수 또는 함수

만약 앞에 '모듈 이름'을 붙이는 것이 싫고, 모든 기능을 가져오는 것이 목적이라면, * 기호를 사용한다.

> from 모듈 이름 import *

위와 같이 코드를 입력하면 모듈 내부의 모든 내용을 가져오는 것을 의미한다. 그러나, 모든 것을 가져오면 식별자 이름에서 충돌이 발생할 수 있다. 따라서 from구문을 사용할 때는 최대한 필요한 것만 가져와서 사용하는 것이 좋다.

■ as 구문

모듈을 가져올 때, 이름 충돌이 발생하는 경우가 있을 수 있다. 또, 모듈의 이름이 너무 길어서 짧게 줄여 사용하고 싶을 수도 있다. 그럴 때 사용하는 구문이 as다.

> import 모듈 as 사용하고 싶은 별칭

2.1 모듈 만들기

모듈을 만들어 보자. 모듈을 만든다고 해서 별다른 것이 있는 것이 아니고 이때까지 해왔던 것처럼 파이썬 파일을 만들면 된다. 파이썬에서는 .py 파일 자체가 모듈이다. 가장 쉽게 파이썬 모듈을 만드는 방법은 현재 실습 중인 디렉터리에서 .py파일을 하나 만들고, 그 파일에 필요한 함수를 저장하면 된다. 그러면 다른 파이썬 파일이나 파이썬 셸에서 import문을 사용하여 해당 모듈의 함수를 쉽게 불러낼 수 있다.

간단한 모듈을 만들어 보자.

다음과 같은 코드를 작성하여 moduletest1.py로 저장한다.

■ moduleTest1.py

```python
import math

def distance(x1, y1, x2, y2):
    result = math.sqrt( math.pow(x1 - x2, 2) + math.pow(y1 - y2, 2))
    return result
```

두 점과 점 사이의 거리를 구하는 코드이다.

다음으로 해당 모듈을 사용하는 코드(흔히 클라이언트 코드라고 부름)를 다음과 같이 작성하여 moduletest2.py로 저장한다.

■ moduleTest2.py

```python
import moduleTest1

a = moduleTest1.distance(2, 3, 4, 5)
print(a)
```

```
>>> 2.8284271247461903
```

moduleTest2.py에서 가장 중요한 핵심 코드는 첫 번째 행의 import moduleTest1 으로 기존에 만든 코드 파일에서 .py를 빼고 해당 파일의 이름만 입력하면 파일 내의 함수를 불러 사용할 수 있다. 즉, .py파일 자체가 하나의 모듈이 된다. 이 코드에서는 moduleTest1이 모듈이고, 해당 모듈 안의 distance()함수를 가져다 사용하기 위해서는 moduleTest2.py의 두 번째 행 코드와 같이 a=moduleTest1.distance(2,3,4,5)라고 작성하면 된다.

여기서 핵심은 호출받는 모듈과 호출하여 사용하는 클라이언트 프로그램이 같은 디렉터리 안에 있어야 한다는 것이다. 여기서는 moduleTest1.py과 moduleTest2.py가 같은 디렉터리 안에 있어야 문제없이 실행된다.

우리는 이전에 같은 파일 내부에서 클래스를 만들고 함수를 만들어서 사용하였다. 모듈도 마찬가지 방법으로 사용한다. 다만 다른 파일에 있는 코드들을 사용하는 것이므로 모듈을 사용하기 전에 import만 해주면 된다.

이때 모듈 내의 개체를 식별하기 위해서는 "모듈명.함수명" 등으로 사용된다.

2.2 네임 스페이스

모듈 자체를 만들고 사용하는 것은 그다지 어렵지 않다. 하지만 모듈에서 꼭 이해하고 넘어가야하는 중요한 개념이 바로 **네임 스페이스**이다. 네임스페이스는 모듈 호출의 범위를 지정하는 것이다.

하나의 .py파일, 다시 말해 하나의 모듈안에는 클래스, 함수, 변수가 있으며 import를 사용하여 이들을 호출할 수 있다. 간혹 클라이언트 함수 이름과 호출된 모듈 함수의 이름이 같을 때, 호출된 모듈의 사용 범위를 명확히 지정해야 한다. 이 때 사용하는 개념이 바로 네임 스페이스이다.

네임 스페이스를 만드는 방법은 첫 번째로 alias를 생성하여 모듈 안으로 코드를 호출하는 방법이다. alias는 일종의 별칭으로 모듈의 이름을 바꿔 부를 때 사용한다. 모듈의 이름이 너무 길거나, 다른 코드와 헷갈리는 이름일 때 as 키워드를 사용하여 모듈의 이름을 간단하게 바꿔 사용하면 된다.

```
import moduleTest1 as mdt
print(mdt.distance(2, 3, 4, 5))
```

>> 2.8284271247461903

앞에서 만든 moduleTest1 모듈을 mdt로 이름을 변경하여 호출하였다. 그리고, mdt. distance(2, 3, 4, 5) 코드로 moduleTest1 모듈안에 distance()함수를 호출하였다. '모듈명.함수명(또는 클래스명/변수명)'의 형태로 해당 모듈 안에 있는 함수, 크랠스, 변수를 호출하여 사용할 수 있다. 현재 사요하는 클라이언트 프로그램에 같은 이름의 코드가 있더라도 모듈내에서만 한정하여 호출해야 한다.

두 번째는 from구문을 사용하여 모듈에서 특정 함수 또는 클래스만 호출하느 방법이다.

```
from moduleTest1 import distance
print(distance(2, 3, 4, 5))
```

>> 2.8284271247461903

'from 모듈명 import 모듈안에 있는 함수명'의 형태로 작성하며 해당 모듈 안에 있는 함수를 가져다 사용할 수 있다. 이제 이 함수는 별도의 모듈명을 써주지 않아도 단독 사용이 가능하다. 여기서 한 가지 주의할 점은 from은 꼭 모듈을 호출하기 위한 키워드가 아니라는 것이다. 패키지를 호출하거나 해당 패키지 안에 있는 모듈을 호출할 때도 from 키워드를 사용할 수 있으니 참고하기 바란다. 패키지와 패키지, 패키지와 모듈 간에 서로 중첩 구조를 가질 수 있고 이 중첩 구조를 호출하는 것이 바로 from의 역할이다.

세 번째는 해당 모듈안에 있는 모든 함수, 클래스, 변수를 가져오는 별표(*)를 사용하는 것이다. 일반적으로 컴퓨터에서 별표는 곱셈의 의미도 있지만, 모든 것이라는 뜻도 있다. 'from 모듈명 import *'라고 입력하면 해당 모듈 안에 있는 모든 사용가능한 리소스를 호출한다는 뜻이다.

```
from moduleTest1 import *
print(distance(2, 3, 4, 5))
```

>> 2.8284271247461903

위 세 가지 방법 중 가장 흔하게 사용되는 방법은 alias를 생성하여 호출하는 방법이다. 각각의 함수나 클래스가 어디서 나오는지를 명확히 표현하는 것이 좋기 때문이다.

2.3 내장 모듈의 사용

파이썬은 프로그램을 개발하는 중에 기본적으로 사용되는 문자처리, 웹, 수학과 관련된 다양한 내장 모듈을 제공하며 별다른 조치없이 import문으로 사용할 수 있다.

2.3.1 random 모듈

random 모듈은 난수 생성 모듈로 해당 모듈 안에는 정수 모듈을 생성하는 randint() 함수와 임의의 난수를 생성하는 random()함수가 있다.

```
import random
print(random.randint(0, 100))
```

>> 14

```
print(random.random())
```

>> 0.023955044763531846

2.3.2 time 모듈

시간과 관련된 time모듈은 일반적으로 시간을 변경하거나 현재시각을 아렬준다. 대표적으로 프로그램이 동작하는 현재 시각을 알 수 있다.

```
import time
print(time.localtime())
```

>> time.struct_time(tm_year=2023, tm_mon=7, tm_mday=20, tm_hour=16, tm_min=50, tm_sec=46, tm_wday=0, tm_yday=205, tm_isdst=0)

2.3.3 urllib 모듈

```
import urllib.request
response = urllib.request.urlopen("http://www.naver.com")
print(response.read())
```

```
Squeezed text (3907 lines).

==================== RESTART: C:\Users\histh\Desktop\test01.py ====================
b'   <!doctype html> <html lang="ko" class="fzoom"> <head> <meta charset="utf-8"
> <meta http-equiv="X-UA-Compatible" content="IE=edge"> <meta name="viewport" co
ntent="width=1190"> <title>NAVER</title> <meta name="apple-mobile-web-app-title"
 content="NAVER"/> <meta name="robots" content="index,nofollow"/> <meta name="de
scription" content="\xeb\x84\xa4\xec\x9d\xb4\xeb\xb2\x84 \xeb\xa9\x94\xec\x9d\xb
8\xec\x97\x90\xec\x84\x9c \xeb\x8b\xa4\xec\x96\x91\xed\x95\x9c \xec\xa0\x95\xeb\
xb3\xb4\xec\x99\x80 \xec\x9c\xa0\xec\x9a\xa9\xed\x95\x9c \xec\xbb\xa8\xed\x85\x9
0\xec\xb8\xa0\xeb\xa5\xbc \xeb\xa7\x8c\xeb\x82\x98 \xeb\xb3\xb4\xec\x84\xb8\xec\
x9a\x94"/> <meta property="og:title" content="\xeb\x84\xa4\xec\x9d\xb4\xeb\xb2\
84"> <meta property="og:url" content="https://www.naver.com/"> <meta property="o
g:image" content="https://s.pstatic.net/static/www/mobile/edit/2016/0705/mobile
212852414260.png"> <meta property="og:description" content="\xeb\x84\xa4\xec\x9d
\xb4\xeb\xb2\x84 \xeb\xa9\x94\xec\x9d\xb8\xec\x97\x90\xec\x84\x9c \xeb\x8b\xa4\x
ec\x96\x91\xed\x95\x9c \xec\xa0\x95\xeb\xb3\xb4\xec\x99\x80 \xec\x9c\xa0\xec\x9a
\xa9\xed\x95\x9c \xec\xbb\xa8\xed\x85\x90\xec\xb8\xa0\xeb\xa5\xbc \xeb\xa7\x8c\
```

파이썬 셀은 50줄이 넘어가는 출력에 대해서 자동으로 출력라인을 'Squeezed text' 레이블로 압착하는 특수 기능이 있다. 위에서 실행한 코드는 불러온 HTML코드가 너무 길어서 'Squeezed text' 레이블로 압착하여 결과를 보여준다. 레이블을 더블클릭하면 위 결과와 같이 제자리에서 펼쳐진다. 레이블을 마우스 오른쪽 버튼으로 클릭하여 클립보드로 복사하거나 별도의 보기 창으로 보는 것을 추천한다.

SECTION 03 패키지

패키지는 여러 개의 모듈(파일)을 모아놓은 것이라고 생각하면 된다. 파일 구조로 본다면 하나의 폴더에 들어있는 파일들의 모임이다. 흔히 다른 사람이 만든 프로그램을 불러와 사용하는 것을 라이브러리하고 하는데, 파이썬에서는 패키지를 하나의 라이브러리로 이해하면 된다. 파이썬에서 사용하는 파이썬 오픈소스 프로그램은 모두 이러한 패키지로 구성되어 있다. 파이썬의 모듈을 구성할 때와 마찬가지로 패키지에도 예약어가 있다. 패키지에서 한 가지 주의할 점은 파일명 자체가 예약어를 반드시 지켜야만 실행되는 경우가 있다. 따라서 패키지 내의 몇몇 파일에는 __init__, __main__ 등의 키워드 파일명이 사용된다.

3.1 패키지의 구성

패키지는 여러 개의 모듈(파일)을 모아놓은 것이라고 생각하면 된다. 파일 구조로 본다면 하나의 폴더에 들어있는 파일들의 모임이다. 흔히 다른 사람이 만든 프로그램을 불러와 사용하는 것을 라이브러리라고 하는데, 파이썬에서는 패키지를 하나의 라이브러리로 이해하면 된다. 파이썬에서 사용하는 파이썬 오픈소스 프로그램은 모

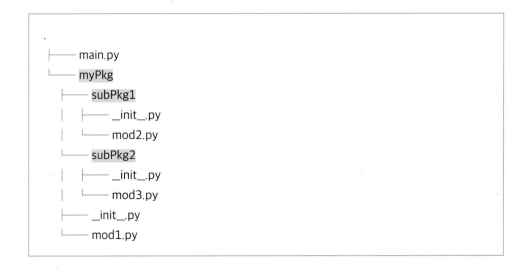

```
├── main.py
└── myPkg
    ├── subPkg1
    │   ├── _init_.py
    │   └── mod2.py
    ├── subPkg2
    │   ├── _init_.py
    │   └── mod3.py
    ├── _init_.py
    └── mod1.py
```

두 이러한 패키지로 구성되어 있다. 파이썬의 모듈을 구성할 때와 마찬가지로 패키지에도 예약어가 있다. 패키지에서 한 가지 주의할 점은 파일명 자체가 예약어를 반드시 지켜야만 실행되는 경우가 있다. 따라서 패키지 내의 몇몇 파일에는 __init__, __main__ 등의 키워드 파일명이 사용된다.

3.2 패키지 만들기

패키지는 여러 모듈을 운영체제 상의 하나의 폴더에 계층적으로 구성함으로써 만들 수 있다. 모듈들은 넣어둔 디렉토리명이 패키지명이 된다.

위와 같은 구성에서, 패키지를 구성하기 위한 첫 번째 단계는 패키지 내에서 다시 세부 패키지에 맞춰 디렉터리를 구성하는 것이다.

두 번째 단계에서는 만들어진 디렉터리에 필요한 모듈을 만든다. 하나의 패키지는 중첩된 구조로 만들 수 있으므로 패키지 안에 또 하나의 패키지가 들어갈 수 있다. 하지만 이렇게 각각의 디렉터리를 하나의 패키지로 선언하기 위해서는 예약된 파일을 만들어야 한다. 바로 __init__.py이다.

__init__.py 파일은 각 디렉터리가 패키지임을 나타내는 예약 파일이다. 위 그림과 같이 각 디렉터리에 __init__.py를 추가하면 패키지의 기본 구조가 만들어진다. 파이썬 3.3 이전에는 패키지를 만들기 위해서는 빈 파일이더라도 반드시 __init__.py의 존재가 필요했지만 3.3 버젼부터 반드시 존재할 필요는 없어졌다. 하지만 패키지의 디렉토리에 __init__.py를 만들어 주면 패키지나 모듈이 임포트 될 때 해당 파일이 실행된다. 이 성질을 이용해 패키지 사용을 더 간편하게 할 수 있다.

```
# myPkg/subPkg1/mod2.py
def func_mod2():
    print("I am a function in mod2.py")
```

```
# myPkg/mod1.py
def func_mod1():
    print("I am a function in mod1.py")
```

이제 각 하위 패키지에 포함된 모듈에 필요한 기능을 구현하기 위한 코드를 작성해 보자. 여기서는 최소한의 실행여부만 확인하기 위한 간단한 코드로 작성할 것이다.

이렇게 작성한 모듈을 실제로 사용하기 위해서는 패키지 구성요소에 접근하기 위해 from문 뒤에 최상위 패키지를 쓰고 점(.)연산자를 이용하여 하위 패키지로 접근한다. 이 때 myPkg의 상위 디렉터리에서 파이썬 쉘을 실행해야 정상적으로 수행된다.

```
from myPkg.subPkg1 import mod2
mod2.func_mod1()
```

>> I am a function in mod2.py

위의 코드를 실행하면 myPkg 디렉터리 안에 "__pycache__"라는 디렉터리가 생성되는데, 이것은 파이썬의 언어적 특징으로 생기는 결과이다. 파이썬은 인터프리터 언어이므로 실행전에 별도의 컴파일러를 실행시키지는 않지만 실행 시점에 컴파일이 이루어지고 그 결과로 얻어진 컴파일된 파일을 프로그램에 사용한다. "__pycache__"디렉터리에는 해당 프로그램이 작동될 때 사용하기 위한 모듈들의 컴파일 결과를 저장한다.

패키지 구성의 세 번째 단계는 디렉터리별로 __init__.py 파일을 구성하는 것이다. __init__은 해당 디렉터리가 파이썬의 패키지라고 선언하는 초기화 스크립트이다. __init__.py파일은 파이썬의 거의 모든 라이브러리에 있다. __init__.py 파일은 패키지 개발자나 설치 시 확인해야할 내용 등의 메타데이터라고 할수 있다. 하지만 가장 중요한 내용은 이 패키지의 구조이다. 일반적으로 __init__.py파일에는 해당 패키지가 포함된 모듈에 관한 정보가 있다.

```
# myPkg/_init_.py
import subPkg1
import subPkg2

_all_=['subPkg1',subPkg2']
```

myPkg 디렉터리에는 2개의 하위 패키지 subPkg1, subPkg2가 있다. 이 각각의 패키지를 __init__.py 안에 __all__과 import문을 사용해 선언해야 한다. 따라서 __all__이라는 리스트형의 변수를 만들어 차례대로 하위 패키지의 이름을 입력하고, 같은 방법으로 각 하위 패키지를 import문으로 호출한다.

하위 패키지의 __init__.py 파일도 마찬가지이다. 예를 들어 subPkg1 디렉터리의 __init__.py 파일은 패키지에 포함된 모듈명을 모두 작성해야 한다. 상당히 번거로운 작업이지만 패키지로 표시하기 위해 꼭 해야하는 작업이며 패키지별로 모두 처리해야 한다.

```
# subPkg1/__init__.py
from . import mod2

__all__=['mod2']
```

from.을 import문 앞에 붙이는 이유는 현재 디렉터리인 subPkg1 패키지를 호출하기 위함이다. 'from.'을 붙이지 않으면 상위 디렉터리인 myPkg에서 subPkg1를 찾게되어 오류가 발생한다.

패키지 구성의 마지막 단계에서는 패키지를 한 번에 사용하기 위해 myPkg 디렉터리에 __main__.py 파일을 만든다. __main__.py파일을 만드는 이유는 패키지 자체를 실행하기 위해서이다. __main__.py 파일 구성은 간단하다. 기본적으로 호출해야하는 여러 모듈을 from과 import문으로 호출한 후 if __name__=='__main__'구문 아래에 실제 실행 코드를 작성하면 된다.

```
# main.py
from myPkg.mod1 import func_mod1
from myPkg.subPkg1.mod2 import func_mod2
from myPkg.subPkg2.mod3 import func_mod3

if __name__=='__main__':
    func_mod1()
    func_mod2()
    func_mod3()
```

1. 'game'이라는 패키지를 만들고 싶다고 가정하자. 패키지를 만들기 위해 디렉터리별로
   필요한 모듈을 구현하고자 한다. 다음 그림에서 빈칸에 들어가야 할 파일은?

```
∨ ☐ game          game/
    graphic       ┌─────────────────┐
    play          └─────────────────┘
    sound           sound/
                  ┌─────────────────┐
                  └─────────────────┘
                      ech.py
                      wav.py
                    graphic
                  ┌─────────────────┐
                  └─────────────────┘
                      screen.py
                      render.py
                    play/
                  ┌─────────────────┐
                  └─────────────────┘
                      run.py
                      test.py
```

① __main__   ② import game
③ __init__.py   ⑤ __main__.py
④ __init__

2. 다음 코드를 실행하여 아래와 같은 실행 결과를 출력하려 한다. 빈 칸에 알맞은 코드를 고르시오. [module.py]

```
print('module loaded')

if __name__ == '__main__':
    print('module run')
else:
    print('module imported')
```

[파이썬 셀]

```
>>> import module
```

① module loaded

② module loaded
   module run

③ module loaded
   module imported

④ module run
   module loaded

⑤ module imported

3. 모듈을 호출하는 방법이 아닌 것은?

① import os

② import os as linuxos

③ from os import listdir

④ from os import *

⑤ import os as *

4.　패키지(packages)에 대한 설명 중 틀린 것은?

① 하나의 대형 프로젝트를 만드는 코드의 묶음이다.
② 다양한 오픈소스들이 관리되는 방법이다.
③ 다양한 모듈의 합으로 디렉터리로 연결된다.
④ _ _init_ _, _ _main_ _ 등 키워드 파일명이 사용된다.
⑤ 개별 .py 파일을 의미한다.

5.　모듈을 호출할 때 사용하는 알리아스(alias)의 개념에 대해서 서술하시오.

예외처리와 파일

Python All-In-One

SECTION 01　예외처리

1.1　오류와 예외처리의 필요성

오류(error)란 어떤 프로그래밍 언어에서 정해진 문법을 따르지 않는 명령이 입력되어 프로그램에 문제를 일으키는 것을 말한다. 사소한 오류도 있을 수 있으나, 때로는 치명적인 문제를 발생시키기도 한다. 오류는 크게 컴파일 오류(compile time error)와 실행 오류(run time error)가 있다. 컴파일 오류는 프로그램이 문법에 맞지않게 작성되었을 때 발생하는 에러이다. 프로그램 작성 후 컴파일 시 오류가 발생하며 프로그램 수행전에 오류를 찾아서 미리 수정하는 것이 가능하다. 실행 오류는 리스트의 인덱스 범위가 벗어나거나, 파일이 없는 것과 같은 경우에 발생하는 오류이다. 컴파일 시점에 문법에 이상이 없기 때문에 오류를 알 수 없고, 프로그램 실행 중 발생하게 되는 오류이다.

예외(exception)란 구문 상의 오류는 없으나 프로그램 실행 도중에 만나게 되는 오류를 말한다. 파이썬 인터프리터는 예외 상황이 발생하면 어느 부분에서 에외 상황이 발생　는지 출력해주고 프로그램을 종료시킨다. 이 때 프로그램은 어디서 오류가 발생했는지를 역추적하여 오류가 발생한 곳에서 오류의 종류를 출력한다. 이러한 역추적 정보는 프로그램 상의 문제를 살펴보는데 매우 유용하다. 예외가 발생하는 대표적인 경우는 정수를 0으로 나누기, 범위를 벗어난 리스트 인덱스 접근하기, 파일 입출력 오류 등이 있다. 이 예외 처리를 위해 사용하는 것이 try-except문이다. 이러한 기능을 예외 처리라고 하는데 except라는 예외 처리문이 예외를 유연하게 다룰 수 있게 해준다.

1.2 예외 처리 구문

1.2.1 try-except문

파이썬에서 예외처리의 기본 문법은 try-except문이다. 대부분의 프로그래밍 언어에서 예외를 처리하는 구문은 이와 비슷하다. try문에 예외 발생이 예상되는 코드를 적고, except문에 예외 발생 시 대응하는 코드를 작성한다.

```
try:
    예외 발생 가능 코드
except 예외타입 :
    예외 발생 시 실행되는 코드
```

다음 코드는 0부터 9까지의 숫자를 i에 하나씩 할당하면서 10으로 나눈 값을 출력하는 코드이다 이 프로그램은 i값이 1이 아닌 0부터 시작하므로 10을 0으로 나누는 계산이 가장 먼저 실행된다. 0으로는 10을 나눌 수 없으므로 예외가 발생한다. 하지만 이러한 예외의 발생은 예상이 가능하므로 try문으로 해당 예외의 발생을 대비할 수 있다. ZeroDivisionError, 즉 0으로 나눠지는 경우에는 except문 안으로 들어가 해당 구문을 처리한다. 여기서는 print("Not divided by zero")코드가 실행된다.

```
for i in range(10):
    try:
        print(10 / i)
    except ZeroDivisionError:
        print("Not divided by zero")
```

```
>> Not divided by zero
10.0
5.0
3.3333333333333335
2.5
2.0
1.6666666666666667
```

1.4285714285714286
1.25
1.1111111111111112

그런데 만약 여기서 try문이 for문 밖에 있으면 반복문 전체가 종료된다. 즉, try문 내부에서 예외가 발생하면 except문 영역에 이쓴 코드가 실행되고, try-except문이 종료된다. 이렇게 try문을 적당한 곳에 삽입하여 예외 처리를 할 수 있다.

1.2.2 try-except-else문

또 다른 예외 처리 구문으로 try-except-else문이 있다. try-except-else문은 if-else문과 비슷한데 해당 예외가 발생하지 않는 경우 수행할 코드를 else문에 작성하면 된다. 다음은 try-except-else문의 기본 형태이다.

```
try:
    예외 발생 가능 코드
except 예외타입 :
    예외 발생 시 실행되는 코드
else:
    예외가 발생하지 않을 때 실행되는 코드
```

다음 코드는 10을 i로 나누는 코드를 실행하여 제대로 나누었을 경우 else문에 의한 겨로가가 화면에 출력되고, 그렇지 않으 경우 except문에 의해 사전에 정의된 에러가 발생하는 코드이다.

```
for i in range(10):
    try:
        result =10 / i
    except ZeroDivisionError:
        print("Not divided by zero")
    else:
        print(10 / i)
```

위 코드에서처럼 에러가 발생하지 않는 경우의 수행문을 정의해놓으면 에러가 발생하지 않는 경우에도 일어날 일을 사용자가 정확히 예측할 수 있다는 장점이 있다.

1.2.3 try-except-finally문

try-except-finally문에서 finally문은 try-except문 안에 있는 수행 코드에서 예외가 발생하든 하지않든 상관없이 실행되는 코드이다. 다음은 try-except-finally문의 기본 형태이다.

```
try:
    예외 발생 가능 코드
except 예외타입 :
    예외 발생 시 실행되는 코드
finally:
    예외 발생 여부와 상관없이 실행되는 코드
```

try-except-finally문은 다음 코드와 같이 사용할 수 있다.

```
try:
    for i in range(1, 10):
        result =10 // i
        print(result)
except ZeroDivisionError:
    print("Not divided by 0")
finally:
    print("종료되었다.")
```

```
>> 10
5
3
2
2
1
1
```

1
1
종료되었다.

이 코드는 try문이 forans 밖에 선언되고 있고, i가 1부터 시작한다. 사실상 ZeroDivisionError가 발생할 수 없는 코드이다. 이러한 코드를 작성하면 except문은 실행되지 않고 마지막으로 finally문만 실행된다.

표 9-1 파이썬에서 자주 사용되는 예외의 종류

예외	내용
IndexError	리스트의 인덱스 범위를 넘어갈 때
NameError	존재하지 않는 변수를 호출할 때
ZeroDivisionError	0으로 숫자를 나눌 때
ValueError	변환할 수 없는 문자나 숫자를 변환할 때
FileNotFoundError	존재하지 않는 파일을 호출할 때

SECTION 02   파일

2.1 파일의 개념 및 종류

파일이란 컴퓨터의 저장 장치 내에서 데이터를 저장하기 위해 사용하는 논리적인 단위를 말한다. 파일은 하드 디스크나 외장 디스크 같은 저장 장치에 저장한 후 필요할 때 다시 불러서 사용하는 것이 가능하며, 필요에 따라 수정하는 것도 가능하다. 파일에는 여러 종류가 있으며, 일반적으로 마침표(.)문자 뒤에 py, txt, doc, hwp, pdf와 같은 확장자를 붙여서 파일의 종류를 구분한다. 이처럼 컴퓨터에서 파일의 종류는 다양하지만, 기본적으로 바이너리 파일과 텍스트 파일 두가지로 구분할 수 있다.

바이너리 파일은 컴퓨터만 이해할 수 있는 이진 정보로 저장된 파일이다. 즉, 비트형태로 저장되어 메모장으로 열면 내용이 보이지 않거나 내용을 확인할수 없는 파일을 말한다. 정보를 효율적으로 저장하기 위해 파일 시스템 대부분은 이진 정보로 저장된다. 엑셀이나 워드 프로그램들이 모두 이진 정보로 저장된 이진 파일이다.

텍스트 파일은 사람이 이해할 수 있는 문자열로 저장된 파일이다. 이러한 파일은 메모장으로 그 내용을 확인할 수 있다. 파이썬 파일이나 HTML코드 파일 등도 모두 텍스트 파일이다.

그런데 텍스트 파일도 사실 컴퓨터가 처리하기 우해 바이너리 형태로 저장된 파일이다. 사람이 확인할 수 있는 파일이라고 해서 컴퓨터가 그런 형태로 저장되 파일을 확인할 수 있는 것은 아니다. 텍스트 파일은 컴퓨터가 이해할 수 있는 형태로 변경하여 저장된다. 흔히 이렇게 변경하는 기준을 아스키코드나 유니코드로 하고, 이 표준에 따라 텍스트 파일을 컴퓨터가 이해할 수 있도록 바꾼다. 즉, 컴퓨터는 오직 이진수만 이해할 수 있으므로 모든 문자열 값도 전부 이진수로 변경하여 저장된다. 예를 들어 'A'라는 문자열 값이 이진수로 0100010인데 우리 눈에 A로 보이는 텍스트는 실제로 이진수 값 0100010으로 저장된다. 반대로 0100010으로 저장되어 이쓴 텍스트 파일을 불러올 때 표준에 따라 다시 A로 변경하여 보여준다.

2.2 파일 읽기

파이썬에서는 텍스트 파일을 다루기 위해 open()함수를 사용한다. 일반적으로 open()
함수와 파일면, 파일 열기 모드를 입력하면 그 옵션에 따라 파일을 다룰 수 있다.

```
f=open("파일명", "파일 열기 모드")
f.close()
```

파일을 여는 모드에는 읽기 모드, 쓰기 모드, 추가 모드 등이 있다. 파이썬에서는 상
황에 따라 이러한 형식을 조합하여 파일을 다룬다.

2.2.1 파일 읽기

```
1    f = open("hello.txt", "r")
2    contents = f.read()
3    print(contents)
4    f.close()
```

>> hello python
 hi python

1행에서 open()함수 다음에 파일 명과 'r'을 입력해 파일에 대한 정보를 변수 f에 저
장하였다. 이를 일반적으로 파일 객체라 한다. 2행에서 변수 f를 이용해 read()함수
를 실행하면 해당 파일의 텍스트를 contents변수에 문자열로 저장한다. 3행에서는
conctents 변수의 내용, 즉 'hello.txt'파일에 있는 텍스트를 화면에 출력한다. 4행에
서는 마지막으로 close()함수를 사용하여 파일을 종료한다. 하나의 파이썬 프로그램
이 하나의 파일으 사용할 때 사용을 완료하면 반드시 해당 파일을 종료해야 한다.

2.2.2 with문과 함께 사용하기

with문과 함께 open()함수를 사용할 수 있다. with문은 들여쓰기를 하는 동안에는 open()함수가 유지되고, 들여쓰기가 끝나면 open()함수도 종료되는 방식이다. 앞의 코드와 차이점은 close()함수를 명시적으로 쓰지 않아도 파일의 사용을 종료할 수 있다는 것이다. 특히 해당 파일 객체는 =로 할당하는 방식이 아니라 as문을 사용하여 변수명에 할당한다.

```
1    with open("hello.txt","r") as my_file:
2        contents = my_file.read()
3        print(type(contents), contents)
```

>> <class 'str'> hello python
 hi python

2.2.3 한줄 씩 읽어 리스트형으로 반환하기

파일 전체의 텍스트를 문자열로 반환하는 read()함수 대신, readline()함수를 사용하여 한 줄 씩 내용을 읽어와 문자열 형태로 저장할 수 있다. 한줄의 기준은 \n으로 나뉘어지고 리스트로 반환될 때 for문등 다양한 형태로 활용할 수 있다.

```
1    with open("hello.txt","r") as my_file:
2        content_list = my_file.readlines()    # 파일 전체를 리스트로 반환
3        print(type(content_list))             # 자료형 확인
4        print(content_list)                   # 리스트값 출력
```

>> <class 'str'>
['hello python \n','hi python \n']

2.2.4 실행할 때 마다 한 줄 씩 읽어오기

파일을 한번 열 때 파일의 처음부터 끝까지 모든 파일 내용을 읽어오는 함수 read()
와 다르게 실행할 때마다 차례대로 한줄 씩 읽어오는 함수인 readline()은 호출될 때
마다 한줄씩 읽어오는 특징이 있다.

```
1    with open("hello.txt", "r") as my_file:
2        i = 0
3        while 1:
4            line = my_file.readline()
5            if not line:
6                break
7            print(str(i)+" === "+ line.replace(" \n",""))        # 한 줄씩 값 출력
8            i = i + 1
```

>> 0 === hello python
1 === hi python

3행에서 while 1로 코드가 항상 수행되도록 만든 다음, 4행의 lne= my_file.
readline()으로 한 줄씩 파일을 읽어들인다. 만약 읽어온 줄에 내용이 없다면 5행의 if
not line:break 코드에 의해 반복문이 종료되어 파일 읽기를 종료한다. 하지만 파일
에 남은 내용이 있다면 while문이 계속 실해오디면서 모든 코드를 다 읽어오게 된다.
일반적으로 파일의 내용을 찾다가 중간에 멈춰야 할 필요가 있는 대용량 데이터는
위와 같은 코드를 많이 사용한다.

2.3 파일 쓰기

파일에 무엇인가를 쓰기 위해서는 파일 열기 모드를 'w'로 설정하는 것과 함께 인코
딩이라는 개념을 알아야한다. 텍스트 파일을 저장하기 위해서는 저장할 때 사용하는
표준을 지정해야 하는데, 이것을 인코딩이라고 한다. 인코딩 옵션으로 인코딩 표준
을 지정할 수 있다. 일반적으로 인코딩은 utf8을 많이 사용하며, 파일을 윈도우에서

만 사용한다면 cp949도 사용할 수 있다. 인코딩은 운영체제나 파일의 사용환경에 따라 다르게 설정해야 한다.

```
1   f = open("write_filetest.txt", 'a', encoding = "utf8")
2   for i in range(1,11):
3       data = "%d번째 줄이다. \n"% i
4       f.write(data)
5   f.close()
```

위의 코드를 실행하면 "write_filetest.txt" 라는 파일을 'w'옵션으로 읽어온 후 1부터 10까지의 숫자를 넣어 '1번째 줄이다'부터 '10번째 줄이다'까지 문자열을 만든 다음 f.write(data) 코드로 "write_filetest.txt" 파일에 차례대로 기록한다. 모든 내용을 기록한 후에 f.close() 코드로 해당 파일을 닫는다.

코드를 실행 후, 메모장에서 생성된 해당 파일을 열어 실행결과를 확인할 수 있다.

쓰기 모드인 w는 늘 새로운 파일을 생성한다. 위의 코드를 예로 들면 기존의 "write_filetest.txt" 파일이 있음에도 다시 한번 w로 파일을 부르면 기존 파일이 삭제되고 새로운 파일이 생겨 새로운 내용만 기록된다. 상황에 따라 기존 파일에 계속 추가해야 하는 작업이 있을 때 가장 많이 사용 하는 방법은 추가모드 a를 사용하는 것이다.

다음 코드를 보면 기존에 "write_filetest.txt" 파일이 있다는 가정에서 'a'모드로 파일을 연다. 코드를 수행할 때마다 해당 파일에 '1번째 줄이다'부터 '10번째 줄이다'라는 텍스트가 계속 추가된다.

```
1   f = open("write_filetest.txt", 'w', encoding = "utf8")
2   for i in range(1,11):
3       data = "%d번째 줄이다. \n"% i
4       f.write(data)
5   f.close()
```

코드를 실행 후, 메모장에서 생성된 해당 파일을 열어 실행결과를 확인할 수 있다.

2.4 pickle 모듈

파이썬 프로그램을 실행할 때 생성되는 여러 변수와 객체는 순간적으로 메모리에 로딩되었다가 프로그램이 종료되면 사라진다. 파이썬은 pickle 모듈을 제공하여 메모리에 로딩된 객체를 저장시켜 다시 사용할 수 있도록 지원한다. 예를 들면, 리스트에 들어간 데이터나 클래스의 오브젝트 등을 파일로 저장시켜 나중에 다시 사용할 수 있도록 해준다.

pickle모듈을 사용하기 위해서는 다음 코드와 같이 호출한 후 객체를 저장할 수 있는 파일을 열고 저장하고자 하는 객체를 넘기면(dump)된다. 파일을 생성할 때는 'w'가 아닌 'wb'로 열어야 하는데 여기서 b는 바이너리를 뜻하는 약자로 텍스트 파일이 아닌 바이너리 파일로 저장된다는 의미이다. dump()함수에서는 저장할 객체, 저장될 파일 객체를 차례대로 인수로 넣으면 해당 객체가 해당 파일에 저장된다.

```
1   import pickle

2   f = open("list.pickle", "wb")
3   test = [1, 2, 3, 4, 5]
4   pickle.dump(test, f)
5   f.close()
```

저장된 pickle 파일을 불러오는 프로세스도 저장 프로세스와 같다. 먼저 list.pickle 파일을 'rb'모드로 읽어온 후, 해당 파일 객체를 pickle모듈을 사용하여 load()함수로 불러오면 된다.

```
1   f = open("list.pickle", "rb")
2   test_pickle = pickle.load(f)
3   print(test_pickle)
4   f.close()
```

>> [1, 2, 3, 4, 5]

1. 다음과 같이 코드를 작성했을 때, 실행 결과로 가장 마지막에 출력되는 값은?

```
sentence = list("Hello Friend")
while (len(sentence) + 1):
    try:
        print(sentence.pop(0))
    except Exception as e:
        print(e)
        break
```

① o   ② n

③ h   ④ c

⑤ pop from empty list

2. 다음과 같이 각각의 예외 처리에 적합한 내장 예외(built-in exception)를 순서대로 실행한 결과값이 바르게 짝지어진 것은?

(가)

```
alist = ["a", "1", "c"]
blist = ["b", "2", "d"]

for a, b in enumerate(zip(alist, blist)):
    print(b[a])
```

(나)

```
alist = ["a", "1", "c"]
blist = ["b", "2", "d"]

for a, b in enumerate(zip(alist, blist)):
    print(a/int(b[0]))
```

① NameError, ValueError   ② IndexError, NameError

③ ZeroDivisionError, ValueError   ④ IndexError, ValueError

⑤ NameError, IndexError

3. 다음 중 예외(exception)의 이름과 내용이 잘못 짝지어진 것은?

① ZeroDivisionError : 0으로 숫자를 나눌 때
② ValueError : 변환할 수 없는 문자/숫자를 변환할 때
③ IndexError : 리스트의 인덱스 범위를 넘어갈 때
④ SyntaxError : 조건문이나 변수에 오탈자가 존재할 때
⑤ NameError : 존재하지 않은 변수를 호출할 때

4. 파일의 종류에 대한 설명으로 틀린 것은?

① 바이너리 파일은 컴퓨터만 이해할 수 있는 형태인 이진법 형식으로 저장된 파일을 말한다.
② 텍스트 파일의 예로 HTML, 파이썬 코드 파일 등을 들 수 있다.
③ 바이너리 파일은 해당 확장자에 대한 파일을 열 수 있는 프로그램이 필요하다(엑셀, 워드 등).
④ 텍스트 파일의 경우 컴퓨터는 텍스트 파일 형태 그대로 처리가 가능하다.
⑤ 스트 파일은 사람도 이해할 수 있는 형태인 문자열 형식으로 저장된 파일을 말한다.

5. 바이너리 파일과 텍스트 파일에 대한 설명으로 틀린 것은?

① 텍스트 파일은 노트패드와 같은 워드 프로세스로 열 수 있다.
② 메모장에 저장된 파일, HTML 파일, 파이썬 코드 파일 등은 모두 텍스트 파일이다.
③ 텍스트 파일은 컴퓨터만 이해할 수 있는 형태인 이진(법) 형식으로 저장된 파일이다.
④ 엑셀 파일, 워드 파일 등을 바이너리 파일이라고 부른다.
⑤ 모든 텍스트 파일도 실제는 바이너리 파일로 아스키/유니코드 문자열 집합 등으로 저장된다.

PART

III

Python All-In-One

데이터 분석 기초

## CHAPTER 10

데이터 수집
- 웹 크롤링

Python All-In-One

SECTION 01 웹 크롤링 알아보기

크롤링(Crawling)이란 사전적으로 기어다니는 것을 뜻하는데, 컴퓨터 소프트웨어 기술로 웹 사이트들에서 원하는 정보를 추출하는 것을 의미한다. 크롤링, 스크래핑 (Scraping) 또는 데이터 긁기등 다양한 단어로 불리운다. 웹 크롤러란 인터넷에 있는 웹페이지를 방문해서 자료를 수집하는 일을 하는 프로그램을 말한다. 이때 한 페이지만 방문하는 것이 아니라 그 페이지에 링크되어 있는 또 다른 페이지를 차례대로 방문하고 이처럼 링크를 따라 웹을 돌아다니는 모습이 마치 거미와 비슷하다고 해서 스파이더라고 부르기도 한다. 아래 그림을 보면 확실하게 이해가 될 것이다.

1.1 크롤링의 원리

먼저 크롤링의 원리를 이해하기 위해 간단히 웹페이지의 구성을 살펴보자.

웹페이지는 총 3가지로 이루어져 있다.

구조를 잡는 HTML, 디자인을 하는 CSS, 사용자와 동적으로 상호작용하는 Javacript 이다.

크롬 브라우저를 쓴다면 어느 웹페이지를 들어가더라도 F12를 누르면 아래 그림과 같이 개발자 모드가 활성화되면서 이 세 가지를 확인할 수 있다.

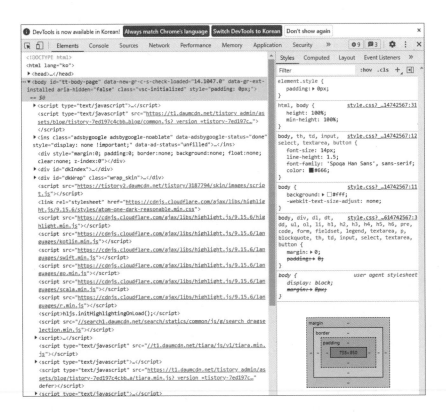

우리는 모든 웹페이지의 HTML 문서를 확인할 수 있고 HTML 문서에 어떤 CSS 문서가 참조 되었는지, 어떤 내용이 들어가 있는지 확인할 수 있다.

이렇게 표시되는 HTML들을 참고해서 해당 웹크롤러 기술을 활용해 정보를 가져오는 것이 웹크롤링이다.

1.2 크롤링을 하기 전 알아야하는 지식

1.2.1 HTML

웹 크롤링을 온전히 이해하기 위해서는 HTML에 대한 지식이 어느 정도 있어야 하지만, 여기서는 꼭 필요한 HTML 요소에 대해서만 간단히 알아보도록 한다. HTML 요소만 찾을 수 있다면 어렵지 않게 웹 크롤링을 해낼 수 있다.

HTML은 웹페이지의 구조를 나타내기 위한 언어로 태그(◇)로 구성되어 있다.

태그는 시작태그와 종료태그로 구성된다.

<태그명>내용</태그명>	<h1>파이썬 올인원</h>

태그는 속성명과 속성값이 있을수 있다.

<태그명 속성명="속성값">내용</태그명>	<h1 id="title">파이썬 올인원</h1>

속성명(id)은 h1라는 태그에 title이라는 별명(속성값)을 붙이는 것이다.

태그 종류는 많지만. 크롤링에 자주 사용되는 종류만 익히면 된다.

태그명	역할
div	구역나누기-뉴스제목, 본문, 댓글etc을 위한 구역 등을 나눈다
a	링크-제목에 a태그가 있으면 하이퍼링크를 연결한다
h1	제목
p	문단
ul,li	목록-리스트 형태의 데이터를 표시하기 위한 태그이다.

태그는 부모태그와 자식태그가 있다.

<부모태그> 　<자식태그></자식태그> 　<자식태그></자식태그> 　<자식태그></자식태그> </부모태그>	<div class="news_info"> 　<a herf="주소1.com"></a> 　<a herf="주소2.com"></a> 　<a herf="주소3.com"></a> </div>

예시로 주어진 태그는 class속성에 속성값이 nesw_info안에 a태그 3개있는 형태이다.

div태그는 a의 부모태그이고, a태그를 클릭했을 때, 해당되는 주소로 이동한다.

1.2.2 HTML 구조 익히기 실습

네이버 HTML을 해킹(?)해보자.

크롬에서 네이버에 접속한 후, 네이버 뉴스 → f12 누르면 다음과 같이 개발자도구가 열린다.

빨간색 박스로 표시된 부분을 클릭한 후, html 태그에 마우스를 갖다 대면 해당위치의 웹페이지가 파란색으로 활성화된다.

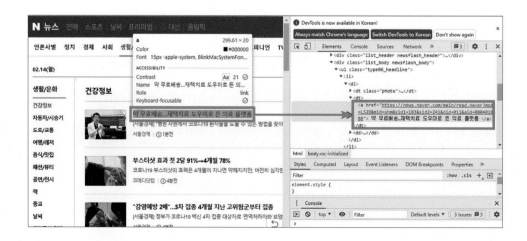

네이버 홈페이지 뉴스탭에서 헤드라인 뉴스를 아무거나 선택해서 클릭하면 헤드라인에 해당되는 html태그를 elements 탭에서 찾아준다.

그림과 같이 뉴스 헤드라인이 a 태그로 시작한 것을 확인할 수 있다.

화살표 버튼 클릭하면 하위 내용도 확인이 가능하다.

html태그를 더블클릭하면 내용 변경이 가능하다. "HTML 구조 익히기"로 변경하고 enter키를 누르면 다음과 같이 변경된 것을 확인할 수 있다.

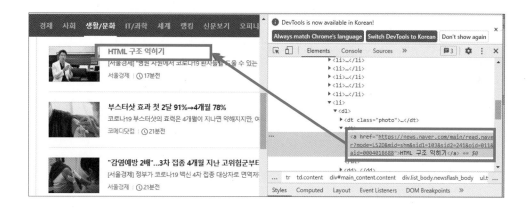

실제 인터넷 페이지에는 영향을 미치지는 않고, html 페이지 내용만 변경된다.

1.2.3 크롤링에서 중요한 CSS선택자

css는 웹사이트의 디자인을 표시하기 위한 언어로서, 웹페이지의 글자색, 폰트 크기, 가로세로 길이 변경할 때 사용된다.

크롤링에서 디자인을 변경할 HTML 태그를 선택하는 것은 크롤링할 HTML태그를 선택하는 것이라고도 할 수 있다.

(4) CSS선택자의 종류

* 태그 선택자
* id 선택자
* class 선택자
* 자식 선택자

■ 태그 선택자

가장 간단하다. 태그의 이름으로 선택한다.

HTML	선택자
<h1>제목입니다</h1>	h1
<a>링크입니다</a>	a

■ id 선택자

id값으로 선택하고, 웹 사이트 내에 한 개의 태그에 별명을 줄 때 사용한다.

HTML	선택자
<div id="articleBody">본문내용입니다.</div>	#articleBody

아이디 속성값이 있을 때, 속성값 앞에 #을 붙여준다.

■ class 선택자

class 값으로 선택하고, 웹 사이트 내 태그 그룹에 별명을 줄 때 사용한다.

HTML	선택자
<div class="info_group">뉴스목록</div>	.info_group

속성값 앞에 .을 붙여준다.

■ 자식 선택자

보통 내가 원하는 태그에 별명이 없을 때 사용하고, 바로 아래에 있는 태그를 선택한다.

HTML	선택자
<div class="logo_sports"> <span>스포츠</span> </div>	.logo_sports>span

HTML	선택자
<div class="news_headline"> 　　<h4>제목</h4> </div>	.news_headline>h4

예를 들어, 스포츠 태그를 가지고 오고 싶은데 span 태그에 별명이 없을 때, "부모 속성값 > 자식태그"형태와 같이 부모 태그를 이용하여 선택자를 사용한다.

선택자를 자유자재로 사용할 줄 알면 크롤링이 쉬워진다.

1.3 Requests 툴을 사용한 기본 크롤링

requests는 HTTP통신을 위한 파이썬 라이브러리이다. Python에서 기본 라이브러리로 urllib가 제공되지만, 이보다 더 간결한 코드로 beautifulsoup와 결합하여 다양한 HTTP요청을 할 수 있는 라이브러리이므로 이 책에서는 requests를 사용한다.

HTTP통신은 인터넷에 접속할 때 서버와 발생하는 대화라고 할 수 있는데, get 요청과 post 요청이 있다. get 요청은 서버에 어떤 페이지를 보여달라고 서버에 말을 거는 것이라고 한다면 그에 대한 응답으로 해당 페이지를 보여주는 것이다.

post 요청도 서버에 요청을 한다는 점에서는 get 요청과 유사하지만, get 방식과는 다르게 대용량 데이터를 전송하는 것이 가능하고, url에 데이터가 표시되지 않는다.

get 요청을 엽서에 비유한다면, post 요청은 택배에 비유할 수 있다.

요약하자면, HTTP통신은 서버와 내가 소통하는 것이다.

파이썬 requests 라이브러리를 통해 http 요청을 보낼 수 있다. requests는 외부라이브러리이므로 설치가 필수이다. 구글코랩에서는 requests 패키지를 지원하고 있으므로 별도의 설치가 필요없지만, 미니콘다에서는 pip install명령을 통해 설치를 해줘야 한다.

1.3.1 requsts 설치

명령프롬프트 또는 윈도우즈 파워셸에서 다음과 같이 설치한다.

pip install requests

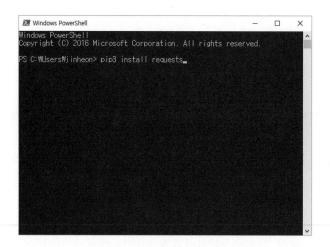

pip install requests 입력으로 설치하면 다음과 같은 화면이 뜨면서 requests 패키지
가 설치된다.

1.3.2 requests 실습

```
1    import requests
2    #설치한 requests를 불러옵니다
3    response = requests.get('https://news.naver.com')
4    #response 변수에 requests를 사용하여 get('불러올 홈페이지주소')을 넣어준다.
5    html = response.text
6    #불러온 response를 text로 변환하여 html 변수에 넣는다
7    print(html)
8    #html을 출력한다.
```

requests 라이브러리의 get 함수를 사용하여 get 요청을 네이버 서버에 보내서 네이버 페이지의 내용을 가져온 후, 응답을 response 변수에 저장한다.

get 요청에 대한 응답으로 response.text 안에 html 코드가 들어있다.

응답으로 받은 html코드를 html 변수 안에 저장하여 프린트한다.

■ 실행 결과

```
<!doctype html>                        <html lang="ko" data-dark="false"> <head> <meta charset="utf-8"> <title>NAVER</title> <meta http-equiv="X-UA-C
useId: null,    daInfo: {"BEAUTY":{"menu":"BEAUTY","childMenu":"","adType":"singleDom","multiDomAdUrl":"","multiDomUnit":"","infoList":[{"adposId":"1000
svt: 20220214151229,
}; </script> <script> window.nmain.newsstand = {
rcode: '(none)',
newsCastSubsInfo: '',
newsStandSubsInfo: ''
};
window.etc = { };
window.svr = "<!--cvweb03-->"; </script> <script src="https://ssl.pstatic.net/tveta/libs/assets/js/pc/main/min/pc.veta.core.min.js" defer="defer"></scr
<style>._1syGnXOL{padding-right:18px;font-size:14px;line-height:0;letter-spacing:-.25px;color:#000},_1syGnXOL span,._1syGnXOL strong{line-height:49px},
<div
id="NM_TOP_BANNER"
data-clk-prefix="top"
class="_1hiMWemA"
style="background-color: #0e0247"
>
<div class="tY_u8r23">
<a
class="_3h-N8T9V"
href="https://whale.naver.com/banner/details/capture?=main&wpid=RydDy7"
data-clk="dropbanner1b"
></a
><i class="_1KncATpM _1yl_Ow6o"><span class="blind">NAVER whale</span></i
><img
src="https://static-whale.pstatic.net/main/img_capture_v2@2x.png"
```

https://news.naver.com 이 print로 출력된 결과화면이다.

SECTION 02   정적 웹 페이지 크롤링 - beautifulsoup

2.1 beautifulsoup 설치

pip명령어를 사용하면 패키지를 쉽게 설치할 수 있다. requests의 설치과정을 참고하라.

```
pip install beautifulsoup4
```

2.2 beautifulsoup 사용법

파싱(Parsing)은 어떤 웹 페이지에서 내가 원하는 데이터를 특정 패턴이나 순서로 추출하여정보로 가공하는 것을 말한다. 쉽게 말해서 파싱은 일련의 정보를 분석하고 가공하는 것이라고 할 수 있다. 더 쉽게 말하면, 웹페이지를 html로 번역하는 번역기라고도 할 수 있다.

```
BeautifulSoup(html코드, 'html.parser')
```

다음은 네이버 메인에서 "네이버를 시작페이지로"라는 텍스트를 찾아서 반환해주는 프로그램이다.

```
1    import requests
2    from bs4 import BeautifulSoup
3    response = requests.get("http://www.naver.com")
4    # get요청보내서 response에 응답을 받아옴
5    html = response.text
6    soup=BeautifulSoup(html,'html.parser')    #soup를 이용하여 원하는 태그 선택 가능
7    word=soup.select_one("#NM_set_home_btn")
8    print(word.text)                          #선택한 태그에 대한 텍스트 요소만 출력
```

In [1-3] : import requests
　　　　　　 from bs4 import BeautifulSoup
　　　　　　 response = requests.get("http://www.naver.com")

requests 모듈과 BeautifulSoup 모듈을 import하고, requests의 get함수를 이용하여 네이버 서버에 대화를 시도한다.

In [5] : html = response.text

get요청으로 response변수에 응답을 받아오고, 받아온 텍스트 형태의 html코드를 html변수에 저장한다.

In [6] : soup=BeautifulSoup(html,'html.parser')

BeautifulSoup를 이용하여 html파서로 soup객체를 만든다. soup를 이용하여 원하는 태그의 선택이 가능해진다.

크롬에서 f12키를 눌러 개발자 도구에서 "네이버를 시작페이지로" 부분의 태그를 찾는다.

a태그 부분의 화살표를 클릭하면 다음과 같은 하위 내용을 볼 수 있다.

```
▼ a id="NM_set_home_btn" href="https://help.naver.com/support/welcom
ePage/guide.help" class="link_set" data-clk="top.mkhome"> == $0
    "네이버를 시작페이지로"
    ::after
  </a>
```

a 태그는 태그자체의 속성값을 하나만 갖기 때문에, id값을 선택하기 좋다.

```
In [7] : word=soup.select_one("#NM_set_home_btn")
```

id값이 NM_set_home_btn인 태그를 한 개를 찾아내어 word에 저장한다. 그 후에 태그의 텍스트 요소만 출력한다.

print(word)로 실행하면, 다음과 같이 a태그 자체가 선택돼서 출력된다.

```
1 print(word)
<a class="link_set" data-clk="top.mkhome" href="https://help.naver.com/support/welcomePage/guide.help" id="NM_set_home_btn">네이버를 시작페이지로</a>
```

태그에서 원하는 텍스트 요소만 가지고 오고 싶을때는, 8번 라인과 같이 .text를 붙이면 된다.

7번 라인에서 select_one은 원하는 태그를 1개 선택하는 함수이다. 여러 개의 태그를 선택하고 싶을 때는 select 함수를 사용하면 된다.

■ 실행결과

```
[ ]    1 from bs4 import BeautifulSoup
       2 response = requests.get("https://www.naver.com")
       3 soup=BeautifulSoup(html,'html.parser')   #soup를 이용하여 원하는 태그 선택 가능
       4 word=soup.select_one('#NM_set_home_btn')
       5 print(word.text)

    네이버를 시작페이지로
```

2.3 간단 실습 예제 - 영화 제목 순위별로 출력하기

네이버 영화 웹페이지에서 상영 중인 영화 랭킹 목록을 가져와서 순위별로 출력해 보는 프로그램을 작성해보자.

먼저, 네이버 영화 웹 페이지에서 영화 랭킹을 보여주는 페이지에 들어가서, 마우스 우클릭 페이지 소스보기로 살펴보거나, 크롬에서 f12키를 눌러 개발자도구에서 html 코드를 확인한다. (https://movie.naver.com/movie/sdb/rank/rmovie.naver)

```
402    <!-- 랭킹 리스트 -->
403    <table cellspacing="0" class="list_ranking">
404        <caption class="blind">랭킹 테이블</caption>
405
406    <col width="5%"><col width="*"><col width="2%"><col width="4%">
407
408
409        <thead>
410            <tr>
411            <th scope="col">순위</th>
412            <th scope="col">영화명</th>
413
414            <th scope="col" colspan="2">변동폭</th>
415            </tr>
416        </thead>
417        <tbody>
418            <tr><td colspan="8" class="blank01"></td></tr>
419            <!-- 예제
420            <tr>
421                <td class="ac"><img src="https://ssl.pstatic.net/imgmovie/2007/img/common/bullet_r_g50.gif" alt="50" width="14" height="13"></td>
422                <td class="title"><a href="#">트랜스포머</a></td>
423                <td class="ac"><img src="https://ssl.pstatic.net/imgmovie/2007/img/common/icon_down_1.gif" alt="down" width="7" height="10"></td>
424                <td class="range ac">7</td>
425            </tr>
426            -->
427
428            <tr>
429
430                <td class="ac"><img src="https://ssl.pstatic.net/imgmovie/2007/img/common/bullet_r_r01.gif" alt="01" width="14" height="13"></td>
431
432
433
434
435            <td class="title">
436                <div class="tit3">
437                    <a href="/movie/bi/mi/basic.naver?code=191547" title="나일 강의 죽음">나일 강의 죽음</a>
```

코드를 살펴보면 영화 순위 테이블을 발견할 수 있다. 여기에서 영화 제목만 뽑아보자.

```
1    import requests
2    from bs4 import BeautifulSoup
3    response = requests.get("https://movie.naver.com/movie/sdb/rank/rmovie.
     naver?sel=cnt&date=20220214")
4    html = response.text
5    soup=BeautifulSoup(html,'html.parser')  #soup를 이용하여 원하는 태그 선택 가능
6    movieList=soup.select("div[class=tit3]")
7
8    print(movieList)  #div[class=tit3]인 애들만 선택해서 출력하기
9    for movie in movieList:
10       print(movie.text)
11   #반복문을 사용하여 div[class=tit3]에 있는 텍스트만 선택하여 출력하기
```

In[1-3] : import requests
    from bs4 import BeautifulSoup
    response = requests.get("https://movie.naver.com/movie/sdb/rank/rmovie.
    naver?sel=cnt&date=20220214")

requests 모듈과 BeautifulSoup 모듈을 import하고, requests의 get함수를 통해 html 코드를 가져온다.

In[4] : html = response.text

get요청으로 response변수에 받아온 텍스트 형태의 html코드를 html변수에 저장한다.

In [5] : soup=BeautifulSoup(html, 'html.parser')

BeautifulSoup를 이용하여 html파서로 soup객체를 만든다. soup를 이용하여 원하는 태그의 선택이 가능해진다.

In [6] : movieList=soup.select("div[class=tit3]")

크롬에서 f12키를 눌러 개발자 도구에서 html코드를 자세히 보면 영화 랭킹 부분이 ⟨div class="tit3"⟩의 규칙성을 보이는 것을 확인할 수 있다.

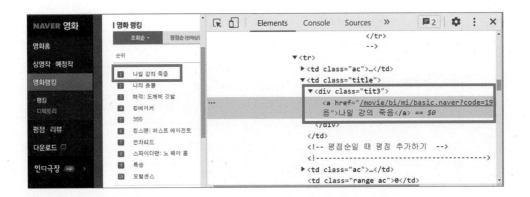

div[class=tit3]인 것만 선택하여 movieList에 저장하고, print문으로 출력해보면 다음과 같은 결과를 확인할 수 있다.

```
3 movieList=soup.select('div[class=tit3]')#div[class=tit3]인 애들만 선택해서 출력하기
4 print(movieList)

[<div class="tit3">
<a href="/movie/bi/mi/basic.naver?code=191547" title="나일 강의 죽음">나일 강의 죽음</a>
</div>, <div class="tit3">
<a href="/movie/bi/mi/basic.naver?code=191652" title="나의 촛불">나의 촛불</a>
</div>, <div class="tit3">
<a href="/movie/bi/mi/basic.naver?code=194204" title="해적: 도깨비 깃발">해적: 도깨비 깃발</a>
</div>, <div class="tit3">
<a href="/movie/bi/mi/basic.naver?code=177366" title="킹메이커">킹메이커</a>
</div>, <div class="tit3">
<a href="/movie/bi/mi/basic.naver?code=193794" title="355">355</a>
</div>, <div class="tit3">
<a href="/movie/bi/mi/basic.naver?code=159893" title="킹스맨: 퍼스트 에이전트">킹스맨: 퍼스트 에이전트</a>
</div>, <div class="tit3">
<a href="/movie/bi/mi/basic.naver?code=80737" title="언차티드">언차티드</a>
</div>, <div class="tit3">
<a href="/movie/bi/mi/basic.naver?code=208077" title="스파이더맨: 노 웨이 홈">스파이더맨: 노 웨이 홈</a>
</div>, <div class="tit3">
<a href="/movie/bi/mi/basic.naver?code=186233" title="특송">특송</a>
```

In [7-8] : for movie in movieList:
　　　　　　　print(movie.text)

반복문을 사용하여 〈div class="tit3"〉태그의 텍스트 요소만 출력한다.

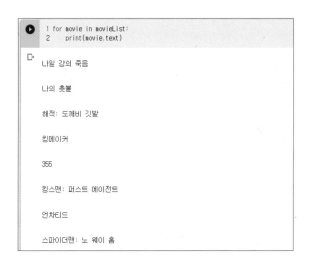

가독성을 높이기 위해, 출력할 때 공백을 제거하는 .strip()을 사용하여, 7-8라인의
코드를 다음과 같이 수정하고 결과를 확인해보자.

```
for movie in movieList:
    print(movie.text.strip())
```

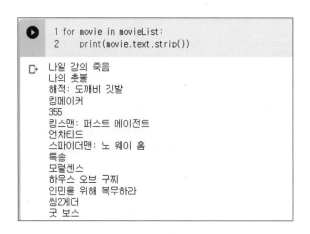

이 코드를 순위가 같이 출력되도록 다시 수정해서 결과를 확인해 보자.

SECTION 03   동적 웹 페이지 크롤링 - selenium

3.1 Selenium 기본 개념

Selenium은 일반적으로 웹 앱을 테스트할 때 주로 사용하는 프레임워크이다. 일종의 자동화 프로그램으로 테스터가 일일이 다 만지지 않아도 자동으로 탐색해주고 원하는 정보를 찾도록 도와준다. 이 Selenium의 webdriver라는 api를 통해서 firefox/chrome 브라우저를 제어하고자 한다.

브라우저를 직접 동작시킨다는 것은 JavaScript가 동작하면서 비동기적으로 서버로부터 콘텐츠를 가져오거나 숨겨져 있는 콘텐츠를 열거나 하는 등의 작업을 수행함을 의미한다. 외국의 유명한 사이트들은 홈페이지를 사용자가 직접 동작시키지 않으면 정보가 공개되지 않도록 설계되어 있어 태그 기반으로 정보를 가져오거나 하는 등의 방법으로는 정보를 가져오기가 힘들어졌다.

위에서 동기적이라 함은 sync가 맞는다는 말이다. web은 처음에는 보안 이슈를 포함하여 브라우저와 서버 간의 통신을 동기적으로만 할 수 있도록 설계되었다. 하지만 JavaScript를 통해 비동기적으로도(async) 브라우저의 정보를 숨겼다 보였다 할 수 있는 방법들이 고안되었다. 우리가 사이트를 보면서 콘텐츠를 열고 닫고 넘어가는 등 정보를 불러오는 방식으로 정보를 수집할 수 있도록 Selenium이 대신 해줄 것이다.

3.2 Selenium 설치

Selenium은 pip를 이용해서 설치가 가능하다.

```
>> pip install selenium
>> conda install -c conda-forge selenium
```

3.3 브라우저 driver 설치

Selenium을 사용하기 위해서는 브라우저 별로 driver를 다운로드 해야 한다. Selenium의 기능 중에서는 컴퓨터가 직접 웹 브라우저를 띄운 후 코드를 쳐서 동작 시킬 수 있도록 webdriver라는 api를 제공한다. 컴퓨터가 webdriver api로 브라우 저를 직접 제어할 수 있도록 도와주는 driver를 설치해주어야 한다. 크롬, 엣지, 파 이어폭스, 사파리에서 driver를 제공한다. 자신의 운영체제에 맞는 버전으로 드라 이버를 다운받도록 하자. 압축파일은 자신의 편한 작업공간에 저장한다. 필자는 C:\downloads\ 경로에 저장되어 있다. 그렇다. 다운받으면 자동으로 저장되는 경 로에 그대로 압축을 풀었다. 필자가 다운로드 받은 chrome driver의 최종 위치는 "C:\downloads\chromedriver"이다.

아래는 브라우저별로 드라이버를 다운로드 받을 수 있는 경로가 정리된 표이다.

Chrome	https://sites.google.com/a/chromium.org/chromedriver/downloads
Edge	https://developer.microsoft.com/en-us/microsoft-edge/tools/webdriver/
Firefox	https://github.com/mozilla/geckodriver/releases
Safari	https://webkit.org/blog/6900/webdriver-support-in-safari-10/

여기까지 모두 끝났으면 이제 Selenium을 사용할 준비는 모두 마쳤다. 본격적으로 크롤링을 하기 전에 Selenium으로 진짜 브라우저를 제어할 수 있는지 한 번 해보자.

3.4 Selenium 시작하기

실습 브라우저는 chrome으로 할 것이다. 자, 이제 Selenium을 한 번 작동시켜보자.

❶ selenium 모듈에서 webdriver를 불러온다

❷ 다운로드 받아 압축을 해제한 drive 파일 경로를 path 변수에 할당한다

❸ webdriver.Chrome(path)로 chromedriver로 크롬 브라우저를 제어할 수 있는 창을 띄운다. 이름은 driver로 했다. 변수명은 원하는 걸로 사용하면 된다.

```
from selenium import webdriver

path = "드라이버 파일 위치"   #ex. C:/downloads/chromedriver.exe

#조금만 기다리면 selenium으로 제어할 수 있는 브라우저 새창이 뜬다
driver = webdriver.Chrome(path)
```

새로운 크롬 창이 떴다! 자동화된 테스트 소프웨어에 의해 제어되고 있다는 말은 Selenium으로 해당 브라우저를 제어할 수 있다는 말과 같다.

우리가 코드로 제어할 수 있는 브라우저를 띄운 김에 구글에 접속해보자. driver의 get 함수에 사이트 주소를 전달한다.

성공적으로 접속되었다. 마우스를 사용하지 않고 브라우저를 열고 사이트에 접속할 수 있다. 이제 검색도 하고 브라우저로 할 수 있는 일은 다 할 수 있는 준비가 되었다.

이제 브라우저를 종료시켜 보자.

```
1    #webdriver를 종료하여 창이 사라진다
2    driver.close()
```

Selenium으로 브라우저를 사용할 준비는 모두 마쳤다. 이제 Selenium으로 정보를 가져오는 방법을 알아보자.

구글은 크롤링을 막기 위한 조치가 아주아주 잘 되어 있어서 파이썬으로 url의 request나 태깅을 통한 정보 접근 등의 일반적인 크롤링 방법으로는 어렵고 설령 만들었다고 하더라도 구조가 금방 바뀌기 때문에 계속 새로 만들어야 한다. Selenium은 우리가 직접 구글 검색을 하는 것과 같은 방법으로 브라우저를 제어해줄 것이기 때문에 유용하게 쓰일 수 있을 것이다.

3.4.1 간단 실습 예제 - 구글 검색

위의 실행을 한 줄 씩 실행하면서 selenium의 webdriver API로 어떻게 브라우저를 제어하는지 확인해 볼 것이다.

```
1    from selenium import webdriver
2
3    #selenium의 webdriver로 크롬 브라우저를 실행한다
4    driver = webdriver.Chrome("chromedriver.exe 파일 위치")
5
6    #"Google"에 접속한다
7    driver.get("http://www.google.co.kr")
8
9    #페이지의 제목을 체크하여 'Google'에 제대로 접속했는지 확인한다
10   assert "Google" in driver.title
11   assert "Naver" in driver.title
12
```

```
13  #검색 입력 부분에 커서를 올리고
14  #검색 입력 부분에 다양한 명령을 내리기 위해 elem 변수에 할당한다
15  elem = driver.find_element(By.name("q"))
16
17  #입력 부분에 default로 값이 있을 수 있어 비운다
18  elem.clear()
19
20  #검색어를 입력한다
21  elem.send_keys("Selenium")
22
23  #검색을 실행한다
24  elem.submit()
25
26  #검색이 제대로 됐는지 확인한다
27  assert "No results found." not in driver.page_source
28
29  #브라우저를 종료한다
30  driver.close()
```

In [1]: from selenium import webdriver
In [4]: driver = webdriver.Chrome("C:/work/chromedriver.exe")

webdriver API로 Chrome 브라우저를 열었다. 필자의 크롬은 새창에서 새로 실행되었으며 "Chrome이 자동화된 테스트 소프트웨어에 의해 제어되고 있습니다."는 알림 메시지가 떠 있다. 사용하는 컴퓨터마다 실행 시간에 차이가 있기 때문에 조금만 기다려 보도록 하자.

```
In [7]: driver.get("http://www.google.com")
```

위에서 볼 수 있듯이 구글로 성공적으로 접속했다. 인터넷 환경에 따라 접속에 걸리는 시간은 조금씩 차이가 있겠지만 구글 검색이니만큼 금방 접속할 것으로 보인다.

```
In [10]: assert "Google" in driver.title
In [11]: assert "Naver" in driver.title
---------------------------------------------------------------------------

AssertionError                        Traceback (most recent call last)

<ipython-input-5-1d1d16c3c71a> in <module>()

----→ 1 assert "Naver" in driver.title

AssertionError:
```

위의 코드를 통해서 페이지의 제목에 "Google"이 들어가 있으면 아무 반응이 없고 "Naver"로 해보니 AssertionError가 발생한 것을 알 수 있다. 우리는 현재 Google로 성공적으로 접속했음을 다시 확인했다. 나중에 프로그램을 만들 때는 이런 구문을 활용해서 에러가 생겼을 때의 문제를 고려하여 프로그램을 만들 것이다.

```
In [15]: elem = driver.find_element(By.name("q"))
```

현재 열려 있는 창의 element의 name이 "q"인 것을 찾아서 elem 변수에 할당하라는 코드이다. 쉽게 말해서 우리가 구글에서 검색할 때 검색어를 입력하기 위해 검색창에 마우스를 클릭하는 것과 같은 행위를 코드로 하는 것이다. elem을 통해서 우리는 검색창을 마음대로 쓸 수 있다.

```
In [18]: elem.clear()
```

검색창에 default로 내용이 있는 경우가 많기 때문에 clear해주는 습관을 들이는 것이 좋다.

```
In [21]: elem.send_keys("Selenium")
```

검색창에 "Selenium"을 입력하도록 명령한 결과, 검색어가 잘 입력됐다. send_keys()에서 keys()는 Keyboard를 가리키는 말로 보통 webdriver 안에 있는 키보드를 가리키는 Keys라는 객체를 활용해서 브라우저에서 키보드를 사용할 수 있도록 한다.

```
In [24]: elem.submit()
```

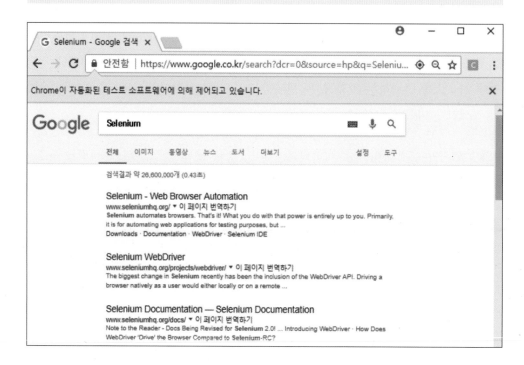

1초 정도 기다렸더니 검색 결과가 나타났다.

```
In [27]: assert "No results found." not in driver.page_source
In [30]: driver.close()
```

검색결과가 성공적으로 나타나서 에러는 발생하지 않았다. close()로 브라우저를 종료한다.

3.4.2 Selenium으로 할 수 있는 일

Selenium을 사용하면 우리가 웹 크롤링할 때 자주 맞닥드리는 문제, "OOO 카페에 접속해서 정보를 크롤링하고 싶은데 어떻게 하죠?"를 해결할 수 있는 힌트를 제공했다. 직접 브라우저를 제어해서 포탈에 로그인할 수도 있다. 이 방법을 사용하지 않고도 할 수 있는 방법이 많지만 JavaScript와 서버 언어(php)에 대한 이해가 많이 필요하기 때문에 초보자는 조금 느려도 Selenium으로 하는 게 좋다. HTTP와 Network에 대한 이해가 높은 사람은 편한 방법을 사용하면 된다.

Selenium을 사용하여 어떤 일을 할 수 있을까? 특정 사이트에서 제공하는 출석체크 같은 일들을 매일매일 자동으로 해줄 수도 있을 것이다. JavaScript를 직접 동작시켜 야만 출석체크 기능이 활성화되는 사이트들에 접속해서 알아서 출석체크도 매일하는 방법으로 응용해볼 수도 있다.

Selenium의 본래 목적은 "웹 테스트의 자동화"라는 것을 기억한다면 이 개념을 이용 해서 다른 많은 일들에 응용해서 다양한 작업들을 (특히 반복적으로 수행하는 작업 들)을 편하게 대신해 줄 것이다.

3.5 인스타그램 로그인 해보기

(1) 웹 사이트에 접속하기 driver.get("http://www.instagram.com")

우리가 Selenium을 사용할 때 가장 먼저 해야되는 것은 사이트에 접속(navigate)하 는 것이다. 웹이라는 망망대해에서 내가 원하는 사이트에 가기 위해서는 좌표가 필 요하다. 우리가 아무 생각 없이 입력했던 www.instagram.com은 일종의 좌표이다. 사람이 보기 쉽게 그 좌표를 다르게 표현한 것이지만 어쨌든 우리가 인스타그램라는 사이트에 가기 위한 좌표이다.

우리가 제어하는 WebDriver가 해당 주소에 접속하게 하는 것이다. HTTP의 구조를 좀 안다면 이 GET이 의미하는 바가 무엇인지 잘 알 것이다. 어쨌든 이 GET은 원하 는 좌표로 이동하자고 요청하는 것이라고 하자.

일단 get으로 사이트에 접속하면, WebDriver는 모든 정보가 로딩될 때까지 기다리는 데 이를 좀 더 확실히 하기 위해서 WebDriver에게 내 컴퓨터가 좀 느리니 페이지 로 딩이 완전히 끝날 때까지 기다리라고 waits을 주기도 하는데 이는 자신에 필요에 따 라 추가하면 된다.

```
driver.get(https://www.instagram.com/")
```

위의 코드를 실행하면, 성공적으로 접속될 것이다.

(2) 얻고 싶은 정보에 접근하기 driver.find_element_by_

사이트에 접속하고 가만히 있어도 우리는 눈으로 보면서 정보를 얻을 수 있지만, 웹 드라이버는 다르다. 브라우저에 단순히 페이지의 모든 정보가 담겨있을 뿐이다. HTML에 대해서 안다면 원하는 정보를 알기 쉬울테지만 여기서 다루지는 않겠다. 간단하게 말해서 HTML은 '〈 〉' 이런식으로 생긴 태그 안에 정보가 담긴 것이다. 브라우저는 이 태그를 해석해서 우리가 보기 좋게 브라우저 위로 예쁘게 보여주는 것이다.

해당 웹 사이트의 태그 정보를 보려면 chrome에서 F12 버튼을 누르면

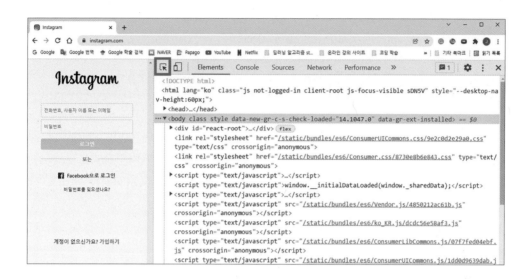

이렇게 태그 정보가 나타난다. 당황하지 말자 우리가 원하는 정보는 빨간색 박스로 표시한 곳을 클릭해서 원하는 곳에 가져다 대면 정보를 알 수 있다. 태그 정보만 알면 그 정보를 입력하는 것으로 우리가 손으로 마우스를 따라가 클릭하고 키보드로 내용을 입력하는 행위를 모두 할 수 있다.

일반적으로 가입하기는 〈form〉이라는 태그를 통해서 할 수 있다. 그리고 아이디나 패스워드 등은 아래와 같은 방식으로 〈input〉이라는 태그 안에 정보를 담을 수 있도록 했다. 일종의 약속이다. HTML 태그 관련해서 w3school에 초보자들도 쉽게 이해할 수 있도록 정리되어 있다.

```
<input type="text" name="passwd" id="passwd-id" />
```

이렇게 ◇태그로 둘러쌓인 것을 Element라고 부르는데,

예를 들어 `<p> hello world </p>` 는 p 태그로 hello world라는 내용을 담은 단락 Element라고 부를 수 있다.

이 Element를 찾는 방법을 무엇으로 할 것이냐에 따라서 driver.get_element(BY.찾으려는element("@@"))이 달라진다.

위의 input Element를 찾는 3가지 방법이 있다.

```
element = driver.find_element(By.id("passwd-id"))
element = driver.find_element(By.name("passwd"))
element = driver.find_element(By.xpath("//input[@id='passwd-id']"))
```

딱 봤을 때 무슨 내용인지 모를 수 있다. 자세히 보면 위의 id, name, xpath가 해당 input Element를 찾기 위해 필요한 정보이다라는 것은 알아차렸을지도 모른다. xpath에 대해서는 HTML의 계층적 구조에 대해 설명해야 하므로 여기서는 설명을 하지 않겠다.

```
<input type="text" name ="passwd" id ="passwd-id" />
```

id와 name 부분의 값이 각각의 값과 같음을 알 수 있다. id는 input element가 속해 있는 전체 HTML 정보 안에서 고유한 값을 가져야 하는 attribute들이다. 간단하게 말해서 id 안에는 중복된 값이 올 수 없다는 말이다. 따라서 id로 우리가 원하는 딱 그 input Element만 찾을 수 있다.

크롬의 개발자도구(F12)로 찾은 휴대폰 번호 또는 이메일 주소를 입력하는 input Element 정보를 찾았고 우리는 name이 "emailOrPhone" 이라는 것을 알아냈다.

name으로 해당 Element에 접근해보자.

```
element = driver.find_element(By.name("eamilOrPhone"))
```

브라우저상에서는 변화가 없겠지만 element 변수 안에 해당 element 정보가 입력되어서 해당 element를 제어할 수 있게 됐다.

아이디를 입력해보자.

```
element.send_keys("abcdefg@email.com")
```

로그인을 하고 싶으면 자신의 아이디를 입력하면 될 것이다. 직접 키보드를 사용하듯이 tab을 눌러서 "성명"도 입력하고 "사용자 이름"도 입력하고 싶을 것이다. 이때는 Keys라는 키보드 객체를 이용해 직접 키보드를 다루듯이 Keys.TAB을 입력해주면 된다.

```
element.send_keys("abcdefg@email.com, Keys.TAB)
```

(3) 로그인 Form에 정보 입력하기

여기까지 왔으니 Form에 정보를 입력하는 방법도 간단하게 설명할 수 있을 것 같다.

앞에서 했던 방식으로 아이디, 성명, 사용자 이름, 비밀번호 각 태그를 찾아서 값을 입력하면 form 안에 필요한 정보를 모두 입력하게 된다. 마지막 element에 element. submit()을 하면 자동적으로 가입하기 버튼이 눌리게 된다.

로그인을 하려면 로그인을 눌러서 새로운 form을 찾아 해당 form의 태그정보를 찾아서 똑같은 방식으로 입력할 수 있다.

❶ 로그인을 위한 input 태그 찾기 (크롬 개발자도구F12 활용)

❷ 태그 안에 로그인 input name 정보 찾기 (element_id = driver.find_element(By. name("username"))

❸ 태그 안에 로그인 input name 정보 찾기 (element_password = driver.find_element(By.name("password"))

❹ element 안에 아이디 입력 (element_id.send_keys("abcdefg@email.com"))

❺ element 안에 비밀번호 입력 (element_password.send_keys("abcdefg"))

❻ 로그인 버튼 클릭 (element_password.submit())

1. 브랜드 하나를 정하여 매장 정보를 크롤링 해보자.

   ex) OO치킨 브랜드의 매장 정보 크롤링

2. 네이버 웹툰에서 현 시각 가장 인기 있는 웹툰의 순위를 1위부터 10위까지 추출하여 출력해보자.

데이터 처리
- numpy

SECTION 01 numpy란?

1.1 numpy의 개념과 특징

파이썬을 통해 머신러닝, 딥러닝, 데이터분석 등을 공부하다 보면 필연적으로 마주하게 되는 라이브러리가 numpy이다. Numerical Python의 줄임말 이기도 한 NumPy는 파이썬의 고성능 수치계산을 위한 라이브러리이다. 여러 형태의 벡터 및 행렬 연산과 나아가 여러 수학적인 기능들을 빠르고 간편하게 사용할 수 있는 기능들을 제공한다.

넘파이는 다음과 같은 특징을 가지고 있다.

- 일반 List에 비해 빠르고, 메모리를 효율적으로 사용한다.

  데이터를 메모리에 할당하는 방식이 기존과 전혀 다른 방식으로 저장되기 때문에 넘파이는 일반적인 리스트에 비해 속도가 빠르면서 메모리를 훨씬 더 효율적으로 사용 가능하다. 파이썬 리스트와 넘파이의 ndarray를 비교해보면 파이썬 리스트는 리스트 하나하나에 메모리를 따로 할당하지만, ndarray는 원소 각각을 따로 보는게 아니고 전체를 한 덩어리로 보고 한 메모리 안에 넣어서 연산을 한다. 구조적 방법의 변경으로 인해 메모리를 절약하고 계산 속도도 빠르게 되는 효과를 낳는다.

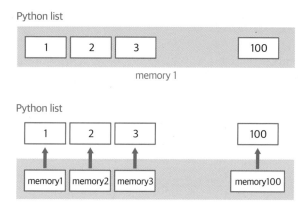

- 반복문 없이 데이터 배열에 대한 처리를 지원하여 빠르고 편리하다.

  넘파이는 데이터를 다룰 때 리스트와 달리 반복문을 사용하지 않는다. 넘파이로 연산을 할 때 가능하면 병렬로 처리하는 방법에 대해 고민하기 때문에 map함수와 같이 넘파이 내에 존재하는 많은 요소에 한 번에 함수를 적용시키는 방법을 사용해야 한다.

- 선형대수와 관련된 다양한 기능을 제공한다.

  넘파이는 선형대수와 관련된 다양한 함수를 제공한다. 이것은 기존 파이썬의 내장함수인 math함수보다 훨씬 더 다양하며 큰 데이터를 다루기 위한 여러 가지 도구들을 제공해준다.

- C, C++, 포트란 등의 언어와 통합이 가능하다.

  넘파이는 빠른 속도를 위해 C, C++, 포트란 등의 언어와 통합해서 사용이 가능한다.

1.2 numpy 모듈 설치

넘파이를 사용하기 위해서는 numpy 모듈(라이브러리)을 설치해야 한다. 명령 프롬프트에서 pip를 이용하여 다음과 같이 입력하여 numpy 모듈을 설치한다.

```
pip install numpy
```

파이썬 IDLE의 에디터 모드에서 다음과 같이 코드를 입력하여 실행하면 numpy 모듈을 호출하여 사용할 수 있다. 일반적으로 넘파이는 'np'를 별칭으로 사용한다.

```
import numpy as np
```

SECTION 02   numpy 배열 객체 다루기

2.1 numpy 배열과 텐서

넘파이를 이해하기 위해서 넘파이 배열에 대해 먼저 이해해야 한다. 넘파이 배열은 기존 파이썬의 리스트와 같이 넘파이에서 텐서 데이터를 다루는 객체이다. 넘파이에서 배열은 동일한 타입의 값들을 가지며, 배열 형태로 존재한다. 배열의 차원(dimension)을 랭크(rank) 또는 축(axis)이라고 한다. 데이터 배열의 차원에 따라 0차원일 때는 스칼라(scalar), 1차원일 때는 벡터(vector), 2차원일때는 행렬(matrix), 그보다 차원이 증가하게 되면 n차원 텐서(n-order tensor)라고 부른다.

2.2 numpy 배열 구조와 생성

넘파이 배열은 다음 그림과 같이 다차원 배열을 지원한다. 넘파이에서 배열은 ndarray 또는 array라고도 부르고, 각 차원(Dimension)을 축(axis)으로 구분한다. 다차원 배열은 입체적인 데이터 구조를 가지며, 데이터의 차원의 여러 갈래의 데이터 방향을 갖는다. 행방향(높이), 열방향(폭), 채널 방향은 각각 axis=0, axis=1 그리고 axis=2로 지정된다.

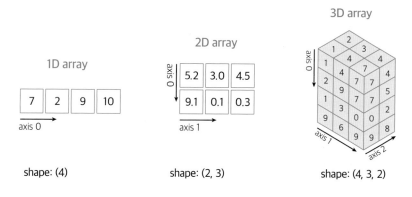

그림 11-1   넘파이 배열의 구조

Numpy에서 배열은 ndarray 또는 array라고도 부른다. 표준 파이썬 라이브러리의 array.array 클래스와는 다르다. 파이썬의 array.array 클래스는 1차원 배열만 다루며, NumPy 배열에 비해 더 적은 기능을 제공한다. np.array()를 이용하여 파이썬에서 사용하는 Tuple(튜플)이나 List(리스트)를 입력으로 numpy.ndarray를 만들 수 있다.

따라서 1 차원 배열을 만드는 방법은 다음과 같다.

```
ar = np.array([0, 1, 2, 3, 4, 5, 6, 7, 8, 9])
ar
```

>> array([0, 1, 2, 3, 4, 5, 6, 7, 8, 9])

리스트와 비슷해 보이지만 type 명령으로 자료형을 살펴보면 ndarray임을 알 수 있다.

```
type(ar)
```

>> numpy.ndarray

만들어진 ndarray 객체의 표현식(representation)을 보면 바깥쪽에 array()란 것이 붙어 있을 뿐 리스트와 동일한 구조처럼 보인다. 그러나 배열 객체와 리스트 객체는 많은 차이가 있다.

ndarray는 N-dimensional Array의 약자이다. 이름 그대로 1차원 배열 이외에도 2차원 배열, 3차원 배열 등의 다차원 배열 자료 구조를 지원한다. 리스트의 리스트(list of list)를 이용하면 2차원 배열을 생성할 수 있다. 안쪽 리스트의 길이는 행렬의 열의 수 즉, 가로 크기가 되고 바깥쪽 리스트의 길이는 행렬의 행의 수, 즉 세로 크기가 된다. 예를 들어 2개의 행과 3개의 열을 가지는 2 x 3 배열은 다음과 같이 만든다.

```
c = np.array([[0, 1, 2], [3, 4, 5]])  # 2 x 3 array
c
```

>> array([[0, 1, 2],
   [3, 4, 5]])

2차원 배열의 행과 열의 갯수는 다음처럼 구한다.

```
# 행의 갯수
len(c)
```

>> 2

```
# 열의 갯수
len(c[0])
```

>> 3

리스트의 리스트의 리스트를 이용하면 3차원 배열도 생성할 수 있다. 크기를 나타낼 때는 가장 바깥쪽 리스트의 길이부터 가장 안쪽 리스트 길이의 순서로 표시한다. 예를 들어 2 x 3 x 4 배열은 다음과 같이 만든다.

```
d = np.array([[[1, 2, 3, 4],
        [5, 6, 7, 8],
        [9, 10, 11, 12]],
       [[11, 12, 13, 14],
        [15, 16, 17, 18],
        [19, 20, 21, 22]]])   # 2 x 3 x 4 array
```

3차원 배열의 깊이, 행, 열은 다음과 같이 구할 수 있다.

```
len(d), len(d[0]), len(d[0][0])
```

>> (2, 3, 4)

numpy.ndarray 객체의 중요한 속성은 다음과 같다:

- ndarray.ndim: 배열의 축의 개수 (차원).

- ndarray.shape: 배열의 각 축(axis)의 크기. n개의 행, m개의 열을 갖는 행렬의 경우, shape은 (n, m). 따라서 shape 튜플의 길이는 축의 개수가 됨.

- ndarray.size: 전체 요소(Element)의 개수. shape 튜플의 요소의 곱과 같음.

- ndarray.dtype: 각 요소의 타입

- 표준 파이썬 타입을 이용해서 dtype을 만들거나 지정할 수 있다. 이 외에도 NumPy 는 numpy.int32, numpy.int16, numpy.float64와 같은 고유한 타입을 제공한다.

- ndarray.itemsize: 배열의 각 요소의 바이트 크기.

예를 들어, float64 타입의 요소를 갖는 배열은 itemsize가 8 (=64/8). complex32 타입을 갖는 배열의 itemsize는 4 (=32/8). ndarray.dtype.itemsize와 같다.

아래와 같이 (3, 5) 크기의 2D 배열을 생성하면

```
import numpy as np
a  = np.array([[0, 1, 2, 3, 4],
        [5, 6, 7, 8, 9],
        [10, 11, 12, 13, 14]])
print(a)
```

ndarray 객체 a는 다음과 같은 속성값을 갖는다.

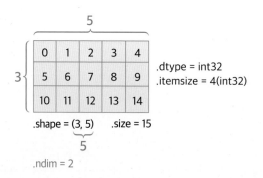

2.3 배열의 구조 다루기

배열의 구조, 즉 shape가 넘파이 배열의 차원 구성이 어떠한지 보여주는 함수라고 앞에서 설명했다. 일단 만들어진 배열의 내부 데이터는 보존한 채로 형태만 바꾸려면 reshape 명령이나 메서드를 사용한다. 예를 들어 12개의 원소를 가진 1차원 행렬은 3x4 형태의 2차원 행렬로 만들 수 있다.

```
a = np.arange(12)
a
```

```
>>> array([ 0,  1,  2,  3,  4,  5,  6,  7,  8,  9, 10, 11])
```

```
b = a.reshape(3, 4)
b
```

```
>>> array([[ 0,  1,  2,  3],
    [ 4,  5,  6,  7],
    [ 8,  9, 10, 11]])
```

그런데 reshape 함수로 배열의 구조인 shape을 변경할 때는 반드시 전체 요소의 개수는 통일하여야 한다. 사용하는 원소의 갯수가 정해져 있기 때문에 reshape 함수의 튜플의 원소 중 하나는 −1을 사용할 수 있다. −1을 넣으면 전체 요소의 개수는 고정시키고 1개를 제외한 나머지 차원의 크기를 지정햇을 대 전체 요소의 개수를 고려하여 마지막 차원이 자동으로 지정된다.

```
a.reshape(3, -1)     #2차원 매트릭스가 생성되고 총 12개 원소가 있으므로
                     3*4 매트릭스가 생성된다.
```

```
>>> array([[ 0,  1,  2,  3],
    [ 4,  5,  6,  7],
    [ 8,  9, 10, 11]])
```

```
a.reshape(2, 2, -1)
```

```
>>> array([[[ 0,  1,  2],
    [ 3,  4,  5]],

    [[ 6,  7,  8],
    [ 9, 10, 11]]])
```

```
a.reshape(2, -1, 2)
```

```
>>> array([[[ 0,  1],
    [ 2,  3],
    [ 4,  5]],

    [[ 6,  7],
    [ 8,  9],
    [10, 11]]])
```

2.4 인덱싱과 슬라이싱

넘파이 배열은 기본적으로 파이썬 리스트이 구조와 여러 면에서 유사하다. 특히 리스트 요소를 다루기 위한 인덱싱(indexing)과 슬라이싱(slicing)을 사용할 수 있는데, 기존 리스트와는 일부 다른 표기법을 제공한다.

2.4.1 인덱싱

인덱싱(indxing)이란 리스트에 있는 값에 접근하기 위해 이 값의 상대적인 주소를 사용하는 것이다.

일차원 배열의 인덱싱은 리스트의 인덱싱과 같다.

```
a = np.array([0, 1, 2, 3, 4])
a[2]
```

```
>> 2
```

```
a[-1]
```

```
>> 4
```

다차원 배열일 때는 다음과 같이 콤마(comma ,)를 사용하여 접근할 수 있다. 콤마로 구분된 차원을 축(axis)이라고도 한다. 그래프의 x축과 y축을 떠올리면 될 것이다.

```
a = np.array([[0, 1, 2], [3, 4, 5]])
a
```

```
>> array([[0, 1, 2],
   [3, 4, 5]])
```

```
a[0, 0]  # 첫번째 행의 첫번째 열
```

```
>> 0
```

```
a[0, 1]  # 첫번째 행의 두번째 열
```

```
>> 1
```

```
a[-1, -1]  # 마지막 행의 마지막 열
```

```
>> 5
```

위의 코드를 보면 넘파이 배열과 리스트와의 가장 큰 차이는 인덱싱 표현에 있어','를 지원한다는 것이다. 행렬 [[0,1,2],[3,4,5]]에서 일반적으로 표현하는 방법은 '[행][열]'형태로 나타낸다. 하지만 넘파이에서는 '[행,열]'형태로도 값을 표현할 수 있다. 만약 3차원 텐서 이상의 값들을 다루게 된다면 shape에서 출력되는 랭크의 순서대로 값을 인덱싱에 접근가능하다.

2.4.2 슬라이싱

슬라이싱(slicing)이란 리스트의 인덱스를 사용하여 전체 리스트에서 일부를 잘라내어 반환하는 것이다. 넘파이에서는 파이썬의 리스트를 그대로 사용하면서 리스트와는 달리 행과 열을 나눠서 슬라이싱 할 수 있다는 장점이 있다. 행렬에서 특정한 부분을 추출할 때 리스트보다 훨씬 더 쉽게 데이터를 추출할 수 있다.

```
a = np.array([[0, 1, 2, 3], [4, 5, 6, 7]])
a
```

>>   array([[0, 1, 2, 3],
     [4, 5, 6, 7]])

```
a[0, :]  # 첫번째 행 전체
```

>> array([0, 1, 2, 3])

```
a[:, 1]  # 두번째 열 전체
```

>> array([1, 5])

```
a[1, 1:]  # 두번째 행의 두번째 열부터 끝 열까지
```

>> array([5, 6, 7])

a[1,1:]는 행 부분은 첫 번째 행만을 의미하여 열부분 1: 은 열이 1부터 끝까지의 값을 추출한다.

```
a[:2, :2]
```

>> array([[0, 1],
     [4, 5]])

a[:2, :2]는 행 부분과 열 부분 모두 0부터 인덱스가 1까지의 값을 추출한다.

또한 리스트와 마찬가지로 넘파이에서는 증가값(step)을 지원한다. 기본적으로 리스트의 표현법과 동일하게 ['시작인덱스:마지막인덱스:증가값']의 형태로 사용하고 각

랭크에 있는 요소별로 모두 적용할 수 있기 때문에 리스트와는 달리 바둑판과 같은 조금 특이한 구조로도 데이터를 추출할 수 있다.

예를 들면 다음과 같이 3*5 행렬 매트릭스를 구성했을 때,

```
a = np.array(range(15), int).reshape(3, -1)
a
```

```
>> array([[ 0,  1,  2,  3,  4],
   [ 5,  6,  7,  8,  9],
   [10, 11, 12, 13, 14]])
```

행렬 a에서 a[:,::2]는 전체 행 데이터와 전체 열 데이터에서 2씩 증가값을 주어 추출하는 구조이다. 또한 a[::2,::3]은 행은 2칸씩, 열은 3칸씩 이동하여 값을 추출한다.

```
a[:,::2]
```

```
>> array([[ 0, 2, 4],
   [ 5, 7, 9],
   [10, 12, 14]])
```

```
a[::2,::3]
```

```
>> array([[ 0, 3],
   [10, 13]])
```

2.5 배열 생성함수

넘파이sms 자체적으로 다양한 배열 생성 함수를 제공한다.

2.5.1 arange

arange함수는 range함수와 같이 차례대로 값을 생성해준다. 기본적으로 range와 마찬가지로 '(시작인덱스, 마지막 인덱스, 증가값)'으로 구성되어 있는데, 가장 큰 차이는 증가값에 실수형이 입력되어도 값을 생성할 수 있다. 리스트와 달리 소수점 값을 주기적으로 생성할 때 가장 유용한 함수중 하나이다.

```
np.arange(10)
```

>> array([0, 1, 2, 3, 4, 5, 6, 7, 8, 9])

```
np.arange(-5,5)
```

>> array([-5, -4, -3, -2, -1, 0, 1, 2, 3, 4])

```
np.arange(0,5,0.5)
```

>> array([0. , 0.5, 1. , 1.5, 2. , 2.5, 3. , 3.5, 4. , 4.5])

2.5.2 ones, zeros, empty

ones 함수의 경우 1로만 구성된 넘파이 배열을 만든다. 특히 shape값을 사전에 넣어서 사용자가 원하는 크기만큼의 넘파이 배열을 만들 수 있다는 장점이 있다. seros함수는 0으로만 구성된 넘파이 배열을 생성한다. 가장 큰 차이는 empty함수이다. 기본적으로 ones와 zeros는 먼저 shape의 크기만큼 메모리를 할당하고 그 곳에 0또는 1로 값을 채운다. 하지만 empty함수의 경우는 메모리를 할당만 받고 초기화없이 설정한 크기의 배열을 생성한다. rf서 생성될 때마다 다른 값들이 반환된다. ones, zeros, empty 모두 생성 시점에서 dtype을 지정해주면 해당 데이터 타입으로 배열을 생성한다.

```
np.ones(shape=(5,2), dtype=np.int8)
```

```
>> array([[1, 1],
       [1, 1],
       [1, 1],
       [1, 1],
       [1, 1]], dtype=int8)
```

```
np.zeros(shape=(2,2), dtype=np.float32)
```

```
>> array([[0., 0.],
       [0., 0.]], dtype=float32)
```

```
np.empty(shape=(2,4), dtype=np.float32)
```

```
>> array([[0.000e+00, 1.401e-45, 0.000e+00, 5.689e-43],
       [1.530e-42, 0.000e+00, 1.076e-42, 0.000e+00]], dtype=float32)
```

2.5.3 ones_like, zeros_like, empty_like

ones_like, zeros_like, empty_like 함수들은 기존 넘파이 배열과 같은 크기로 만들어 내용을 1로 채우거나, 0으로 채우거나, 빈 상태로 만들어주는 함수이다.

다음 주어지는 코드를 보면 각각의 함수가 어떤식으로 값을 생성하는지 확인할 수 있다.

```
x = np.arange(12).reshape(3,4)
x
```

```
>> array([[ 0, 1, 2, 3],
       [ 4, 5, 6, 7],
       [ 8, 9, 10, 11]])
```

```
np.ones_like(x)
```

>> array([[1, 1, 1, 1],
   [1, 1, 1, 1],
   [1, 1, 1, 1]])

```
np.zeros_like(x)
```

>> array([[0, 0, 0, 0],
   [0, 0, 0, 0],
   [0, 0, 0, 0]])

2.5.4 identity, eye, diag

identity함수는 단위행렬을 생성할 수 있다.

```
np.identity(n=3, dtype=int)
```

>> array([[1, 0, 0],
   [0, 1, 0],
   [0, 0, 1]])

```
np.identity(n=4, dtype=int)
```

>> array([[1, 0, 0, 0],
   [0, 1, 0, 0],
   [0, 0, 1, 0],
   [0, 0, 0, 1]])

eye함수는 ones함수와 동일하게 1을 생성하는 함수인데, 시작점과 행렬의 크기를 지정할 수 있다. N은 행의 개수, M은 열의 개수를 지정한다. 또한 k의 경우 열의 값으 기준으로 시작 인덱스를 지정한다.

다음 코드의 경우 3*5 행렬을 생성하고 시작 인덱스가 2인 것을 알 수 있다.

```
np.eye(N=3, M=5)
```

```
>> array([[1., 0., 0., 0., 0.],
    [0., 1., 0., 0., 0.],
    [0., 0., 1., 0., 0.]])
```

```
np.eye(N=3, M=5, k=2)
```

```
>> array([[0., 0., 1., 0., 0.],
    [0., 0., 0., 1., 0.],
    [0., 0., 0., 0., 1.]])
```

diag함수는 행렬의 값을 추출할 때 사용하는 함수이다. 특정 값에서 대각행렬만 뽑아서 값을 처리해야할 때 diag함수를 사용한다. k는 eye함수에서의 k와 같은 의미로 열 기준으로 추출할 값의 시작 인덱스이다.

```
d = np.arange(9).reshape(3,3)
d
```

```
>> array([[0, 1, 2],
    [3, 4, 5],
    [6, 7, 8]])
    [ 8, 9, 10, 11]])
```

```
np.diag(d)
```

```
>> array([0, 4, 8])
```

```
np.diag(d, k=1)
```

```
>> array([1, 5])
```

0	1	2
3	4	5
6	7	8

0	1	2
3	4	5
6	7	8

np.diag(d)   np.diag(d, k=1)

SECTION 03   numpy 배열 연산

넘파이는 배열 내부, 또는 배열 외부와 관련된 다양한 연산을 지원한다. 크게 배열 내부의 산을 지원하는 '연산 함수'와 배열간의 연산을 지원하는 '연결 함수'가 있다.

3.1 연산 함수

넘파이는 배열 내부의 연산을 지원하는 다양한 연산 함수를 제공한다. 대표적으로 sum, mean, std와 같은 함수는 통계나 선형대수의 연산을 지원한다. 연산 함수를 사용한 연산을 위해 알아야 할 개념은 축(axis)이다. 배열의 구조에서 차원이 증가할 때마다 추가되는 것이 축이라고 생각하면 이해하기 쉽다.

sum함수를 이용하면 각 요소의 합을 반환한다.

```
test_array = np.arange(1, 11)
test_array.sum()
```

>> 55

만약 2차원 행렬 값을 다루게 되면 행 또는 열을 기준으로 sum함수를 적용해야 할 때가 있다. 이러한 경우 축(axis)을 사용하여 연산을 수행하는데, 연산의 방향을 설정해준다.

```
test_array = np.arange(1,13).reshape(3,4)
test_array
```

>> array([[1, 2, 3, 4],
 [5, 6, 7, 8],
 [9, 10, 11, 12]])

```
test_array.sum(axis=0)
```

>> array([15, 18, 21, 24])

```
test_array.sum(axis=1)
```

>> array([10, 26, 42])

1~12까지의 값을 갖는 3*4행렬로 생성된 test_array에서 행을 의미하는 3은 축이 0이고, 열을 의미하는 4는 축이 1이다.

벡터에서 행렬로 차원이 증가할 때 기존 열에 해당하는 축이 0에서 1이 되고, 새롭게 추가되는 행의 축이 0이 된다. sum함수의 매개변수로 사용되는 axis는 합계 연산이 일어나는 방향을 의미한다.

2차원 이상의 텐서 구조에서는 연산이 어떻게 수행될까? 기본적으로 연산이 일어나는 방식은 동일하다. 새롭게 추가된 축이 axis=0이 된다.

```
test_array = np.arange(1, 13).reshape(3, 4)
third_order_tensor = np.array([test_array,test_array, test_array])
third_order_tensor
```

>> array([[[1, 2, 3, 4],
 [5, 6, 7, 8],
 [9, 10, 11, 12]],
 [[1, 2, 3, 4],
 [5, 6, 7, 8],
 [9, 10, 11, 12]],
 [[1, 2, 3, 4],
 [5, 6, 7, 8],
 [9, 10, 11, 12]]])

```
third_order_tensor.sum(axis=0)
```

>> array([[3, 6, 9, 12],

```
 [15, 18, 21, 24],
 [27, 30, 33, 36]])
```

```
   third_order_tensor.sum(axis=1)
```

```
>> array([[15, 18, 21, 24],
 [15, 18, 21, 24],
 [15, 18, 21, 24]])
```

```
   third_order_tensor.sum(axis=2)
```

```
>> array([[10, 26, 42],
 [10, 26, 42],
 [10, 26, 42]])
```

넘파이는 sum외에도 다양한 수학 함수를 제공한다. mean이나 std등의 기초 통계함수도 제공하지만, tan, sin, exp등 수학 연산에 필요한 함수도 제공한다. 기본적인 함수는 전체 배열에 적용되는 함수와 개별 요소에 적용되는 함수로 나눌 수 있다.

```
   test_array = np.arange(1, 13).reshape(3, 4)
   test_array
```

```
>> array([[ 1, 2, 3, 4],
 [ 5, 6, 7, 8],
 [ 9, 10, 11, 12]])
```

```
   test_array.mean(axis=1)              # axis=1 축을 기준으로 평균 연산
```

```
>> array([ 2.5, 6.5, 10.5])
```

```
   test_array.std()                     # 전체 값에 대한 표준편차 연산
```

```
>> 3.452052529534663
```

```
test_array.std(axis=0)                  # axis=0 축을 기준으로 표준편차 연산
```

>> array([3.26598632, 3.26598632, 3.26598632,3.26598632])

```
np.sqrt(test_array)                     # 각 요소에 제곱근 연산 수행
```

>> array([[1. , 1.41421356, 1.73205081, 2.],
[2.23606798, 2.44948974, 2.64575131, 2.82842712],
[3. , 3.16227766, 3.31662479, 3.46410162]])

3.2 연결 함수

연결함수는 두 객체 감의 결합을 지원한다. 기본적으로 파이썬에서 문자열의 경우 '+' 연산자를 사용하여 두 문자열 간의 결합을 지원한다면, 넘파이의 연결은 기본적으로 축을 기준으로 발생한다. 벡터간의 연결을 통해 하나의 행렬을 생성하거나, 열 벡터 간의 연상르 통해 행렬을 생성할 수도 있다. 이를 위해 사용할 수 있는 함수는 vstack과 hstack이다. 이 두 함수는 수직적으로나 수평적으로 배열을 붙이는 함수이다.

다음 코드를 보자. vstack을 이용한 벡터간의 연결로 하나의 행렬이 생성되었는데 hstack을 이용하여 열 벡터를 생성하기 위해서는 기본 꼴을 2차원 형태로 구성한 것을 확인할 수 있다. 기본적으로 넘파이가 열 벡터를 표현할 수 없기 때문에 행렬형태로 표현한 것이다.

```
v1 = np.array([1, 2, 3])
v2 = np.array([4, 5, 6])
np.vstack((v1, v2))
```

>> array([[1, 2, 3],
   [4, 5, 6]])

만약 행렬 형태로 표현하지 않고 벡터 형태 그대로 hstack을 붙이면 벡터 형태의 배열이 생성된다.

```
np.hstack((v1,v2))
```

```
>> array([1, 2, 3, 4, 5, 6])
```

```
v1 = v1.reshape(-1, 1)
v2 = v2.reshape(-1, 1)
v1
```

```
>> array([[1],
   [2],
   [3]])
```

```
V2
```

```
>> array([[4],
   [5],
   [6]])
```

```
np.hstack((v1,v2))
```

```
>> array([[1, 4],
   [2, 5],
   [3, 6]])
```

또 다른 연결 함수로 concatenate함수가 있다. 이 함수는 축을 고려하여 두 개의 배열을 결합하는 역할을 한다. 또한 스택 계열의 함수와 가장 큰 차이점은 생성될 배열과 소스가 되는 배열의 차원이 같아야 한다는 점이다. 만약 두 개의 벡터를 붙여 하나의 행렬로 만들고 싶다면 해당 벡터를 일단 2차원 배열 꼴로 변환한 후 행렬로 나타내야 한다. 다음 코드를 보면 v1과 v2 모두 사실상 행렬이지만 벡터의 형태를 가진 것을 알 수 있다. 매개변수 axis=0은 행을 기준으로 연결한다는 것을 의미한다.

```
v1 = np.array([[1, 2, 3]])
v2 = np.array([[4, 5, 6]])
np.concatenate((v1,v2), axis=0)
```

```
>> array([[1, 2, 3],
   [4, 5, 6]])
```

```
v1 = np.array([1, 2, 3, 4]).reshape(2,2)
v2 = np.array([[5,6]]).T
v1
```

```
>> array([[1, 2],
   [3, 4]])
```

```
V2
```

```
>> array([[5],
   [6]])
```

```
np.concatenate((v1,v2), axis=1)
```

```
>>array([[1, 2, 5],
   [3, 4, 6]])
```

3.3 배열의 사칙연산

기본적으로 넘파이는 배열 간 사칙연산을 파이썬과 동일하게 지원한다. 즉, 행렬과 행렬 간 벡터와 벡터 간의 연산에서 +, −연산이 가능하다. 같은 배열의 구조를 가진 배열 간의 연산은 기본적으로 요소별 연산이 발생한다. 요소별 연산은 두 배열의 구조가 동일할 경우 같은 인덱스를 가진 요소들끼리 연산이 일어나는 것을 말한다.

다음 그림을 보면 [0,3]의 위치에 있는 3끼리 곱셈 연산을 하여 9가 계산되는 것을 확인할 수 있다. 이러한 요소별 연산은 기본적인 덧셈, 뺄셈, 나눗셈 등의 사칙 연산이 모두 가능하다.

```
x = np.arange(1, 7).reshape(2,3)
x
```

>> array([[1, 2, 3],
    [4, 5, 6]])

```
x + x
```

>> array([[2, 4, 6],
    [8, 10, 12]])

```
x - x
```

>> array([[0, 0, 0],
    [0, 0, 0]])

```
x / x
```

>>array([[1., 1., 1.],
    [1., 1., 1.]])

```
x ** x
```

>>array([[1,   4,   27],
    [256, 3125, 46656]], dtype=int32)

한가지 주의할 점은 배열의 곱셈 연산이다. 배열 간의 곱셈에서는 요소별 연산도 가능하지만, 두 배열 간의 곱셈을 실시하는 벡터의 내적 연산도 가능하다. 기본적으로 두 개의 행렬 간 벡터의 내적을 구하기 위해서는 두 개의 행렬에서 첫 번째 행렬의 열 크기와 두 번째 행렬의 행크기가 동일해야 한다. 즉, m*n 행렬과 n*l 의 행렬에서만 벡터의 내적 연산이 가능하다 이 조건을 만족할 때 내적으로 생성된 행렬은 m*l이 된다.

$$(m \times n) \cdot (n \times k) = (m \times k)$$

넘파이에서 벡터의 내적 연산을 위해 dot함수를 사용한다.

```
x_1 = np.arange(1, 7).reshape(2,3)
x_2 = np.arange(1, 7).reshape(3,2)
x_1
```

>> array([[1, 2, 3],
   [4, 5, 6]])

```
x_2
```

>> array([[1, 2],
   [3, 4],
   [5, 6]])

```
x_1.dot(x_2)
```

>> array([[22, 28],
   [49, 64]])

위 코드의 결과에서 볼 수 있듯이 2×3 행렬과 3×2 행렬의 연산 결과는 2×2 행렬이 됨을 알 수 있다.

배열의 구조가 다른 배열 간의 연산은 브로드캐스팅 연산(broadcasting operations)을 사용한다. 브로드캐스팅 연산은 하나의 행렬과 스칼라 값들 간의 연산이나 행렬과 벡터 간의 연산에서 발생한다. 다음 그림에서 보듯이 행렬의 모든 요소에 스칼라 값 3이 적용되어 덧셈 연산이 일어난다. 방송국의 전파가 퍼지는 뒤에 따라오는 스칼라 값이 모든 요소에 퍼지듯 연산된다고 하여 브로드캐스팅 연산이라고 칭한다.

```
x = np.arange(1, 10).reshape(3,3)
x
```

```
>> array([[1, 2, 3],
   [4, 5, 6],
   [7, 8, 9]])
```

```
x + 10
```

```
>> array([[11, 12, 13],
   [14, 15, 16],
   [17, 18, 19]])
```

```
x - 2
```

```
>> array([[-1, 0, 1],
   [ 2, 3, 4],
   [ 5, 6, 7]])
```

```
x - 2
```

```
>>array([[0, 0, 1],
   [1, 1, 2],
   [2, 2, 3]], dtype=int32)
```

```
x - 2
```

```
>>array([[ 1,  4,  9],
   [16, 25, 36],
   [49, 64, 81]], dtype=int32)
```

브로드캐스팅 연산은 행렬과 스칼라 값 외에도 행렬과 벡터, 벡터와 벡터간의 연산에서도 가능하다. 그리고 이러한 연산은 다음 그림처럼 일종의 요소별 연산과 같이 변형이 일어나서 연산이 되는 것을 알 수 있다.

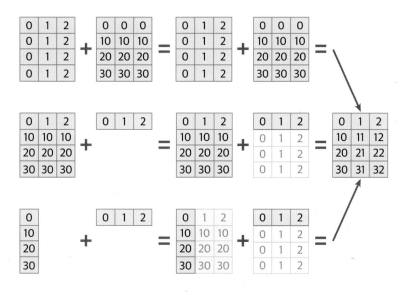

[4, 5, 6]])

```
x = np.arange(1, 13).reshape(4,3)
x
```

>> array([[1, 2, 3],
    [4, 5, 6],
    [7, 8, 9],
    [10, 11, 12]])

```
v = np.arange(10 , 40 , 10)
v
```

>> array([10, 20, 30])

```
x + v
```

```
>> array([[11, 22, 33],
    [14, 25, 36],
    [17, 28, 39],
    [20, 31, 42]])
```

위 코드에서 행렬은 4*3이고, 벡터는 1*3이다. 이때 브로드캐스팅 연산이 일어나면 뒤에 있는 벡터가 앞에 있는 행렬과 크기를 맞추기 위해 다시 [10,20,30]의 벡터를 4*3의 행렬처럼 복제가 일어나서 [[10,20,30], [10,20,30], [10,20,30],[10,20,30]] 형태로 변화하게 된다. 그러면서 요소별 연산처럼 연산이 일어나고, 각 인덱스에 맞춰서 덧셈 연산이 발생한다.

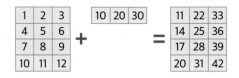

SECTION 04   비교 연산과 데이터 추출

넘파이의 비교연산은 크게 배열 내에서의 비교연산과 배열 간의 비교연산이 있다. 이러한 비교 연산들의 결과는 항상 불린형(boolean type)을 가진 배열로 추출된다.

4.1 비교연산 함수

4.1.1 all과 any

all과 any는 파이썬의 기본 리스트에도 존재하는 함수로, 배열 내부의 모든 값이 참인지 거짓인지에 따라 반환값이 달라진다. all함수의 경우 내부에 있는 모든 값이 참일 때는 True, 하나라도 아닐 경우에는 False를 반환한다. 이것은 and조건을 전체 요소에 적용하는 것이다. 반대로 any함수의 경우 모든 값 중 하나라도 참일 때는 True, 모두 거짓일 경우 False를 반환한다. 이는 or조건을 전체 요소에 적용하는 것이다.

```
x = np.array([4, 6, 7, 3, 2])
(x > 3)
```

>> array([True, True, True, False, False])

x > 3이라는 브로드캐스팅이 적용되어 불린형으로 이루어진 배열이 반환된다.

```
(x > 3).all()
```

>> False

```
(x > 3).any()
```

>> True

all함수를 적용하면 2개의 거짓이 있기 때문에 False를 반환하고, any함수를 적용하면 True를 반환한다.

```
(x < 10).any()
```

>> True

```
(x < 10).all()
```

>> True

```
(x > 10).any()
```

>> False

x > 10의 경우 모든 값이 10을 넘지 못하므로 모두 거짓인데, 여기에 any함수를 적용하면 False를 반환한다.

4.1.2 인덱스 반환 함수

비교 함수에는 어떤 특정한 조건에 맞는 인덱스를 반환하는 함수인 where함수가 있다. where함수는 배열이 불린형으로 이루어졌을 때 참인 값들의 인덱스를 반환한다.

다음 코드와 같이 벡터 x의 값이 있을 경우 x > 5를 만족하는 값은 6과 7이 있다. np.where함수에 해당 배열을 넣으면 조건에 맞는 값의 인덱스 [1,2]를 반환한다.

```
x = np.array([4, 6, 7, 3, 2])
x > 5
```

>> array([False, True, True, False, False])

```
np.where(x>5)
```

>> (array([1, 2], dtype=int64),)

4.1.3 정렬된 값의 인덱스를 반환해주는 함수

비교연산 중 하나의 배열 내에서 정렬된 값의 인덱스를 반환해주는 함수들이 있다. 대표적으로 argsort, argmax, argmin등이 있다. 각각은 다음과 같이 해당 값들의 인덱스 값을 반환한다.

- argsort : 배열 내 값들을 작은 순서대로 인덱스를 반환
- argmax : 배열 내 값들 중 가장 큰 값의 인덱스를 반환
- argmin : 배열 내 값들 중 가장 작은 값의 인덱스를 반환

```python
x = np.array([4, 6, 7, 3, 2])
np.argsort(x)
```

```
>> array([4, 3, 0, 1, 2], dtype=int64)
```

```python
np.argmax(x)
```

```
>> 2
```

```python
np.argmin(x)
```

```
>> 4
```

4.2 인덱스 기반 데이터 추출

비교 연산과 인덱스 추출 함수를 활용하면 필요에 따라 데이터를 추출할 수 있다. 대표적인 기법으로 불린 인덱스(boolean index)와 팬시 인덱스(fancy index)가 있다.

4.2.1 불린 인덱스

불린 인덱스는 배열에 있는 값들을 특정 조건에 의해 반환할 수 있는데, 그 특정 조건을 불린형의 배열에 넣어서 추출하는 기법이다.

```
x = np.array([4, 6, 7, 3, 2])
x > 3
```

>> array([True, True, True, False, False])

x > 3의 결과를 불린형 배열의 형태로 추출할 수 있다. 이렇게 생성된 배열을 기존 인덱스에 넣는다면 x[cond]처럼 불린형 배열이 참인 경우에만 값을 추출한다.

```
cond = x > 3
x[cond]
```

>> array([4, 6, 7])

```
x.shape
```

>> (5,)

```
cond.shape
```

>> (5,)

불린 인덱스를 크게 다음 두 가지 조건을 만족해야 동작한다.

- 인덱스에 들어가는 배열은 불린형이어야 한다.
- 불린형 배열과 추출 대상이 되는 배열의 구조가 같아야 한다.

4.2.2 팬시 인덱스

팬시 인덱스는 불린 인덱스와 달리 정수형 배열의 값을 사용하여 해당 정수의 인덱스에 위치한 값을 반환한다.

```
x = np.array([4, 6, 7, 3, 2])
cond = np.array([1, 2, 0, 2, 2, 2,], int)
x[cond]
```

>> array([6, 7, 4, 7, 7, 7])

cond는 정수로 선언된 배열로 인덱스 번호를 가지고 있다. 이를 x[cond]와 같이 인덱스 항목에 넣으면 해당 인덱스 값으로 값을 반환한다. 팬시 인덱스는 다음과 같은 조건을 만족해야 한다.

- 인덱스 항목에 넣을 배열은 정수로만 구성되어야 한다.
- 정수 값의 범위는 대상이 되는 배열이 가지는 인덱스의 범위를 넘어가지 않는다.
- 대상이 되는 배열과 인덱스 배열의 구조(shape)가 같을 필요는 없다.

```
x.take(cond)
```

>> array([6, 7, 4, 7, 7, 7])

팬시 인덱스는 take함수를 사용해도 같은 결과가 출력된다.

```
x = np.array([[1,4], [9,16]], int)
a = np.array([0, 1, 1, 1, 0, 0], int)
b = np.array([0, 0, 0, 1, 1, 1], int)
x[a,b]
```

>> array([1, 9, 9, 16, 4, 4])

팬시 인덱스는 벡터 형태 외에도 행렬 형태에서도 결과가 출력된다. a는 행 값, b는 열 값을 의미한다. 즉 첫 번째 값은 [0,0]으로 값은 이고, [0,1]의 값은 4이다.

1. 다음 코드를 실행할 경우 예상되는 결과값은 무엇인가?

```
import numpy as np

test_a = np.array([[4, 8],[2, 9]])
print(test_a * test_a)
```

① [[16 64]
　 [4 81]]

② [[32 104]
　 [26 97]]

③ [[8 16]
　 [4 18]]

④ [[4 8]
　 [2 9]]

2. 다음 코드를 실행할 경우 예상되는 결과값은 무엇인가?

```
import numpy as np

test_a = np.array([[5,5,5],[3,3,3]])
print(test_a ** 2)
```

① [[5 5 5]
　 [3 3 3]]

② [[25 25 25]
　 [9 9 9]]

③ [[10 10 10]
　 [6 6 6]]

④ [[75 45]
　 [45 27]]

3. A = np.array([[3,22,2],[3,1,5]]), B = np.array([[6,7,9],[2,1,3]])일 때, 다음 중 연산이 실행되지 않고 오류가 발생하는 것은?

① A * B

② A.dot(B)

③ A.T.dot(B)

④ A.dot(B.T)

4. 다음 코드를 실행할 경우 예상되는 결과값은 무엇인가?

```
import numpy as np

test_a = np.arange(1,10).reshape(3,3)
test_b = np.arange(6).reshape(2,3)

test_a.dot(test_b.T)
```

① array([[30, 36, 42],
       [66, 81, 96],
       [102, 126, 150]])

② array([[5, 14],
       [14, 50]])

③ array([[18, 21, 24],
       [54, 66, 78]])

④ array([[8, 26],
       [17, 62],
       [26, 98]])

5. 다음 중 넘파이 배열의 특징으로 적합한 것을 모두 고르시오.

① C의 데이터 타입을 기본으로 배열이 생성된다.
② 동적 타이핑이 지원된다.
③ 하나의 데이터 타입만으로 배열이 생성된다.
④ 새로운 데이터를 할당할 때 메모리를 유연하게 사용하여 할당 속도가 빠르다.

6. 다음 코드를 실행할 경우 예상되는 결과값은 무엇인가?

```
import numpy as np

arr = np.arange(16).reshape(4,4)
print(arr.size - (arr.shape[0] * arr.ndim))
```

① 4
③ 8

② 오류 발생
④ 16

7. 다음 코드를 실행할 경우 예상되는 결과값은 무엇인가?

```
import numpy as np

arr = np.arange(20).reshape(10,2)
x, y = arr.shape

print(arr.reshape(y, x).shape)
```

① (10, 2)   ② (2, 10)
③ (5, 4)   ④ 오류 발생

8. 다음 배열은 벡터이다. 이 배열을 4×6의 행렬로 바꾸려고 할 때 빈칸에 알맞은 것을 고
    르시오.

```
import numpy as np
arr = np.arange(24)


arr = arr.
```

① reshape(4, 6)   ② reshape(-1, 4)
③ flatten(6, 4)   ④ flatten( )

9. 다음 코드를 실행했을 때 결과값이 다른 하나를 고르시오.

```
import numpy as np
arr = np.arange(8)
```

① arr.flatten()   ② arr.reshape(2, -2)
③ arr.reshape(arr.size)   ④ arr

10. 다음 코드를 실행할 경우 예상되는 결과값은 무엇인가?

```
Z = np.array([6, 6, 6, 4, 7, 9, 1, 8, 8, 4])
Z[Z.argsort()[:5]] = 0
print(Z)
```

① array([6, 6, 6, 4, 7, 9, 1, 8, 8, 4]) ② array([6, 6, 6, 4, 7])
③ array([6, 3, 9, 0, 1]) ④ [0 0 6 0 7 9 0 8 8 0]

11. 다음 코드를 실행할 경우 예상되는 결과값은 무엇인가?

```
arr = np.array([[17, 27, 14, 11],
    [ 8, 24, 25, 26],
    [11, 26, 26, 23],
    [ 3, 30, 4, 25],
    [22, 18, 24, 11]])
print(arr[[0, 2, 1]])
```

① [[17 27 14 11]
  [11 26 26 23]
  [8 24 25 26]]

② [[17 11 8]
  [27 26 24]
  [14 26 25]
  [11 23 26]]

③ [0, 2, 1]

④ [[17 27 14 11]
  [8 24 25 26]
  [11 26 26 23]]

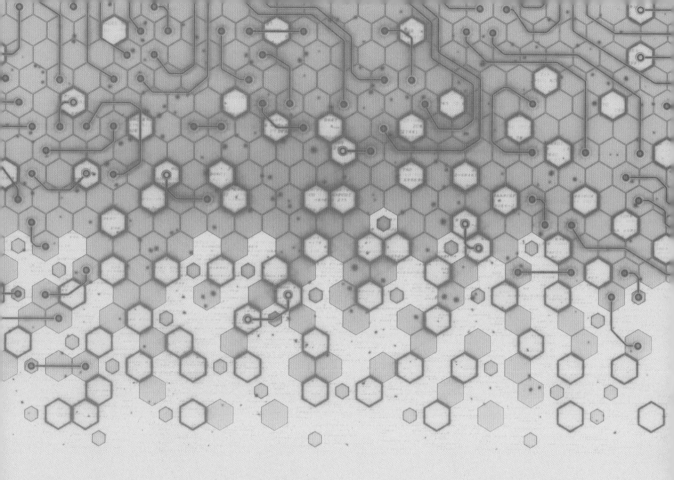

CHAPTER **12**

데이터 분석
- pandas

Python All-In-One

SECTION 01   pandas란?

1.1 pandas의 개념

판다스(Pandas)는 Python에서 DB처럼 테이블 형식의 데이터를 쉽게 처리할 수 있는 라이브러리이다. 데이터가 테이블 형식(DB Table, csv 등)으로 이루어진 경우가 많아 데이터 분석 시 자주 사용하게 될 Python 패키지이다. 판다스의 가장 큰 특징은 데이터를 다루기 위해 고성능 배열 계산 라이브러리인 넘파이를 기본적으로 사용한다는 것이다. 넘파이는 파이썬에서 배열을 다루기 위한 최적의 라이브러리인데, 판다스는 기본적으로 이 넘파이를 사용하고, 이를 좀 더 효율적으로 사용하기 위한 인덱싱, 연산, 전처리 등의 다양한 함수를 제공한다. 넘파이와 판다스의 큰 차이점은 넘파이는 같은 형에 대한 배열을 주로 다루는 반면 판다스는 이질적인 자료형을 다루는 것에 더 적합하다는 것이다.

판다스는 데이터 테이블 형태인 2차원 데이터를 다룬다. 판다스에서 데이터 테이블 전체를 다루는 객체를 데이터 프레임(DataFrame)이라고 하고, 각각의 열 데이터를 다루는 객체를 시리즈(Series)라고 부른다. 기본적으로 이 두 객체를 이해하는 것이 판다스를 이해하는 첫걸음이다. 다음 그림에서처럼 판다스에서 사용하는 기본 객체는 2차원 데이터와 인덱스, 컬럼으로 구성된 DataFrame, 1차원 데이터와 각 데이터의 위치정보를 담는 인덱스로 구성된 Series가 있다. 쉽게 생각하면 DataFrame에서 하나의 컬럼만 가지고 있는 것이 Series 객체이다.

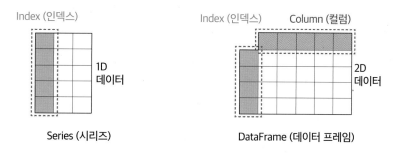

판다스를 사용하기 위해서는 판다스 모듈(라이브러리)을 설치해야 한다.

명령 프롬프트에서 pip를 이용하여 다음과 같이 입력하여 pandas 모듈을 설치한다.

```
pip install pandas
```

판다스 패키지를 사용하기 위해 우선 임포트를 해야 한다. 판다스 패키지는 pd라는 별칭으로 임포트하는 것이 관례이므로 여기에서도 해당 관례를 따르도록 한다.

```
import pandas as pd
```

1.2 Series 자료형

Series는 연속적인 값들로 이루어진 일차원 배열과 인덱스로 불리는 자료 라벨(label) 배열로 이루어진 객체이다. Series 클래스는 넘파이에서 제공하는 1차원 배열과 비슷하지만 각 데이터의 의미를 표시하는 인덱스(index)를 붙일 수 있다. 데이터 자체는 값(value)라고 한다.

데이터를 리스트나 1차원 배열 형식으로 Series 클래스 생성자에 넣어주면 시리즈 클래스 객체를 만들 수 있다. 이 때 인덱스의 길이는 데이터의 길이와 같아야 한다. 인덱스의 값을 인덱스 라벨(label)이라고도 한다. 인덱스 라벨은 문자열 뿐 아니라 날짜, 시간, 정수 등도 가능하다.

리스트로부터 간단한 시리즈를 다음과 같이 만들 수 있다.

```
import pandas as pd

obj = pd.Series([-5, 0, 10, 3])
obj
```

```
>> 0   -5
   1    0
   2   10
```

```
3   3
dtype: int64
```

출력된 시리즈에서 왼쪽은 인덱스이고 오른쪽 값이다. 인텍스를 지정하지 않으면 기본값으로 0부터 N − 1의 숫자가 설정된다. 여기서 N은 자료의 갯수이다.

시리즈 객체를 생성하면 기본적으로 세 가지 요소인 데이터, 인텍스, 데이터 타입이 생성된다.

- 데이터 : 데이터는 기존 다른 객체처럼 값을 저장하는 요소이다.

- 인덱스 : 인덱스는 항상 0부터 시작하고, 숫자로만 할당하는 값이다. 시리즈 객체에서는 숫자 외에도 문자열이나 0외에 다른 값으로 시작하는 숫자, 또는 순서가 일정하지 않은 숫자값을 입력할 수도 있다. 이런 식으로 인덱스 값을 입력할 수 있도록 한 가장 큰 이유는 데이터를 다룰 때 데이터의 아이디 값을 인덱스로 삼아서 다뤄야 할 때가 있기 때문이다. 시리즈 객체에서는 인덱스 값의 중복을 허용한다.

- 데이터 타입 : 데이터 타입은 정확히 넘파이의 데이터 타입과 일치한다. 기본적으로 판다스는 넘파이의 래퍼(wrapper) 라이브러리로 이해해야 하고, 넘파이에서 사용하는 모든 기능을 지원한다. 따라서 넘파이의 데이터 타입은 그대로 시리즈 객체에도 적용된다.

데이터에 인덱스를 직접 지정하여 시리즈를 만들수도 있다.

```
obj2 = pd.Series([-5, 0, 10, 3], index=['a', 'b', 'd', 'c'])
obj2
```

```
>> a   -5
b    0
d   10
c    3
dtype: int64
```

시리즈 객체로부터 인덱스 객체와 값에 대한 넘파이 배열을 얻을 수 있다.

```
obj2.index
```

>> Index(['a', 'b', 'd', 'c'], dtype='object')

```
obj2.values
```

>> array([-5, 0, 10, 3], dtype=int64)

넘파이와는 다르게 하나의 값 또는 여러 값들을 선택할 때 지정한 인덱스를 사용할
수 있고, 인덱스를 통해서 값을 변경하거나 인덱스 리스트를 통해서 대응되는 값들
을 선택할 수 있다.

```
obj2['a']
```

>> -5

```
obj2['c'] = -12
obj2[['a', 'd', 'c']]
obj2
```

>> a   -5
d   10
c -12
dtype: int64

시리즈 객체와 객체의 인덱스는 판다스의 다른 주요 영역과 통합되는 name 속성을
가지고 있다. 다음은 시리즈 객체에 이름을 지정하는 코드이다.

```
obj2.name = "number"
obj2.index.name="id"
obj2
```

```
>> id
a   -5
b    0
d   10
c    3
Name: number, dtype: int64
```

자주 사용하는 딕셔너리 형식으로도 Series 객체를 생성할 수 있다. 데이터를 딕셔너
리로 입력하는 경우, 딕셔너리의 키(key)는 인덱스, 값(value)는 데이터로 자동으로
정렬되어 들어간다.

```
population = {'서울': 9776, '부산':3429, '대전':1531, '세종':276, '충남':2148, '대
구':2465}
obj3 = pd.Series(population)
obj3
```

```
>> 대구    2465
대전    1531
부산    3429
서울    9776
세종     276
충남    2148
dtype: int64
```

1.3 DataFrame 자료형

데이터프레임 객체는 데이터테이블 전체를 지칭하는 객체로, 여러 개의 시리즈 묶음
으로 구성되어 있다. 시리즈의 묶음이기 때문에 넘파이 배열의 특성을 그대로 가지고
있는 객체라고 할수 있다. 넘파이와 다른 점은 각각의 열 별로 데이터 타입이 다른
것을 허용한다는 것이다. 시리즈 객체 각각의 데이터 타입을 그대로 유지하면서 결합
하는 형태로 데이터프레임을 구성하므로 데이터프레임의 각 열은 서로 다른 데이터
타입이 유지된다. 또한 열과 행을 각각 사용해서 하나의 데이터에 접근하는 인덱싱

이 가능하다. 기본적으로 데이터프레임은 2차원 매트릭스 기반으로 만들어지기 때문에 열단위로 같은 인덱스의 개수만큼 데이터가 추가된다.

Series 1		Series 2		Series 3		DataFrame		
	Mango		Apple		Banana		Banana	Apple	Banana
0	4	0	5	0	2	0	4	5	2
1	5	1	4	1	3	1	5	4	3
2	6	2	3	2	5	2	6	3	5
3	3	3	0	3	2	3	3	0	2
4	1	4	2	4	7	4	1	2	7

1.3.1 데이터프레임 생성

데이터프레임을 만드는 방법은 여러가지가 있지만 가장 쉬운 방법은 같은 크기의 리스트 또는 넘파이 배열을 값으로 갖는 딕셔너리를 사용하는 것이다.

```python
import pandas as pd

dic = {'지역': ['대전', '대전', '대전', '부산','부산','부산','서울', '서울', '서울'],
    '년도': [2015, 2016, 2017, 2015, 2016, 2017, 2015, 2016, 2017],
    '인구': [1542, 1535, 1531, 5634, 5768, 5884, 9941, 9852, 9776]}
df = pd.DataFrame(dic)
print(df)
```

```
>> 지역  년도  인구
0  대전  2015  1542
1  대전  2016  1535
2  대전  2017  1531
3  부산  2015  5634
4  부산  2016  5768
5  부산  2017  5884
6  서울  2015  9941
7  서울  2016  9852
8  서울  2017  9776
```

각 Key값과 Value(1차원 데이터)가 DataFrame의 하나의 컬럼과 2차원 데이터가 된
다. 당연하겠지만 모든 딕셔너리의 Value의 리스트 길이가 같아야 생성할 수 있다.

또다른 방법으로는 .csv나 .xlsx와 같은 스프레드시트형 확장자를 가진 파일에서 데
이터를 바로 로딩하는 것이다. 'read_확장자'형태의 함수를 사용하여 데이터를 읽어
오면 된다.

xlsx파일을 호출하기 위해서는 openpyxl모듈을 추가적으로 설치해야한다.

```
pip install openpyxl
```

엑셀 데이터를 호출하기 위해 read_excel함수를 사용한다. 엑셀파일이 저장되어 있
는 경로를 파라미터로 하여 read_excel함수를 호출하면 된다.

```
import pandas as pd # pandas 모듈 호출
import numpy as np # numpy 모듈 호출
df = pd.read_excel("c:/source/excel-comp-data.xlsx")
print(df)
```

>>	account	name	...	Feb	Mar
0	211829	Kerluke, Koepp and Hilpert	...	62000	35000
1	320563	Walter-Trantow	...	45000	35000
2	648336	Bashirian, Kunde and Price	...	120000	35000
3	109996	D'Amore, Gleichner and Bode	...	120000	10000
4	121213	Bauch-Goldner	...	120000	35000
5	132971	Williamson, Schumm and Hettinger	...	120000	35000
6	145068	Casper LLC	...	120000	70000
7	205217	Kovacek-Johnston	...	95000	35000
8	209744	Champlin-Morar	...	95000	35000
9	212303	Gerhold-Maggio	...	120000	35000
10	214098	Goodwin, Homenick and Jerde	...	120000	55000
11	231907	Hahn-Moore	...	10000	162000
12	242368	Frami, Anderson and Donnelly	...	120000	35000
13	268755	Walsh-Haley	...	120000	35000
14	273274	McDermott PLC	...	120000	70000

[15 rows x 9 columns]

1.3.2 데이터프레임의 열 다루기

시리즈 객체에서 가장 중요했던 것이 인덱스였다면, 데이터프레임에서는 거기에 덧붙여 열 이름을 선정하는 것이 중요하다. 예를 들면, 다음 코드와 같이 데이터가 생성될 때 열 이름을 한정한다면 해당 데이터의 열만 추출할 수 있다. 또한 데이터가 존재하지 않는 열을 추가한다면 해당 열에는 NaN값들이 추가되어 생성된다.

```
from pandas import Series, DataFrame

df2=DataFrame(dic, columns=["지역","인구"])
print(df2)
```

```
>> 지역  인구
0 대전  1542
1 대전  1535
2 대전  1531
3 부산  5634
4 부산  5768
5 부산  5884
6 서울  9941
7 서울  9852
8 서울  9776
```

```
from pandas import Series, DataFrame

df3=DataFrame(dic, columns=["지역","인구","소득"])
print(df2)
```

```
>> 지역  인구  소득
0 대전  1542  NaN
1 대전  1535  NaN
2 대전  1531  NaN
3 부산  5634  NaN
4 부산  5768  NaN
5 부산  5884  NaN
6 서울  9941  NaN
7 서울  9852  NaN
8 서울  9776  NaN
```

SECTION 02   데이터 추출

일반적으로 데이터는 CSV파일이나 데이터베이스 안에 들어가 있기 때문에 이를 가져온 후 적절한 형태의 데이터를 추출하는 것이 판다스를 사용하는 데 있어 매우 중요한 기법 중에 하나이다. 데이터프레임에서 필요한 데이터를 가져오기 위해서는 기본적으로 인덱스와 열에 어떻게 접근하는지에 대해 알아야 한다.

2.1 열을 사용한 데이터 추출

데이터를 호출하는 첫 번째 방법은 열 이름을 사용하여 데이터에 접근하는 것이다. 그 전에 데이터를 호출할 때 사용하는 가장 중요한 함수로 head와 tail이 있다. 두 함수 모두 데이터에서 처음 n개나 마지막 n개의 데이터를 호출하는 방식이다. 다음 코드와 같이 나타낼 수 있는데 코드에서 5는 데이터의 개수를 의미한다.

```
df.head(3)
```

```
>> 지역 년도  인구
0 대전 2015 1542
1 대전 2016 1535
2 대전 2017 1531
```

일반적인 데이터는 생각보다 데이터의 열이 많을 수 있다. 이때는 데이터의 행을 기준으로 확인하기 어려울 수 있기 때문에 다음 코드와 같이 transpose함수를 사용해서 데이터를 전체적으로 훑어볼 수 있다.

```
df.head(3).T
```

```
>>   0   1   2
지역 대전 대전 대전
년도 2015 2016 2017
인구 1542 1535 1531
```

필요한 데이터를 추출하는 가장 일반적인 방법은 필요한 열 이름을 리스트 형태로 넣어서 호출하는 것이다. 다음 코드는 "지역", "인구" 두 개의 열 값만 추출하여 출력한 것이다.

```
df[["지역", "인구"]].head(3)
```

```
>> 지역  인구
0 대전 1542
1 대전 1535
2 대전 1531
```

한가지 주의 할 점은 만약 열 이름에 문자형으로 하나의 열 이름만 넣게되면 해당 열 값을 시리즈 객체로 반환한다는 점이다. 여러 개의 열 이름을 넣으면 데이터프레임 객체로 반환하기 때문에 반환 후에 데이터를 다루는 방법이 완전히 달라진다.

2.2 행을 사용한 데이터 추출

열 이름 외에도 행을 기준으로 데이터를 추출해야 할 때가 있다. 가장 기초적인 방법은 인덱스 번호를 사용하여 데이터를 호출하는 것이다. 이는 기존의 리스트나 넘파이 배열의 인덱싱과 동일하다.

```
df[:2]
```

```
>> 지역 년도 인구
0 대전 2015 1542
1 대전 2016 1535
```

2.3 행과 열을 모두 사용한 데이터 추출

일반적으로 실제 데이터를 추출할 때는 행이나 열을 모두 다 사용하여 데이터를 추출한다. 가장 기본적인 방법은 두 가지 방법을 모두 사용하여 데이터를 추출하는 것이다. 앞부분인 [["지역", "인구"]]는 열의 이름을 리스트로, 뒷부분인 [2:5]는 인덱스 번호를 붙여주는 것이다. 데이터의 일정 부분을 사각형 형태로 잘라내는 것과 비슷한 효과를 나타낸다.

```
df[["지역", "인구"]][2:5]
```

```
>> 지역  인구
2  대전  1531
3  부산  5634
4  부산  5768
```

데이터를 추출할 수 있는 가장 간단한 방법 외에도 판다스에서는 추가적으로 두 가지 방법을 제공한다. 첫 번째는 loc함수를 사용하는 것이다. loc함수는 데이터의 인덱스 이름과 열 이름을 가지고 데이터를 추출한다. 여기서 중요한 것은 인덱스의 이름인데 일반적으로 인덱스의 초깃값은 0부터 시작하는 숫자로 되어 있지만 필요에 따라 인덱스의 값을 변경할 수도 있다. 다음 코드는 기존 코드를 지우고 "지역"열을 인덱스로 변경하는 코드이다.

```
df.index = df["지역"]
del df["지역"]
df.head()
```

```
>>     년도   인구
지역
대전  2015  1542
대전  2016  1535
대전  2017  1531
부산  2015  5634
부산  2016  5768
```

이 코드의 경우에는 기존 데이터들과는 달리 인덱스가 0부터 시작하는 번호가 아니다. 이때는 loc함수를 다음 코드와 같이 사용하면 필요한 데이터를 추출할 수 있다. 이 코드와 같이 인덱스에 특정 "지역"값을 넣어주면 해당 지역의 값을 나타낼 수 있다.

```
df.loc[["서울"],["년도","인구"]]
```

>> 년도 인구
지역
서울 2015 9941
서울 2016 9852
서울 2017 9776

기존 인덱스처럼 어떤 특정 값 이후의 값을 출력할 때는 다음 코드와 같이 작성하면 된다. 주의할 점은 인덱스 번호가 항상 정렬되어 있는 것이 아니므로 해당 번호 이후의 값이 처음 저장된 순서대로 출력된다.

```
df.loc["부산":,["년도","인구"]]
```

>> 년도 인구
지역
부산 2015 5634
부산 2016 5768
부산 2017 5884
서울 2015 9941
서울 2016 9852
서울 2017 9776

두 번째로 사용할 수 있는 것은 iloc함수이다. iloc함수는 "index location"의 약자로 앞에서처럼 인덱스 이름이나 열 이름으로 데이터를 추출하느ㄴ형태가 아니라 인덱스 번호로만 데이터를 호출하는 방식이다. 즉 가장 윗줄에 있는 데이터가 0부터 시작하고, 열에서도 가장 앞쪽에 있는 데이터가 0부터 시작한다고 가정한 후 데이터를 추출하는 방식이다. 다음 코드와 같이 iloc함수를 사용하여 데이터를 추출할 수 있다. 여기에서 :5의 의미는 행을 기준으로 7개까지를 의미하며 :2의 의미는 열을 기준으로 2개까지를 의미한다.

```
df.iloc[:7, :2]
```

```
>>   년도 인구
지역
대전  2015  1542
대전  2016  1535
대전  2017  1531
부산  2015  5634
부산  2016  5768
부산  2017  5884
서울  2015  9941
```

2.4 loc, iloc을 사용한 데이터 추출

데이터를 호출할 수 있는 방법은 기본적인 인덱싱을 사용하는 방법과 loc과 iloc함수를 사용하여 추출하는 방법이 있다. 다음 코드와 같이 reset_index 함수를 사용하면 새로운 인덱스가 할당된 객체가 생성되어 이를 df_new 객체에 저장하여 작업할 수 있다.

```
df_new = df.reset_index()
df_new
```

```
>> 지역 년도 인구
0 대전  2015  1542
1 대전  2016  1535
2 대전  2017  1531
3 부산  2015  5634
4 부산  2016  5768
5 부산  2017  5884
6 서울  2015  9941
7 서울  2016  9852
8 서울  2017  9776
```

2.5 drop함수

drop함수를 사용하여 특정 열이나 행을 삭제할 수 있다. 가장 간단한 방식으로 다음 코드와 같이 인덱스 값을 이용해 행 값을 삭제할 수 있다. 여기서는 인덱스가 2인 값을 삭제하고 처음 5개의 데이터만 화면에 출력한다.

```
df_new.drop(2).head()
```

```
>> 지역  년도  인구
0  대전  2015  1542
1  대전  2016  1535
3  부산  2015  5634
4  부산  2016  5768
5  부산  2017  5884
```

drop함수를 사용한다고 해서 해당 값이 실제로 사라지는 것이 아니다. 단순히 drop함수를 사용하면 해당 값이 삭제된 객체를 반환해주고, 원본 객체는 영상을 받지 않는다. 이 코드에서는 df_new의 변화는 없고 변화가 생긴 값을 반환해줄 뿐이다. 실제 반환된 값을 저장하고 싶다면 다른 변수를 사용하여 반환된 값을 할당해줘야 한다.

```
df_drop=df_new.drop(2).head()
```

만약 원본 객체에 영향을 주고 싶다면 inplace 매개변수를 사용하면 된다. 이는 drop 함수 뿐 아니라 대부분의 판다스 객체가 공통적으로 가지는 특징이다.

```
df_new.drop(2, inplace=True)
df_new
```

```
>> 지역  년도  인구
0  대전  2015  1542
1  대전  2016  1535
3  부산  2015  5634
4  부산  2016  5768
```

5 부산 2017 5884
6 서울 2015 9941
7 서울 2016 9852
8 서울 2017 9776

추가적으로 열 이름을 기반으로 drop함수를 적용할 수 있다. 다음 코드와 같이 열이름을 적용하고 axis를 1로 설정하면 축이 열을 기준으로 삭제시키도록 지원해준다.

```
df_new.drop("지역", axis=1)
```

>> 년도 인구
0 2015 1542
1 2016 1535
3 2015 5634
4 2016 5768
5 2017 5884
6 2015 9941
7 2016 9852
8 2017 9776

3.1 그룹별 집계의 개념

그룹별 집계(groupby)는 데이터로부터 동일한 객체를 가진 데이터만 따로 뽑아 기술통계 데이터를 추출하는 기능이다. 엑셀의 피봇 테이블과 유사한 기능이라고 이해하면 쉽다. 예를 들어 학생들의 학점 데이터를 가지고 있을 때, 해당 데이터에서 같은 성별을 가진 학생들의 평균 평점을 구하거나, B학점 이상을 받은 학생의 수를 구한다거나 할 때 사용하는 명령어가 groupby이다. 이러한 groupby 명령어는 ① 전체 데이터를 그룹별로 분할(split)하고, ② mean(), sum(), count()와 같은 Aggregate function을 사용하여 연산(apply)하고, 연산 결과를 ③ 다시 합치는(combine) 과정을 거친다.

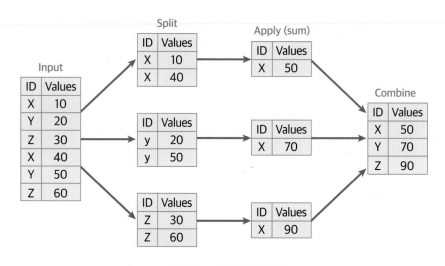

그림 12-1   그룹별 집계 과정

출처: www.w3resource.com

- Split 단계 : 위의 그림에서 Split 단계에서 .groupby()에서 정의한 컬럼 조건에 따라 독립된 그룹으로 나눈다. 예시에서는 ID 값을 기준으로 그룹을 나누었는데, 3개의 sub-group으로 분할된 모습이다.

- Apply 단계 : 나뉘어진 독립된 그룹별 함수를 적용하는 단계이다. 예시에서는 합계 (sum)함수를 적용하여 각 그룹별 총계가 합산된 결과를 확인할 수 있다.

- Combine 단계 : 최종 단계이며, 각각의 독립된 그룹별로 함수가 적용된 결과를 종합하여 다시 하나의 테이블로 합친다.

3.2 그룹별 집계 사용하기

그룹별 집계를 사용하기 위해 다음 코드와 같은 데이터를 준비한다. 해당 데이터는 seaborn에서 제공하는 레스토랑에 방문한 손님이 팁을 얼마나 주는지, 성별, 흡연 여부, 요일, 식사 시간, 식사 인원 등에 대한 정보를 가지고 있는 데이터 셋이다. 총 244개의 행과 7개의 열로 이루어져 있다.

```python
import pandas as pd
import seaborn as sns
df = sns.load_dataset('tips')
df
```

>>	total_bill	tip	sex	smoker	day	time	size
0	16.99	1.01	Female	No	Sun	Dinner	2
1	10.34	1.66	Male	No	Sun	Dinner	3
2	21.01	3.50	Male	No	Sun	Dinner	3
3	23.68	3.31	Male	No	Sun	Dinner	2
4	24.59	3.61	Female	No	Sun	Dinner	4
..	...	...	...	...	...	...	...
239	29.03	5.92	Male	No	Sat	Dinner	3
240	27.18	2.00	Female	Yes	Sat	Dinner	2
241	22.67	2.00	Male	Yes	Sat	Dinner	2
242	17.82	1.75	Male	No	Sat	Dinner	2
243	18.78	3.00	Female	No	Thur	Dinner	2

[244 rows x 7 columns]

데이터 프레임에 .groupby(컬럼) + 통계함수로 그룹별 통계량을 확인할 수 있다. 통계 결과는 통계계산이 가능한 수치형(numerical) 컬럼에 대해서만 산출한다. 다음과 같이 간단하게 그룹별 집계를 사용할 수 있다.

```
df.groupby("sex")["tip"].mean()
```

```
>>sex
Male      3.089618
Female    2.833448
Name: tip, dtype: float64
```

각 매개변수의 의미를 살펴보자. 먼저 "sex"라는 키 값으로 데이터를 묶고 다음으로 "tip"열을 추출한 다음 mean()함수를 적용한 결과를 결합하여 나타낸 것이다. 여기에서 중요한 점은 '어떤 열을 기준으로 데이터를 묶을 것인가?', '어떤 함수를 적용할 것인가?', '어떤 열에 적용할 것인가?' 이 3가지를 사전에 결정하여 함수에 적용해야 한다. 연산된 결과로 성별에 따른 tip의 평균을 나타낸다.

3.2.1 멀티 인덱스 그룹별 집계

한 개 이상의 열을 기준으로 그룹별 집계를 실행할 수도 있다. 한 개 이상의 열을 넣어야 할 때는 리스트를 사용하여 여러 개의 열 이름을 넣을 수 있다. 이 경우는 한 개 이상의 열이 키 값으로 표현 되는 계층적 인덱스 형태로 결과를 출력할 수 있다.

```
df.groupby(["sex","day"])["tip"].mean()
```

```
>>sex     day
Male    Thur    2.980333
        Fri     2.693000
        Sat     3.083898
        Sun     3.220345
Female  Thur    2.575625
        Fri     2.781111
        Sat     2.801786
        Sun     3.367222
Name: tip, dtype: float64
```

3.2.2 멀티 인덱스

그룹별 집계를 사용하다보면 한 개 이상의 인덱스를 갖는 시리즈 객체가 출력된다. 한 개 이상의 열을 사용하여 그룹별 집계를 수행하게되면 해당 열들이 모두 인덱스로 변환되기 때문인데 이것을 멀티 인덱스라고 한다. 이러한 멀티인덱스는 인덱스 요소를 이용해서 확인할 수 있다.

```python
multi_index=df.groupby(["day","sex"])["tip"].mean()
multi_index.index
```

```
>> MultiIndex([('Thur',   'Male'),
       ('Thur', 'Female'),
       ( 'Fri',   'Male'),
       ( 'Fri', 'Female'),
       ( 'Sat',   'Male'),
       ( 'Sat', 'Female'),
       ( 'Sun',   'Male'),
       ( 'Sun', 'Female')],
     names=['day', 'sex'])
```

이러한 멀티 인덱스 기능 중 유용하게 사용할 수 있는 것은 인덱스의 추출이다.

```python
multi_index["Thur":"Sat"]
```

```
>> day   sex
Thur Male     2.980333
   Female   2.575625
Fri  Male     2.693000
   Female   2.781111
Sat  Male     3.083898
   Female   2.801786
Name: tip, dtype: float64
```

unstack함수를 사용하여 기존 인덱스를 기준으로 묶인 데이터에서 두 번째 인덱스를 열로 변환시켜 엑셀의 피봇테이블과 유사한 형태로 보여준다.

```
multi_index.unstack()
```

```
>> sex   Male    Female
day
Thur  2.980333  2.575625
Fri   2.693000  2.781111
Sat   3.083898  2.801786
Sun   3.220345  3.367222
```

3.3 그룹화된 상태

분할(split) → 적용(apply) → 결합(combine)으로 이어지는 groupby함수 사용절차에서 분할만 적용한 상태로 데이터를 다루는 것을 그룹화된(grouped) 상태라고 한다. grouped함수의 사용은 매우 단순하다. 그룹화된 상태에서 get_group함수를 사용하면 해당 키 값을 기준으로 분할된 데이터프레임 객체를 확인할 수 있다.

```
grouped=df.groupby("day")
grouped.get_group("Thur")
```

```
>>    total_bill tip   sex  smoker day  time   size
77      27.20  4.00   Male   No  Thur  Lunch    4
78      22.76  3.00   Male   No  Thur  Lunch    2
79      17.29  2.71   Male   No  Thur  Lunch    2
80      19.44  3.00   Male  Yes  Thur  Lunch    2
81      16.66  3.40   Male   No  Thur  Lunch    2
..       ...   ...    ...   ...  ...   ...
202     13.00  2.00  Female Yes  Thur  Lunch    2
203     16.40  2.50  Female Yes  Thur  Lunch    2
204     20.53  4.00   Male  Yes  Thur  Lunch    4
205     16.47  3.23  Female Yes  Thur  Lunch    3
243     18.78  3.00  Female  No  Thur  Dinner   2
[62 rows x 7 columns]
```

그룹화된 상태의 데이터프레임에 다음과 같은 기능을 적용할 수 있다.

- 집계(aggregation) : 요약된 통계 정보를 추출
- 변환(transfomation) : 해당정보를 변환
- 필터(filter) : 특정 정보를 제거하여 보여줌

3.3.1 집계

집계를 적용하기 위해서는 agg함수를 사용한다.

tips데이터 셋에서 성별에 따른 통계 정보를 추출하기 위해 total_bill과 tip, 성별데이터만 추출해서 new_df라는 새로운 데이터 프레임을 만든다.

```
new_df=df[["sex","total_bill","tip"]]
```

```
>>    sex   total_bill  tip
0   Female      16.99  1.01
1    Male       10.34  1.66
2    Male       21.01  3.50
3    Male       23.68  3.31
4   Female      24.59  3.61
..   ...        ...    ...
239  Male       29.03  5.92
240 Female      27.18  2.00
241  Male       22.67  2.00
242  Male       17.82  1.75
243 Female      18.78  3.00

[244 rows x 3 columns]
```

agg는 다양한 함수를 그대로 적용시킨다는 측면에서 단순히 groupby를 사용했을 때의 결과와 크게 차이가 없다.

성별 기준으로 그룹화하여 agg함수를 적용한다.

```
grouped=new_df.groupby("sex")
grouped.agg(min)
```

```
>>      total_bill tip
sex
Male        7.25  1.0
Female      3.07  1.0
```

```
grouped.agg(np.mean)
```

```
>>      total_bill      tip
sex
Male    20.744076  3.089618
Female  18.056897  2.833448
```

3.3.2 변환

변환은 집계와 달리 키 값별로 요약된 정보가 아닌 개별 데이터의 변환을 지원한다.
그러나 적용하는 시점에서는 그룹화된 상태의 값으로 적용된다.

이때 유용하게 사용할 수 있는 기법중 하나는 그룹화된 상태에서 통계 정보가 필요
할 때 transform함수를 사용하는 것이다. 이 경우 그룹화된 상태의 평균값과 표준 편
차를 추출하여 각각 분할 된 상태의 값에 적용시킨다.

```
grouped.transform(max)
```

```
>>      total_bill  tip
0         44.30  6.5
1         50.81  10.0
2         50.81  10.0
3         50.81  10.0
4         44.30  6.5
..         ...  ...
239       50.81  10.0
240       44.30  6.5
```

```
241    50.81  10.0
242    50.81  10.0
243    44.30   6.5
```

[244 rows x 2 columns]

3.3.3 필터

필터는 특정 조건으로 데이터를 검색할 때 사용하는 함수이다. 주로 filter함수를 사용하는데 여기서 x가 의미하는 것은 분할된 상태에서 각각의 그룹화된 데이터프레임을 의미한다. 다음 코드는 total_bill로 그룹화된 데이터프레임에서 tip열을 추출해서 최소값이 3\$이상인 데이터만 추출한 것이다.

```
df.groupby("total_bill").filter(lambda x: x["tip"].min()>3)
```

```
>>   total_bill tip    sex smoker day   time   size
3     23.68  3.31   Male    No  Sun  Dinner   2
4     24.59  3.61  Female   No  Sun  Dinner   4
5     25.29  4.71   Male    No  Sun  Dinner   4
7     26.88  3.12   Male    No  Sun  Dinner   4
9     14.78  3.23   Male    No  Sun  Dinner   2
..     ...   ...    ...    ...  ...   ...    ...
214   28.17  6.50  Female   Yes  Sat  Dinner   3
219   30.14  3.09  Female   Yes  Sat  Dinner   4
232   11.61  3.39   Male    No  Sat  Dinner   2
238   35.83  4.67  Female   No  Sat  Dinner   3
239   29.03  5.92   Male    No  Sat  Dinner   3
```

[92 rows x 7 columns]

SECTION 04   병합과 연결

일반적으로 데이터를 다루다 보면 하나의 엑셀 파일처럼 단일 데이터를 다루는 경우는 거의 없고, 많은 데이터를 다루면서 필요한 경우 데이터를 합치는 작업도 많이 한다. 이러한 여러개의 데이터 파일을 하나로 묶어 사용하려면 병합(merge)이나 연결(concatenate)의 개념을 사용하여 데이터를 다뤄야 한다.

4.1 연결(concatenate)

두 테이블을 그대로 붙이는 방법으로 대개 'concat'이라고 표현한다. 세로로 데이터를 연결하는 경우와 가로로 데이터를 연결하는 경우가 있는데 일반적으로 우리가 많이 사용하는 경우는 데이터를 세로로 붙이는 경우이다.

연결함수는 크게 concat과 append가 있다. concat함수는 두 개의 서로 다른 테이블을 하나의 테이블로 합치는 것이고, append함수는 기존의 테이블에 다른 테이블을 붙이는 방식이다. concat함수를 사용하면 기준 열을 사용하지 않고 단순히 데이터를 위/아래 또는 좌/우로 연결할 수 있다. 단순히 두 시리즈나 데이터프레임을 연결하기 때문에 인덱스 값이 중복될 수 있다.

실습을 위해 두 데이터프레임 객체를 준비하자.

```
df1 = pd.DataFrame({"ID": [1, 2, 3, 4, 5],
        "name": ["박정수", "최유정", "이율희", "김연지", "고지훈"],
        "age": [30, 25, 36, 40, 28]})
```

```
df2 = pd.DataFrame({"ID": [1, 2, 2, 3],
        "prod_nm": ["사과", "바나나", "딸기", "수박"],
        "price": [1000, 2000, 1500, 3000]})
```

두 개의 데이터프레임을 디폴트 형태로 묶으면(axis=0) 아래 그림과 같이 행과 행이 쌓이는 형태로 데이터가 만들어지는 것이 기본 형태이다.

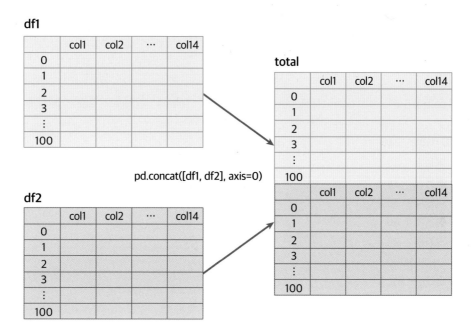

pd.concat([df1, df2], axis=0)

---

pd.concat([df1,df2])   #두 데이터 프레임을 대괄호로 묶지않으면 TypeError가 발생한다.

```
>>   ID name   age prod_nm   price
0  1 박정수 30.0    NaN    NaN
1  2 최유정 25.0    NaN    NaN
2  3 이율희 36.0    NaN    NaN
3  4 김연지 40.0    NaN    NaN
4  5 고지훈 28.0    NaN    NaN
0  1 NaN  NaN     사과  1000.0
1  2 NaN  NaN     바나나 2000.0
2  2 NaN  NaN     딸기 1500.0
3  3 NaN  NaN     수박 3000.0
```

pd.concat의 디폴트는 'outer join'(합집합)이다. 그래서 위의 결과에서 확인할 수 있는 것처럼 인덱스 값이나 컬럼 값이 꼭 겹치지 않아도 모든 데이터를 붙여서 반환한다.

두 변수명이 같은 "ID"는 그대로 이어져있는 반면, "ID" 변수를 제외한 나머지 변수는 두 데이터프레임의 공통변수가 아니라 어긋나있는 것을 알 수 있다. 이러한 문제를 해결하기 위하여 아래로 데이터프레임을 이어붙이는 경우 해당 작업을 시행하기 전에 변수명을 통일하는 작업을 .rename() 메서드를 사용해서 실시하고 concat() 함수를 사용하도록 한다.

```
pd.concat([df1, df2.rename(columns = {"prod_nm": "name", "price": "age"})])
```

```
>>   ID name   age
0  1 박정수   30
1  2 최유정   25
2  3 이율희   36
3  4 김연지   40
4  5 고지훈   28
0  1  사과  1000
1  2 바나나 2000
2  2  딸기  1500
3  3  수박  3000
```

축을 axis=1로 바꾼다면 아래 그림과 같이 열 옆에 열이 붙여지는 형태로 데이터가 만들어진다.

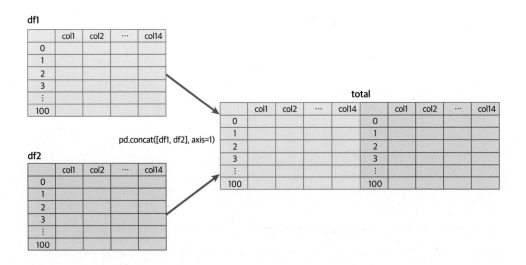

```
pd.concat([df1, df2.rename(columns = {"prod_nm": "name", "price": "age"})])
```

```
>>    ID name  age   ID prod_nm  price
0   1 박정수  30  1.0    사과   1000.0
1   2 최유정  25  2.0    바나나  2000.0
2   3 이율희  36  2.0    딸기   1500.0
3   4 김연지  40  3.0    수박   3000.0
4   5 고지훈  28  NaN   NaN   NaN
```

ignore_index=True를 사용하면 인덱스 번호가 전부 초기화되어, 0부터 순서대로 값이 매겨진다. axis=1이면 column−bind형태로 붙여지므로 이 때의 인덱스 컬럼(열)이다. 그러므로 열 이름이 0부터 순서대로 값이 매겨진다.

```
pd.concat([df1,df2], axis=1, ignore_index=True)
```

```
>>    0  1   2   3   4     5
0   1 박정수  30  1.0  사과   1000.0
1   2 최유정  25  2.0  바나나  2000.0
2   3 이율희  36  2.0  딸기   1500.0
3   4 김연지  40  3.0  수박   3000.0
4   5 고지훈  28  NaN  NaN   NaN
```

4.2 병합(merge)

병합(merge)은 기본적으로 "두 개의 데이터를 특정한 기준을 가지고 하나로 통합하는 작업"이다. 두 데이터 프레임의 공통 열 혹은 인덱스를 기준으로 두 개의 테이블을 합친다.

병합의 또 다른 이름은 조인(join)이다.

조인(Join)연산은 기본적으로 두 개의 테이블에서 관련된 열(컬럼, 변수)을 기준으로 데이터를 결합하는 작업을 의미한다. 이를 통해 각 테이블을 연결하여 단일 결과 집합(테이블)을 생성할 수 있다. 여러 데이터프레임 객체를 특정 열을 기준으로 엮고자

하는 경우 조인 연산을 사용할 수 있다. 그리고 조인 연산은 그 종류가 많다. 그 중
에서 데이터분석에 가장 많이 사용되는 조인 연산 두 개를 꼽자면 Inner Join와 Left
Join이 되겠다.

조인 연산을 위해서는 먼저 두 데이터프레임을 엮기 위한 기준 변수가 필요한데 이를
key변수라고 한다. 예시 그림은 다음과 같다.

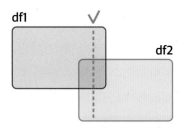

그림 12-2   조인연산의 key

즉, 학번이나 사번 같이 각 행을 고유하게 구분할 수 있는 변수가 주로 key변수가 되
며 엮어내고자 하는 두 데이터프레임에 공통 key변수가 존재해야 조인 연산을 실시
할 수 있다. Inner Join은 두 key변수를 기준으로 모든 열과 공통 행을 남기며 예시
는 다음과 같다.

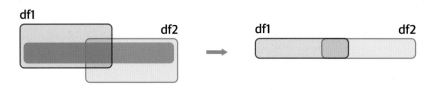

그림 12-3   Inner join예시

Left Join은 두 key변수를 기준으로 모든 열을 유지한채 오른쪽 데이터프레임의 공통
행을 남기며 예시는 다음과 같다. 그리고 왼쪽 데이터프레임은 온전히 유지된다.

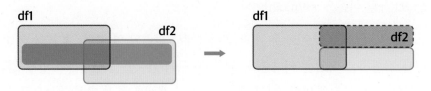

그림 12-4   Left join예시

Left Join의 경우 key변수가 왼쪽 데이터프레임에 매칭이 되지 않는 행이 있는 경우 해당 행에 해당하는 오른쪽 데이터프레임 객체의 변수 영역에는 결측치가 채워지게 된다. 그 것이 상기 그림의 회색 영역이다.

두 객체의 변수를 기준으로 합치는 .merge() 메서드의 사용 예시는 다음과 같다. .merge()는 기본적으로 Inner Join 으로 동작한다. 그리고 "df1" 객체와 "df2" 객체의 공통key가 되는 변수는 "ID"로 그 값이 같기 때문에 "on" 인자에 "ID"를 할당하는 것이 간결하고 좋다.

```
df1.merge(df2, on = "ID")
```

```
>> ID name age prod_nm price
0  1 박정수  30    사과   1000
1  2 최유정  25   바나나  2000
2  2 최유정  25    딸기   1500
3  3 이율희  36    수박   3000
```

ID가 2인 "최유정"의 경우 "바나나"와 "딸기"를 구매한 이력이 있기 때문에 2개의 행이 반환된 것을 알 수 있다. 이렇게 1:1 매칭이 아니라 1:n 매칭이 되는 경우 관련 행이 복제가 되는 것을 참고하도록 하자.

기본값이 Inner Join이지만 직접 명시하고자 한다면 "how" 인자에 "inner"를 할당하면 된다.

```
df1.merge(df2, on = "ID", how = "inner")
```

```
>>  ID name age prod_nm price
0  1 박정수  30    사과   1000
1  2 최유정  25   바나나  2000
2  2 최유정  25    딸기   1500
3  3 이율희  36    수박   3000
```

Left Join을 하기 위해서는 "how"에 "left"를 할당해야하며 다음과 같다.

```
df1.merge(df2, on = "ID", how = "left")
```

```
>>   ID name  age prod_nm  price
0   1 박정수   30     사과  1000.0
1   2 최유정   25    바나나  2000.0
2   2 최유정   25     딸기  1500.0
3   3 이율희   36     수박  3000.0
4   4 김연지   40    NaN    NaN
5   5 고지훈   28    NaN    NaN
```

Left Join의 경우 key변수의 값이 매칭되지 않는 경우 해당 행에 결측치가 생성되며 이를 기반으로 어떤 데이터가 비어있는지 쉽게 알 수 있다.

앞에서 "on" 인자를 사용했지만, 데이터프레임 객체의 key변수를 명시하거나 병합하고자 하는 각 객체의 key변수명이 서로 다른경우 "left_on"과 "right_on" 인자를 사용할 수 있다. 이 때 "left_on" 인자는 "df1" 데이터프레임 객체의 key변수명을 할당하고, "right_on" 인자는 "df2" 데이터프레임 객체의 key변수명을 할당하면 된다.

```
df1.merge(df2, left_on = "ID", right_on = "ID")
```

```
>>   ID name  age prod_nm  price
0   1 박정수   30     사과  1000
1   2 최유정   25    바나나  2000
2   2 최유정   25     딸기  1500
3   3 이율희   36     수박  3000
```

1. 판다스의 특징으로 알맞은 것을 고르시오.

① 판다스는 열 벡터(column vector)를 표현하는 객체(object)이다.
② 데이터프레임(DataFrame)은 리스트를 모아서 만든 데이터 테이블이다.
③ 엑셀을 기반으로 개발된 파이썬 라이브러리이다.
④ Excel, Json, Pickle, csv 등의 데이터 타입을 호출할 수 있다.

2. 다음 코드를 실행할 경우 예상되는 결과값은 무엇인가?

```
import pandas as pd

raw_data = {'first_name': ['Jason', 'Molly', 'Tina', 'Jake', 'Amy'],
        'last_name': ['Miller', 'Jacobson', 'Ali', 'Milner', 'Cooze'],
        'age': [42, 52, 36, 24, 73]}

df = pd.DataFrame(raw_data, index=['a', 'b', 'c', 'd', 'e'])
df["a"]
```

① first_name Jason
   last_name Miller
   age 42
   Name: a, dtype: object

② KeyError

③ 'Jason'

④ 42

3. 판다스에서는 엑셀의 피봇 테이블과 같이 데이터의 통계치를 산출하는 함수들이 있다.
다음 중 이러한 역할을 하지 못하는 함수는 무엇인가?

① crosstab
② pivot_table
③ groupby
④ summary

4. 다음 코드를 실행할 경우 예상되는 결과값은 무엇인가?

```
import pandas as pd

nested_dict = {'Korea': {2019: 4.6, 2020: 5.7, 2021: 4.8},
               'Japn': {2020: 1.5, 2020: 1.5, 2021: 1.6}}

df = pd.DataFrame(nested_dict).T
df
```

①
	2019	2020	2021
Korea	4.6	5.7	4.8
Japn	NaN	1.5	1.6

②
	index	2019	2020	2021
0	Korea	4.6	5.7	4.8
1	Japn	NaN	1.5	1.6

③
	Korea	Japn
2019	4.6	NaN
2020	5.7	1.5
2021	4.8	1.6

④
	0	1
index	Korea	Japn
2019	4.6	NaN
2020	5.7	1.5
2021	4.8	1.6

5. 다음 코드를 실행할 경우 예상되는 결과값은 무엇인가?

```
import pandas as pd
data = [['Choi', 29], ['Kim', 32], ['Jung', 27], ['Lee', 25]]
df = pd.DataFrame(data, columns = ['Name', 'Age'], index=[1, 2, 3, 4])

df.iloc[2]['Age']
```

① Name Jung
   Age 27
   Name: 3, dtype: object

② Name Kim
   Age 32
   Name: 2, dtype: object

③ 32

④ 27

6. 두 개의 데이터프레임을 병합하기 위해 merge 함수를 사용할 수 있다. 다음 중 merge 함수의 매개변수 중 설명이 맞는 것을 고르시오.

① how : 병합할 유형을 지정한다. full, left, right, inner가 있다.
② on : 어떤 키를 기준으로 병합할 것인지 지정한다.
③ right_index : right index에 어떤 열을 병합할지를 지정한다. 이름을 'str'로 지정한다.
④ left : left index를 포함할지에 대한 여부를 True 또는 False로 반환한다.

7. 다음 코드를 실행할 경우 예상되는 결과값은 무엇인가?

```python
import pandas as pd
ipl_data = {'Team': ['Riders', 'Riders', 'Devils', 'Devils', 'Kings',
        'kings', 'Kings', 'Kings', 'Riders', 'Royals', 'Royals', 'Riders'],
        'Rank': [1, 2, 2, 3, 3,4 ,1 ,1,2 , 4,1,2],
        'Year': [2014,2015,2014,2015,2014,2015,2016,2017,2016,2014,201
5,
            2017],
        'Points':[876,789,863,673,741,812,756,788,694,701,804,690]}

df = pd.DataFrame(ipl_data)
df.groupby("Team")["Points"].mean()
```

①

	Team	Points
0	Devils	768.000000
1	Kings	761.666667
2	Riders	762.250000
3	Royals	752.500000
4	kings	812.000000

②

	Points
0	768.000000
1	761.666667
2	762.250000
3	752.500000
4	812.000000

③

	Team	Points
0	Riders	876
1	Riders	789
2	Devils	863
3	Devils	673
4	Kings	741
5	kings	812

④

Team	
Devils	768.000000
Kings	761.666667
Riders	762.250000
Royals	752.500000
kings	812.000000
Name: Points, dtype: float64	

8. 실행 결과와 같은 데이터가 존재할 때, df에 Age 열을 제외하여 저장하고 싶다고 가정하자. 적합하지 않은 코드는 무엇인가?

```
import pandas as pd
data = [['Choi', 29], ['Kim', 32], ['Jung', 27], ['Lee', 25]]
df = pd.DataFrame(data, columns = ['Name', 'Age'], index=[1, 2, 3, 4])
df
```

	Name	Age
1	Choi	29
2	Kim	32
3	Jung	27
4	Lee	25

① df = df.drop("Age")

② del df["Age"]

③ df.drop("Age", inplace=True)

④ df = df[["Name"]]

9. 다음과 같은 데이터프레임 df가 존재할 때, 과목별로 Null 값의 개수를 구하려고 한다. 빈칸에 들어갈 값을 고르시오.

```
import pandas as pd
import numpy as np

df = pd.DataFrame(data=[['Seol', 'A', 'B' ,None],
                ['Kim', "B+" , None, None],
                ['Choi', 'B+', None , 'A'],
                ['Jung', 'A', None , 'A+']],
        columns=['Family Name', 'Python', 'DS', 'Algorithm'])
df = df.set_index('Family Name').T
```

Family Name	Seol	Kim	Choi	Jung
Python	A	B+	B+	A
DS	B	None	None	None
Algorithm	None	None	A	A+

① df.isnull().count()

② df.isnull().sum(axis=1)

③ df.isnull().count(axis=1)

④ df.isnull().sum(axis=0)

10. 다음은 판다스의 내장 함수(built-in function)에 대한 설명이다. 함수와 기능이 잘못 짝지어진 것을 고르시오.

```
import pandas as pd
import numpy as np

df = pd.DataFrame(data=[['Seol', 'A', 'B' ,None],
              ['Kim', "B+" , None, None],
              ['Choi', 'B+', None , 'A'],
              ['Jung', 'A', None , 'A+']],
          columns=['Family Name', 'Python', 'DS', 'Algorithm'])
df = df.set_index('Family Name').T
```

① sum() : 시리즈(series) 데이터 값이 숫자형 값일 경우에는 합의 값을, 문자열 타입일 경우 연결(concatenate)을 보여준다.

② describe() : 숫자 데이터 타입의 요약 정보를 보여준다.

③ isnull() : 요소 값이 NULL인 인덱스를 반환한다.

④ mean() : 시리즈(series) 데이터 값이 숫자형 값일 경우에는 평균값을, 문자열 타입일 경우 글자 수에 대한 카운터(counter) 값을 보여준다.

11. 다음과 같은 데이터에서 숫자형 열들의 통계 데이터를 추출하고자 한다. 적절한 코드를 고르시오.

	name	MATH	ENG	KOR	sex	trial
0	Lee	90.0	20.0	0.0	female	first
1	Kim	0.0	0.0	40.0	male	second
2	Park	80.0	30.0	45.0	female	second
3	Choi	0.0	50.0	70.0	male	first
4	Jung	100.0	0.0	50.0	male	third

① pd.pivot_table(df,index=["sex"], aggfunc=np.mean)

② pd.groupby(df,index=["sex"], aggfunc=np.mean)

③ pd.cross_tab(df,index=["sex"], aggfunc=np.mean)

④ pd.summary(df,index=["sex"], aggfunc=np.mean)

12. 다음 실행 결과와 같은 데이터프레임이 존재할 때, 데이터프레임과 각 데이터프레임의 행의 평균에 대한 합의 제곱을 구하기 위한 코드로 올바른 것은?

```
import numpy as np
import pandas as pd


df = pd.DataFrame(np.arange(1,17).reshape(4,4))
df
```

	0	1	2	3
0	1	2	3	4
1	5	6	7	8
2	9	10	11	12
3	13	14	15	16

① (df + df.mean(axis=1)) ** 2

② (df + df.mean(axis=0)) ** 2

③ (df + df.rows) ** 2

④ (df.sum(df.mean(axis=0))) ** 2

13. 다음 실행 결과와 같은 결과를 출력하기 위해 빈칸의 코드로 적절한 것은?

```
df1 = pd.DataFrame(np.arange(25).reshape(5,5), columns = list("abcde"))
df2 = pd.DataFrame(np.arange(16).reshape(4,4), columns = list("abcd"))


```

	a	b	c	d	e
0	0.0	2.0	4.0	6.0	0.0
1	9.0	11.0	13.0	15.0	0.0
2	18.0	20.0	22.0	24.0	0.0
3	27.0	29.0	31.0	33.0	0.0
4	0.0	0.0	0.0	0.0	0.0

① df1.sum(df2)

② df1 + df2

③ (df1 + df2).fillna(0)

④ df1 + df2.fillna(0)

14. 다음 실행 결과와 같은 결과를 출력하기 위해 빈칸의 코드로 적절한 것은?

```
df1 = pd.DataFrame(np.arange(16).reshape(4,4))
df2 = pd.DataFrame([[1, 0, 0, 0],
          [0, 1, 0, 0],
          [0, 0, 1, 0],
          [0, 0, 0, 1]])
```


	0	1	2	3
0	0	1	2	3
1	4	5	6	7
2	8	9	10	11
3	12	13	14	15

① df1.add(df2)

② df1.sub(df2)

③ df1.dot(df2)

④ df1.mul(df2)

데이터 시각화

Python All-In-One

데이터 시각화(data visualization)는 데이터 분석 결과를 쉽게 이해할 수 있도록 시각적으로 표현하고 전도리되는 과정을 의미한다. 데이터 시각화는 데이터 분석에 있어 데이터 분석가의 직관적 이해를 이용자에게 전달할 수 있는 중요한 도구이다. 특히 테이블로 표현된 데이터를 다양한 시각화 도구를 통해 사용자에게 보여줌으로써 데이터의 접근과 분석을 용이하게 하는 장점이 있다. 파이썬의 시각화 도구는 종류가 매우 다양하다. 그 중 맷플롯립(matplotlib), 시본(seaborn), 플롯리(plotly)등이 많이 사용되고 있다.

SECTION 01 **matplotlib**

1.1 맷플롯립(matplotlib)의 구조

맷플롯립(matplotlib) 모듈은 기본적으로 캐트랩에서 사용하는 다양한 기능을 파이썬에서 그대로 사용할 수 있도록 해주는 시각화 도구이다. 주로 엑셀에서 사용하는 정형화된 차트나 그래프를 작성할 수 있게 해주는 것은 물론이고 다양한 함수도 지원하여 사용자가 맞춤형 그래프를 작성할 수 있도록 한다. 일반적으로 넘파이를 포장해서 판다스를 지원하듯이 매트랩을 포장해서 맷플롯립을 지원하므로 맷플롯립에서 매트랩의 거의 모든 그래프를 사용할 수 있다.

맷플롯립을 사용하기 위해서는 맷플롯립 모듈(라이브러리)을 설치해야 한다. 명령 프롬프트에서 pip를 이용하여 다음과 같이 입력하여 맷플롯립 모듈을 설치한다.

```
pip install matplotlib
```

matplotlib은 pyplot이라는 서브패키지를 사용한다. 기본적인 시각화는 이것으로 충분하다.

```
import matplotlib.pyplot as plt
```

1.1.1 Line plot, 선 그리기

2D 데이터(X와 Y 값)를 기준으로 선이 이어지게 시각화한다.

plt.plot()을 이용하여 기본적으로 plot(x, y) 순서로 2개의 리스트를 넣어주지만, 만약 하나의 리스트만 넣을 경우 x는 자동적으로 0부터 할당된다.

```
plt.plot([3, 1, 5, 2])
plt.show()
```

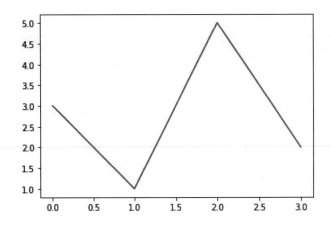

Line plot을 이용하면 'y = sin(x)'과 같은 수학 그래프도 쉽게 그릴 수 있다.

np.linspace()는 0 ~ 2*PI 사이의 값을 50등분한 값을 생성한다.

```
x = np.linspace(0, 2*np.pi, 50)
y = np.sin(x)

plt.plot(x, y)
plt.show()
```

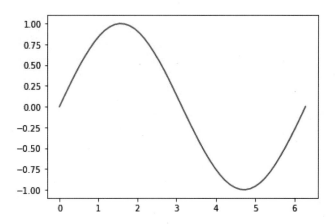

1.1.2 중복데이터 그리기

같은 차트에 2개 이상의 그래프를 그리고 싶을 때는 plot()에 데이터를 추가로 넣으면 하나의 차트에 여러개의 데이터를 보여줄 수 있다.

```
x = np.linspace(0, 2*np.pi, 50)
plt.plot(x, np.sin(x), x, np.cos(x))

plt.show()
```

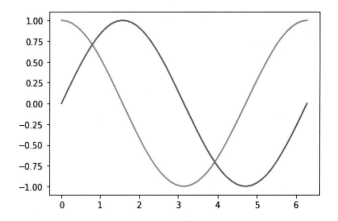

하나의 plot()에 한번에 넣지 않고, 여러번의 plot()을 해도 동일한 결과가 나타난다.

```
x = np.linspace(0, 2*np.pi, 50)

plt.plot(x, np.sin(x))
plt.plot(x, 10*np.cos(2*x))

plt.show()
```

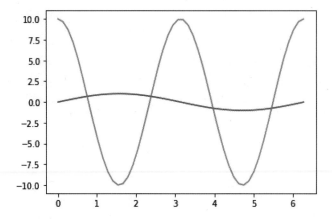

같은 plot()으로 x축은 공유하되, y축의 스케일을 다르게 하고 싶을 때는 twinx() 를 이용한다. 1번째 plot()은 차트 왼쪽에 y축 스케일이, 2번째 plot()은 우측에 y축 스케일이 보이는 것을 확인할 수 있다.

```
x = np.linspace(0, 2*np.pi, 50)

ax1 = plt.gca()
ax2 = plt.gca().twinx()

ax1.plot(x, np.sin(x))
ax2.plot(x, 10*np.cos(2*x), color='y')

plt.show()
```

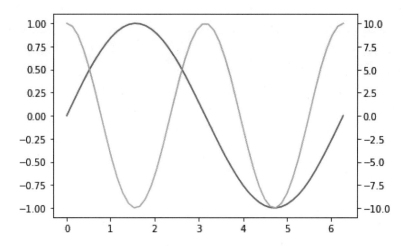

1.1.3 Subplot, 차트를 여러개로 나누기

하나의 차트에 여러 데이터를 중복해서 그리는 것이 아니라, 하나의 이미지에서 여러 부분으로 나누어 각각의 차트를 만들 수도 있다. 이것은 subplot()을 이용한다. 세가지(nrows, ncols, index)를 입력을 받으면 nrows는 행의 개수, ncols는 열의 개수, index는 보여줄 위치로 1부터 지정하고 왼쪽 위부터 오른쪽 아래로 하나씩 지정된다. 세 개의 인수 (2,2,3)을 넣고 싶다면 숫자 223을 넣어도 동작한다.

- subplot(nrows, ncols, index) : 행의 개수, 열의 개수, 차트 위치 순으로 입력
- subplot(3digit int) : 3자리 숫자로, 행/열/위치를 한번에 설정

```
x1 = np.linspace(0, 2*np.pi, 50)
y1 = np.sin(x1)

x2 = np.linspace(0.0, 2*np.pi, 50)
y2 = np.tan(x2)

# 1x2구간으로 나누고 1번째에 그리기
plt.subplot(1, 2, 1)
plt.plot(x1, y1)
```

```
# 1x2구간으로 나누고 2번째에 그리기
plt.subplot(1, 2, 2)
plt.plot(x2, y2)

plt.show()
```

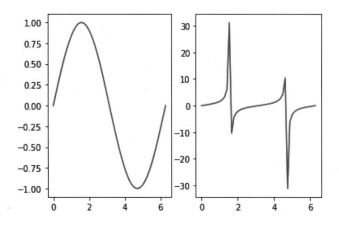

subplot()을 4가지 영역으로 나눠서 표현하는 예제이다. 입력값을 편하게 하기 위해서 (2, 2, 3) 대신 223을 넣어도 된다.

• .cumsum()은 누적합 데이터를 생성한다.

```
y1 = npr.normal(size = 50).cumsum()
y2 = npr.normal(size = 100).cumsum()
y3 = npr.normal(size = 50).cumsum()
y4 = npr.normal(size = 100).cumsum()

plt.subplot(2, 2, 1)
plt.plot(y1)

# same as plt.subplot(222)
plt.subplot(2, 2, 2)
plt.plot(y2)
```

```
# same as plt.subplot(2,2,3)
plt.subplot(223)
plt.plot(y3)

plt.subplot(224)
plt.plot(y4)

plt.tight_layout()
plt.show()
```

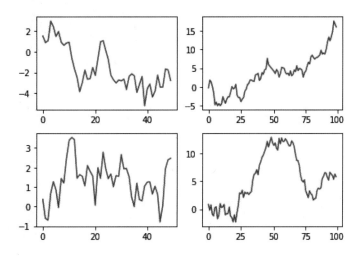

1.2 맷플롯립(matplotlib)으로 그래프 꾸미기

1.2.1 Title and Axis Label, 차트 및 축 이름 설정하기

title()을 통해 차트의 이름(Title)을 입력할 수 있고, xlabel(), ylabel()을 통해 각 축의
이름(Label)을 넣을 수도 있다.

* .title() : 차트의 제목 설정
* .xlabel() : x축의 이름 설정
* .ylabel() : y축의 이름 설정

```
x = np.linspace(0, 2, 100)

plt.plot(x, np.sin(x))
plt.title('Title : sin(x)', fontsize=15)
plt.xlabel('X : radians')
plt.ylabel('Y : amplitude')

plt.show()
```

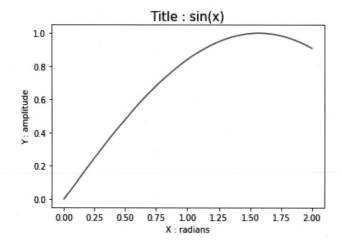

1.2.2 Legend, 차트의 범례 그리기

legend()를 이용하여 각 데이터가 무엇인지 설명해주는 Legend(범례)를 넣을 수도 있다.

- legend() : 차트에 각 데이터의 설명 추가

```
x = np.linspace(0, 2*np.pi, 50)

plt.plot(np.sin(x), label='sin')
plt.plot(np.cos(x), label='cos')
plt.legend()

plt.show()
```

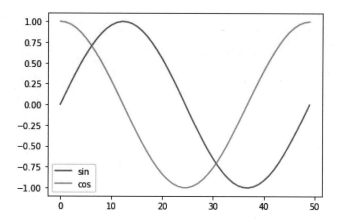

plot()안에 label 값으로 legend를 넣지 않고 legend() 안에 리스트 형식으로 순서대로 넣어도 동일한 결과를 나타난다.

```
x = np.linspace(0, 2*np.pi, 50)

plt.plot(np.sin(x))
plt.plot(np.cos(x))
plt.legend(['sin', 'cos'])

plt.show()
```

1.2.3 Grid, 그리드 설정

plt.grid()를 통해 차트의 배경을 Grid 형식으로 라인을 그려줄 수도 있다. .show() 대신 .grid()로 차트를 출력하면 된다.

- .grid() : 차트에 Grid 표시

```
x = np.linspace(0, 2, 100)

plt.plot(x, np.sin(x))
plt.title('Line Plot : sin(x)', fontsize = 15)
```

```
plt.xlabel('X : radians')
plt.ylabel('Y : amplitude', fontsize='large')

plt.grid()
```

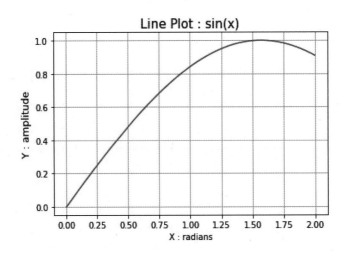

1.2.4 차트 범위 지정

기본적으로 차트에 그려질 x, y 범위에 따라 자동으로 차트의 스케일이 정해지는데, xlim(), ylim()을 이용하여 스케일을 원하는 범위로 설정할 수 있다.

- xlim() : x축 범위 설정
- ylim() : y축 범위 설정

```
y1 = npr.normal(size = 50).cumsum()

# (왼쪽) default xlim, ylim
plt.subplot(121)
plt.plot(y1)
plt.title('Y1')
```

```
# (오른쪽) xlim, ylim 사용자 설정
plt.subplot(122)
plt.plot(y1)
plt.xlim(0, 100)
plt.ylim(-10, 10)
plt.title('Y2')


plt.show()
```

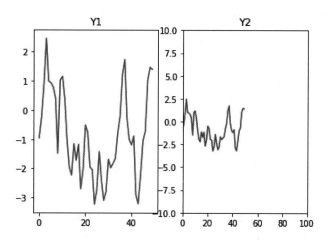

1.2.5 스타일 지정

plot()에 보기가 편하도록 여러가지 스타일을 정해줄 수도 있다. 점의 색깔(Color), 점의 모양(Markers), 선 스타일(Line style)를 문자열로 쉽게 지정할 수도 있다. 위 순서대로 각 약자로 지정하고, 이 중 생략된 것은 디폴트값이 적용된다.

- Color (색깔) : 약자 또는 컬러이름 또는 '#RGB'로 지정가능
    - ▶ b : blue
    - ▶ g : green
    - ▶ r : red
    - ▶ y : yellow
    - ▶ k : black

- Markers (점 모양): 문자 형태로 지정가능

    ▶ . : point marker

    ▶ o : circle marker

    ▶ ^ : triangle_up marker

    ▶ * : star marker

    ▶ x : x marker

    ▶ D : diamond marker

- Line style (선 스타일) : 문자 형태로 지정가능

    ▶ − : solid line

    ▶ - : dashed line

    ▶ . : dash-dot line

    ▶ : : dotted line

```python
x = np.linspace(0, 2*np.pi, 20)

# b(blue: 파란색), s(Square: 네모 점)
plt.plot(x, np.sin(x), color='blue', linestyle='', marker='s')
# g(green: 초록색), --(대시로 선 잇기), ^(세모 모양의 점)
plt.plot(x, np.cos(x), color='green', linestyle='--', marker='^')
# r(red: 빨간색), :(점선으로 잇기), o(동그라미 점)
plt.plot(x, np.sin(2*x), color='red', linestyle=':', marker='o')

plt.title('Line Plot')
plt.legend(['item1', 'item2', 'item3'])
plt.show()
```

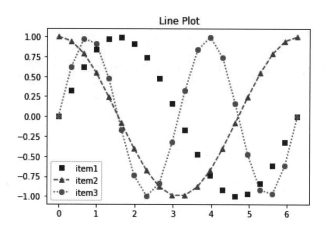

Style을 각각 지정해도 되지만 아래와 같이 하나의 문자열로 편하게 지정할 수도 있다. 위와 동일한 결과를 나타내는 코드이다.

```
x = np.linspace(0, 2*np.pi, 20)

# same as plt.plot(x, np.sin(x), color='blue', marker='s')
plt.plot(x, np.sin(x), 'bs')
# same as plt.plot(x, np.cos(x), color='green', linestyle='--', marker='^')
plt.plot(x, np.cos(x), 'g--^')
# same as plt.plot(x, np.sin(2*x), color='red', linestyle=':', marker='o')
plt.plot(x, np.sin(2*x), 'r:o')

plt.title('Line Plot')
plt.legend(['item1', 'item2', 'item3'])
plt.show()
```

1.2.6 Errorbar, 선에 에러바 표기

plt.plot() 대신 plt.errorbar()를 사용하면 Line Plot의 각 포인트에 errorbar를 넣을 수 있다.

- .errorbar(x, y, yerr, xerr) : plot(x,y) 내부 각 포인트에 yerr크기의 세로선, xerr 크기의 가로선

```
# Plot with Error bars
x = np.linspace(0, 2*np.pi, 10)
y = np.sin(x)
xerr = np.linspace(0, 1, 10) / 5
yerr = np.linspace(1, 0, 10) / 5

plt.errorbar(x, y, yerr, xerr)

plt.title('Line with errorbars')
plt.legend(['error'])
plt.show()
```

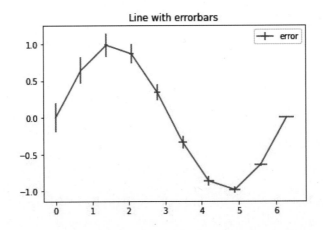

errorbar() 안에 입력 값으로 uplims, lolims 값 설정을 통해 화살표 형식으로 표기할 수도 있다.

- uplims : 아래로 향하는 화살표
- lolims : 위로 향하는 화살표

```
x = np.linspace(0, 2*np.pi, 10)
y = np.sin(x)
xerr = np.linspace(0, 1, 10) / 5
yerr = np.linspace(1, 0, 10) / 5


plt.errorbar(x, y, yerr, xerr,
        label = 'both limits (default)')

plt.errorbar(x, y + 1, yerr=yerr, uplims=True,
        label='uplims=True')

plt.errorbar(x, y + 2, yerr=yerr, uplims=[True, False] * 5, lolims=[False, True] * 5,
        label='subsets of uplims and lolims')

plt.title('Line with errorbars')
plt.legend()
plt.show()
```

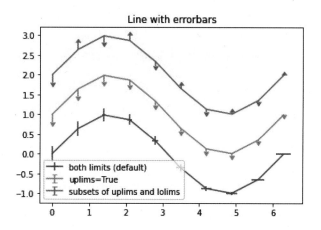

1.3 맷플롯립(matplotlib)의 여러 가지 플롯

1.3.1 히스토그램

plt.hist()를 통하여 히스토그램을 그릴 수 있습니다. 히스토그램은 연속적인 데이터를 막대그래프로 나타낸다.

np.random.uniform() 을 통해 균일한 랜덤 값을, np.random.normal()을 통해 가우시안 랜덤 분포값을 생성한다.

```
x = npr.uniform(size = 1000)

plt.hist(x)

plt.title('Histogram')
plt.legend(['items'])
plt.show()
```

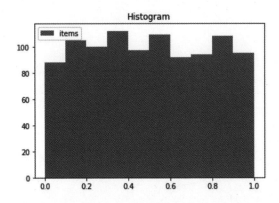

```
x = npr.normal(size = 1000)

plt.hist(x)

plt.title('Histogram')
plt.legend(['items'])
plt.show()
```

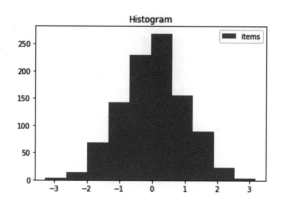

1.3.2 막대그래프(Bar Chart)

plt.bar()를 이용하여 히스토그램과 비슷한 형식의 막대 그래프를 만들 수 있다.

.hist()는 연속적인 데이터를 표현하고 .bar()는 카테고리를 나눌 수 있는 데이터를 표현한다. .barh() 를 이용하면 가로 막대 형식으로 출력할 수 있다.

- .bar() : 세로 막대 차트
- .barh() : 가로 막대 차트

```
x = ['item1', 'item2', 'item3', 'item4']
y = [32, 123, 53, 11]

plt.bar(x,y)

plt.title('Bar Chart')
plt.legend(['items'])
plt.show()
```

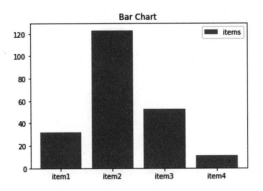

```
x = ['item1', 'item2', 'item3', 'item4']
y = [32, 123, 53, 11]


plt.barh(x,y)


plt.title('Bar Chart')
plt.legend(['items'])
plt.show()
```

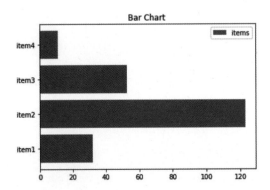

1.3.3 Pie Chart

plt.pie()를 이용하여 파이 모양의 차트를 표현할 수 있다.

autopct과 autopct가 자주 사용되는 옵션이다. autopct은 각 파이 각각에 문자열을 출력하는 것인데 예제에서 '%.2f'는 소수점 두번째만 출력하라는 의미이고 '%%'는 문자 '%'를 표현하는 것이다. explode는 보통 강조할 때 쓰이는 것으로 리스트를 입력하면 각 파이가 떨어진 정도를 나타낼 수 있다.

- autopct : 각 파이 문자열 출력 형식 설정
- explode : 각 파이를 분리하여 표현하는 정도

```
x = ['item1', 'item2', 'item3', 'item4']
y = [32, 123, 53, 11]

plt.pie(y, labels=x, autopct='%.2f%%', explode=(0, 0.1, 0, 0))

plt.title('Bar Chart')
plt.show()
```

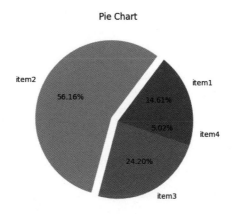

1.3.4 산점도(Scatter Chart)

plt.scatter()를 이용하여 2차원 상에서 점을 차트를 표현할 수 있다.

두 개의 실수 데이터를 상관 관계를 한눈에 볼 수 있다.

```
x = npr.normal(size=100)
y = npr.normal(size=100)

plt.scatter(x,y, c='red')

plt.title('Scatter Chart')
plt.legend(['(x,y)'])
plt.show()
```

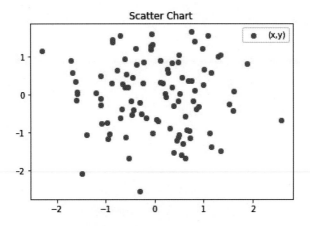

plt.scatter() 에서 점의 반지름을 설정할 수 있다. 그렇게 되면 3차원의 데이터 형식을 표현할 수 있게 된다. 이를 'Bubble Chart'라고 부르기도 한다.

```
x = npr.normal(size=100)
y = npr.normal(size=100)
z= npr.normal(size=100)*100

plt.scatter(x,y,z, c='violet')

plt.title('Bubble Chart')
plt.legend(['(x,y,z)'])
plt.show()
```

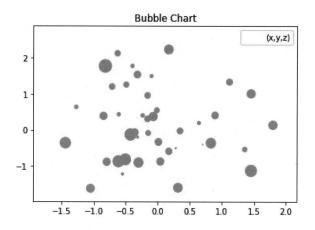

1.3.5 상자그림(boxplt)

```
x = npr.normal(size=100)
y = npr.normal(size=100)
z= npr.normal(size=100)*100

plt.scatter(x,y,z, c='violet')

plt.title('Bubble Chart')
plt.legend(['(x,y,z)'])
plt.show()
```

1.3.6 ColorMap

plt.imshow()를 이용하면 행과 열로 표현된 2D 데이터를 각 수치 정도에 따라 색으로 표현할 수 있다. 다시 말하면 이미지화 시키는 것을 말한다.

```
x = npr.normal(size = 100).reshape(10, 10) / 100
print(x)

plt.imshow(x)
plt.colorbar()
```

```
plt.title('Color Map')
plt.show()
```

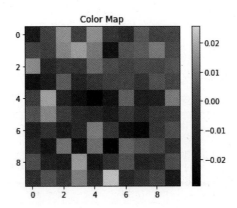

matplotlib.image의 imread()를 이용하여 실제 이미지 파일을 읽어온다. 여러분이 가지고 있는 다양한 이미지 파일을 똑같이 읽어올 수 있다. 이미지 데이터를 그대로 imshow()를 이용하여 시각화하면 이미지가 된다. cmap = 'gray'로 흑백 시각화를 하였다.

```
import matplotlib.image as mpimg
img = mpimg.imread('./dog.jpg')
x = img
print(x)

plt.imshow(x, cmap='gray')

plt.colorbar()
plt.title('Gray Colormap')
plt.show()
```

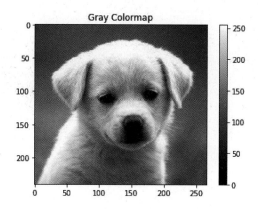

1.3.7 Axes3D

Axes3D 패키지를 이용하여 axes를 3차원 공간으로 생성할 수도 있다.

아래 예제는 plot_surface()를 이용하여 3D 형태의 표면을 생성하여 입체도형을 만들었다.

```python
import numpy as np
import matplotlib.pyplot as plt
from mpl_toolkits.mplot3d import Axes3D
X = np.arange(-5, 5, 0.25)
Y = np.arange(-5, 5, 0.25)
X, Y = np.meshgrid(X, Y)
Z = np.sin(np.sqrt(X**2 + Y**2))

fig = plt.figure()
ax = Axes3D(fig)
ax.plot_surface(X, Y, Z, cmap='hot')

ax.set_xlabel('X values')
ax.set_ylabel('Y values')
ax.set_zlabel('Z values')
plt.title("3D Surface Plot")
plt.show()
```

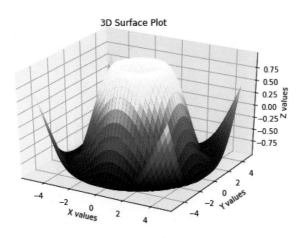

아래 예제는 2차원 공간에 scatter()를 사용한 것처럼 Axes3D 공간에 scatter()를 생성한 모습이다.

```
from mpl_toolkits.mplot3d import Axes3D
X = npr.normal(size = 100)
Y = npr.normal(size = 100)
Z = npr.normal(size = 100)

fig = plt.figure()
ax = Axes3D(fig)
ax.scatter(X, Y, Z, marker='o')

ax.set_xlabel('X values')
ax.set_ylabel('Y values')
ax.set_zlabel('Z values')
plt.title('3D Scatter chart')
plt.show()
```

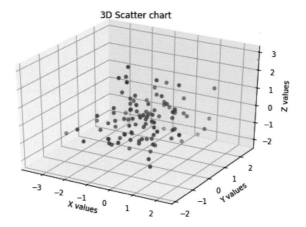

SECTION 02   seaborn

Seaborn은 Matplotlib을 기반으로 다양한 색상 테마와 통계용 차트 등의 기능을 추가한 시각화 패키지이다. 기본적인 시각화 기능은 Matplotlib 패키지에 의존하며 통계 기능은 Statsmodels 패키지에 의존한다. seaborn은 matplotlib 대비 손쉽게 그래프를 그리고 그래프 스타일 설정을 할 수 있다는 장점이 있다.

2.1 시본(seaborn)의 기본

시본은 앞서 다룬 맷플롯립을 바탕으로 다양한 함수를 사용할 수 있도록 도와주는 일종의 래퍼(wrapper)모듈이다. 따라서 결과물은 맷플롯립과 동일하게 나오지만 그래프를 만드는 과정과 코드 작성이 매우 간단하고 직관적이라는 장점이 있다.

시본은 맷플롯립의 그림 객체나 축 객체와 같은 복잡한 개념이 없이 매우 단순하게 그래프가 생성되는 것을 확인할 수 있다. 또한 xticks의 설정없이도 각 축에 라벨이 자동으로 생성된다. 데이터프레임과 x, y에 해당하는 열이름만 지정하면 비교적 정확히 그래프를 그릴 수 있다는 장점이 있다.

우선 seaborn 라이브러리를 사용하고 데이터 프레임을 다루기 위해 라이브러리를 import한다.

```
import pandas as pd
import matplotlib.pyplot as plt
import seaborn as sns

#seaborn에서 제공하는 flights 데이터 셋을 사용
flights = sns.load_dataset('flights')
```

2.2 시본(seaborn)에서 사용하는 그래프

2.2.1 막대 그래프

막대그래프를 그리는 barplot이다. flights 데이터 프레임의 x 축에는 year 컬럼의 값을, y 축에는 passengers 컬럼의 값을 도식화한다. x축에 사용한 year값은 정수형 데이터로 barplot을 그리기 적합한 형태의 데이터이다. 만약 x축으로 사용할 값이 소숫점을 포함한 실수형의 연속데이터라면 barplot이 굉장히 세밀하게 표시되어 그래프를 이해하기 어려운 형태가 될 것이다. barplot과 같이 Categorical Plot을 사용할 때에는 실수타입의 연속형 데이터가 x축에 설정되지 않도록 하는 것이 좋다.

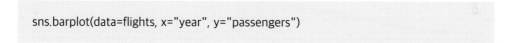

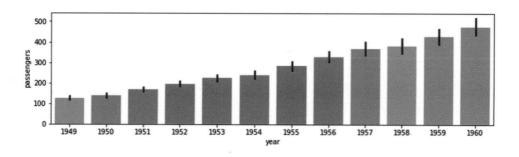

barplot의 각각의 값에 검정색 막대가 꽂혀 있는 것은 데이터의 신뢰구간을 나타낸다. barplot은 각각의 x축(연도) 값에 대해 하나의 대표값을 y축(승객 수)으로 설정해야하므로 데이터의 평균값을 사용하여 표시하게 된다. 예를 들어 1949년에 승객수가 100명인 날도 있고, 120명인 날도 있었는데 평균인 110을 기준으로 그래프를 그리게 되는 것이다. 데이터의 4분위수 기준으로 상세한 분포를 도식화하고 싶다면 violinplot이나 swarmplot을 사용하는 것이 더욱 효과적이다.

2.2.2 Lineplot

선 그래프를 도식화한 lineplot이다. 위에서 그린 barplot과 동일한 x, y축 데이터를 설정하였다.

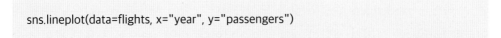

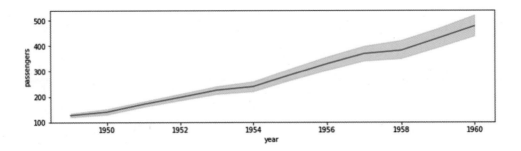

2.2.3 상자그림

상자그림은 데이터의 분포를 나타내면서 밀집 정도를 표현하는 그래프이다. 상자그림은 사분위수를 시각화하여 그래프 형태로 나타낸 것이다.먼저 데이터를 작은 데이터부터 큰 데이터까지 정렬하고, 처음 1사분위수부터 3사분위수까지의 데이터를 중앙에 박스형태로 위치시킨다.

```
sns.boxplot(data=flights, x="year", y="passengers")
```

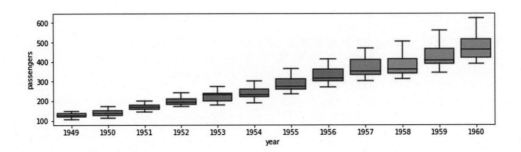

2.2.4 산점도

산점도는 x와 y를 기준으로 데이터의 분포를 표현하는 그래프이다. 함수로 scatterplot을 사용한다. x와 y 열에 들어갈 수 있는 열 이름들을 넣으면 자동으로 산점도를 작성할 수 있다.

```
tips = sns.load_dataset("tips")
sns.scatterplot(x="total_bill", y="tip", hue="time", data=tips)
```

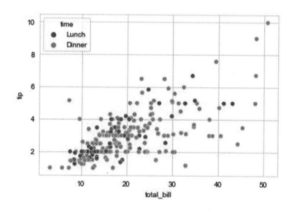

2.2.5 Distplot

displot은 하나의 데이터에 대해 분포를 확인할 때 사용한다.

```
sns.distplot(flights["passengers"])
```

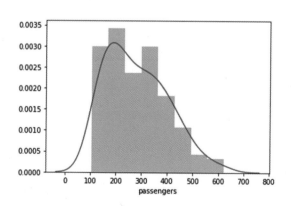

승객 데이터는 100~300 사이에 많이 분포해있다는 것을 확인할 수 있다. displot에서
는 막대(bin)를 사용한 히스토그램과 밀도를 선으로 이은 kde plot이 함께 그려진다.
파라미터 설정을 통해 막대의 개수와 kde선 표시 여부 등을 추가로 설정할 수 있다.

2.2.6 분포를 나타내는 그래프 : 바이올린 플롯과 스웜 플롯

바이올린 플롯은 데이터의 분포를 바이올린과 비슷한 형태로 보여주는 그래프로 상
자그림과 분포도를 한번에 나타낼 수 있다. x축에는 범주형 데이터, y축에는 연속형
데이터를 넣어서 사용한다.

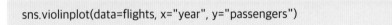

```
sns.violinplot(data=flights, x="year", y="passengers")
```

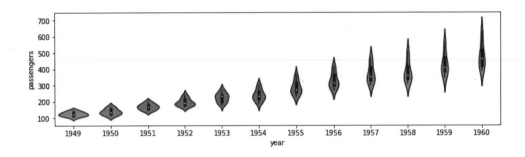

같은 형태로 스웜 플로싱 있다. 스웜플롯은 바이올린 플롯과 같은 형태이지만, 선점
도를 이용해서 데이터의 분포를 나타낸다는 차이점이 있다. 스웜 플롯은 매개변수
hue와 함께 사용하여 두 개 이상의 범주형데이터를 비교할 때 데이터의 형태를 점이
겹치지 않게 정리하여 각 데이터의 영역별로 얼마나 많은 데이터가 있는지 직관적으
로 파악할 수 있도록 도와준다.

```
sns.swarmplot(data=flights, x="year", y="passengers")
```

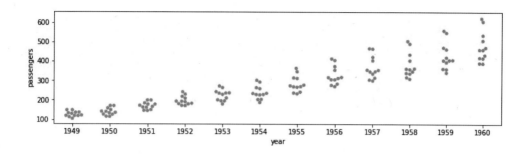

Boxplot, Violinplot, Swarmplot은 barplot과 유사하게 x축(연도)별 y축(승객 수) 값을 표시하지만, 하나의 대표값으로 표시하는 것이 아니라 데이터의 분포를 확인할 수 있도록 표시한다.

SECTION 03 plotly

3.1 플롯리(plotly)의 특징

Plotly는 자바스크립트(JavaScript) 라이브러리인 plotly.js를 기반으로 만들어져, 그래프의 특정 부분을 확대/축소하거나 저장하는 등 웹 상에서 사용자와 상호 작용할 수 있는 라이브러리이다. 기본적인 시각화부터 통계, 재무, 지리 과학 및 3-dimensional 을 포함한 40개 이상의 차트 타입을 제공하는 오픈소스이다.

3.2 플롯리(plotly) 사용하기

기본적으로 플롯리의 문법은 맷플롯립이나 시본과 유사하다. 좀 더 다양한 도구들을 사용하기 위해 몇 가지 추가적인 코드만 필요할 뿐이다.

먼저 plotly.express를 호출한다. express는 사실상 시본과 같이 그래프를 호출할 수 있는 래퍼(wrapper)모듈이다.

```
import plotly.express as px
df = px.data.iris()     # iris는 판다스 데이터프레임
fig = px.scatter(df, x="sepal_width", y="sepal_length")
fig.show()
```

위 코드는 산점도를 호출한다. 생성된 그래프에 마우스 커서를 올리면 해당 그래프 에서 데이터를 볼 수 있다. 이러한 기능이 바로 인터랙션 그래프로 플롯리는 생성되 는 모든 그래프에서 이러한 기능을 제공해준다.

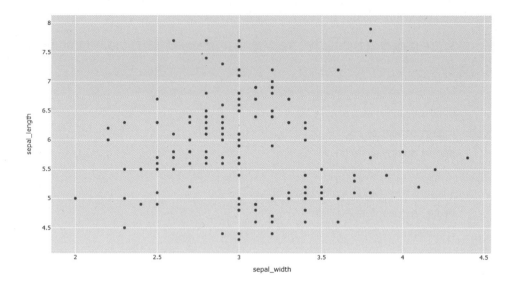

1. **다음 코드와 실행 결과로 나타난 그래프를 보고, 분석한 내용으로 가장 적합한 것은 무엇인가?**

```
import seaborn as sns
import pandas as pd
import numpy as np

sns.set(style="ticks", color_codes=True)
tips = sns.load_dataset("tips")
sns.boxplot(x="time",y="total_bill",data=tips)
```

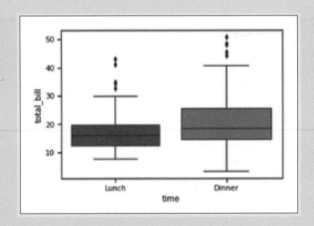

① 봉 차트(candle chart) 그래프이다.

② 점심에 지불하는 금액의 평균이 저녁에 지불하는 금액의 평균보다 크다.

③ 저녁에 지불하는 금액의 종류가 점심보다 범위가 다양할 것으로 생각할 수 있다.

④ 점심 데이터의 개수가 저녁 데이터의 개수보다 작다.

2. 다음 실행 결과와 같은 그래프를 작성하려고 할 때, 다음 빈칸에 알맞은 코드를 순서대로
나열한 것을 고르시오.

```
import seaborn as sns
import pandas as pd
import numpy as np

tips = sns.load_dataset("tips")
sns.scatterplot(x="          ", y="          ",hue="          ",data=tips)
```

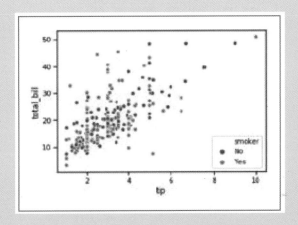

① total_bill, tip, smoker　　　　　② tip, total_bill, smoker

③ tip, smoker, smoker　　　　　④ total_bill, smoker, tip

EXERCISE

3. 다음 실행 결과의 데이터를 이용해 분포와 상관관계를 표현하는 그래프를 작성하고자 한다. 이 그래프를 작성하기 위한 적절한 추가 코드는 무엇인가?

```python
import seaborn as sns
import pandas as pd
import numpy as np

dataset = sns.load_dataset("iris")
dataset.head(10)
```

	sepal_length	sepal_width	petal_length	petal_width	species
0	5.1	3.5	1.4	0.2	setosa
1	4.9	3.0	1.4	0.2	setosa
2	4.7	3.2	1.3	0.2	setosa
3	4.6	3.1	1.5	0.2	setosa
4	5.0	3.6	1.4	0.2	setosa
5	5.4	3.9	1.7	0.4	setosa
6	4.6	3.4	1.4	0.3	setosa
7	5.0	3.4	1.5	0.2	setosa
8	4.4	2.9	1.4	0.2	setosa
9	4.9	3.1	1.5	0.1	setosa

[추가 코드를 실행한 후 출력된 그래프]

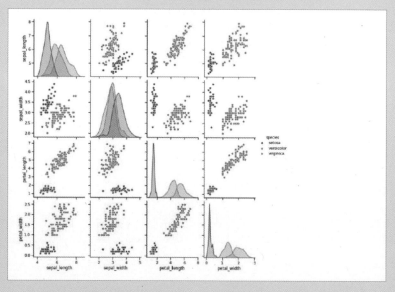

① sns.jointplot(dataset, hue="species")　　② sns.pairplot(dataset, hue="species")

③ sns.distplot(dataset, hue="species")　　④ sns.PairGrid(dataset, hue="species")

4. 연습문제 03의 데이터를 이용해 다음과 같은 그래프를 작성하고자 한다. 다음 빈칸에
   알맞은 코드를 순서대로 나열한 것을 고르시오.

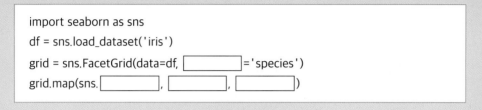

```
import seaborn as sns
df = sns.load_dataset('iris')
grid = sns.FacetGrid(data=df, [        ]='species')
grid.map(sns.[        ], [        ], [        ])
```

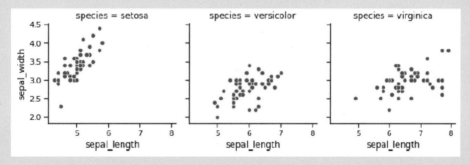

① col, pairplot, "sepal_length", "sepal_width"

② col, scatterplot, "sepal_length", "sepal_width"

③ row, scatterplot, "sepal_width", "sepal_length",

④ row, pairplot, "sepal_length", "sepal_width"

5. 맷플롯립(matplotlib)을 사용하여 다음과 같이 여러 개의 그래프를 한 화면에 작성하고
   자 한다. 다음 빈칸에 알맞은 코드를 순서대로 나열한 것을 고르시오.

```
import matplotlib.pyplot as plt
plt.figure(figsize=(8, 6))

plt.subplot(2 ,2,          )
plt.plot([1, 2, 3], 'red')
plt.subplot(2 ,2,          )
plt.plot([1, 2, 3], 'blue')
plt.subplot(2, 2,          )
plt.plot([1, 2, 3], 'green')
plt.subplot(2, 2,          )
plt.plot([1, 2, 3], 'black')

plt.show()
```

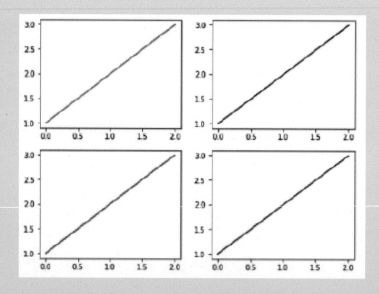

① 1, 2, 3, 4   ② 2, 3, 4, 1

③ 3, 4, 1, 2   ④ 4, 3, 2, 1

6. 다음 코드를 실행하여 실행 결과의 그래프를 출력하려고 한다. 빈칸에 알맞은 코드를 고르시오.

```
import seaborn as sns
import pandas as pd
import numpy as np

sns.set(style="ticks", color_codes=True)
tips = sns.load_dataset("tips")
pivot_df = tips.pivot_table(index="sex", columns="day",
              values="total_bill", aggfunc="sum")
```

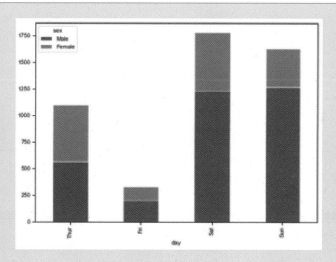

① pivot_df.plot.bar(stacked=True, figsize=(10,7))

② pivot_df.plot.bar(figsize=(10,7))

③ pivot_df.T.plot.stacked(figsize=(10,7))

④ pivot_df.T.plot.bar(stacked=True, figsize=(10,7))

7. **다음 코드를 실행하여 실행 결과로 나타나는 그래프는 무엇인가?**

```python
import seaborn as sns
import matplotlib.pyplot as plt

df = sns.load_dataset('tips')

ax1 = plt.subplot(212)
ax1.margins(0.05)
ax1.scatter(df["total_bill"], df["tip"])

ax2 = plt.subplot(221)
ax2.boxplot(df["total_bill"])

ax3 = plt.subplot(222)
ax3.bar(["Male", "Female"], df.groupby("sex")["total_bill"].mean())
plt.show()
```

①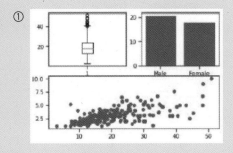

②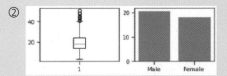

③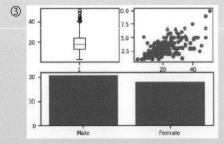

④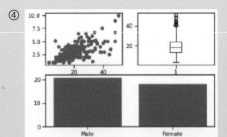

8. 다음 코드를 실행하여 실행 결과로 출력되는 그래프로 올바른 것을 고르시오.

```
import seaborn as sns
df = sns.load_dataset('iris')
grid = sns.FacetGrid(data=df, col='species')
grid.map(sns.scatterplot, "sepal_length", "sepal_width")
```

①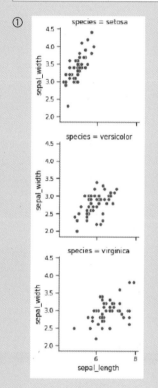

②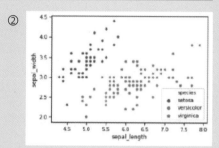

③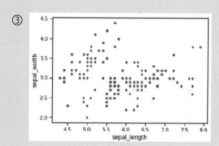

④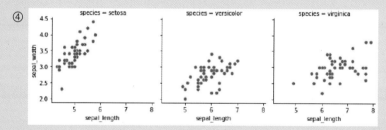

PART

IV

Python All-In-One

데이터 분석 프로젝트

복권 당첨번호 크롤링

Python All-In-One

SECTION 01   복권 당첨번호 페이지 검색

징적 크롤링이 적합할지 동적 크롤링이 적합할지 정해야 하기 때문에, 크롤링할 때 웹 사이트와 데이터를 선정한 후에는 꼭 해당 사이트를 살펴봐야 한다. 로또 당첨 번 호의 경우는 어떨까? https://dhlottery.co.kr/gameResult.do?method=byWin 페이 지에 접속해보니, 하나의 웹 페이지 안에 우리가 필요한 당첨 번호 정보가 모두 나타 나 있다.

F12 키를 눌러서 검사창을 켜서 select버튼을 클릭하여 우리가 원하는 데이터가 포함 된 HTML 태그를 찾는다.

태그는 'div'이고 class가 'nums'인 HTML 요소 〈div class="nums"〉 안에 우리가 원하는 당첨 번호가 모두 포함되어 있다.

살펴보면 〈div class = 'nums'〉안에 〈div class = 'num win'〉과 〈div class = 'num bonus'〉 태그가 포함되어 있다. 이렇게 HTML은 포함관계를 가진다.

```
▼<div class="nums"> == $0
  ▼<div class="num win">
      <strong>당첨번호</strong>
    ▼<p>
        <span class="ball_645 lrg ball1">4</span>
        <span class="ball_645 lrg ball1">8</span>
        <span class="ball_645 lrg ball2">17</span>
        <span class="ball_645 lrg ball3">30</span>
        <span class="ball_645 lrg ball4">40</span>
        <span class="ball_645 lrg ball5">43</span>
        ::after
      </p>
```

HTML 구조를 살펴보면 다음과 같다.

```
<div class="nums">
    <div>
        <strong> </strong>
        <p>
          <span> </span>
          <span> </span>
          <span> </span>
          <span> </span>
          <span> </span>
          <span> </span>
        </p>
    </div>
    <div>
        <strong> </strong>
        <p>
          <span> </span>
        </p>
    </div>
</div>
```

여기서 〈div class = 'nums'〉 라는 큰 태그 안에 'span' 태그는 7개이다.

'span' 태그를 뽑으면 당첨번호를 모두 수집가능하다.

로또 사이트의 특징을 정리해보자면

- 웹 사이트의 주소에 접속하면, 한 페이지 내에 원하는 데이터가 모두 등장한다.

- 원하는 데이터의 태그를 살펴본 결과 클릭, 입력, 페이지 이동 등의 변화가 없어도 데이터 수집이 가능하다.

이러한 특징을 봤을 때 따로 페이지 조작이 필요하지 않으므로, 속도 면에서 우월한 정적크롤링을 적용하는 것이 효율적이다.

SECTION 02   soup객체로 검색한 웹페이지 읽어오기

정적크롤링을 위한 첫 번째 라이브러리는 'requests'이다. 크롤링을 하기 위해서는 웹 사이트의 HTML의 코드를 불러와야한다. 웹 페이지의 내용을 요청하는 함수 get()을 사용하여 로또 당첨번호 페이지의 내용을 읽어온다. 그리고, get()함수로 요청한 내용이 제대로 성공했는지 print()함수를 이용하여 확인한다.

```python
import requests

url = 'https://dhlottery.co.kr/gameResult.do?method=byWin'
res = requests.get(url)
print(res)
```

>> <Response [200]>

상대응답코드가 200으로 출력되었으므로, get 함수를 통해 보낸 요청이 정상적으로 처리되었다는 것을 확인할 수 있다.

요청이 성공적으로 처리된 것을 확인했으므로, HTML코드를 출력한다.

```python
print(res.text)
```

```
<meta charset="EUC-KR">
<meta id="utitle" name="title" content="동행복권">
<meta id="desc" name="description" content="동행복권 1077회 당첨번호 4,8,17,30,40,43+34. 1등 총 7명, 1인당 당첨금액 3,570,901,018원.">
<title>로또6/45 · 회차별 당첨번호</title>
<title>동행복권</title>




<meta http-equiv="X-UA-Compatible" content="IE=edge">
<link rel="shortcut icon" href="/images/common/favicon.ico" type="image/x-icon">
<link rel="icon" href="/images/common/favicon.ico" type="image/x-icon">
<script type="text/javascript" src="/js/jquery-1.9.1.min.js"> </script>
<script type="text/javascript" src="/js/jquery-ui.js"> </script>
<script type="text/javascript" src="/js/common.js" charset="utf-8"> </script>
<script type="text/javascript">

fn_g_init_message("");

var gameUserId = "";

function goGame(){
        var userId = "";
```

페이지 내용이 길어서 파이썬 쉘모드에서는 결과를 확인하는데 시간이 걸릴 수 있다.

이번에는 당첨번호에 해당 하는 HTML코드를 가져와보자.

```
import requests

url = 'https://dhlottery.co.kr/gameResult.do?method=byWin'
res = requests.get(url)
t = '<div class="nums">'

if t in res.text:
    idx = res.text.index(t)
    print(res.text[idx:idx + 578])
```

>>

```
<div class="nums">
    <div class="num win">
      <strong>당첨번호</strong>
            <p>
            <span class="ball_645 lrg ball1">4</span>
            <span class="ball_645 lrg ball1">8</span>
            <span class="ball_645 lrg ball2">17</span>
            <span class="ball_645 lrg ball3">30</span>
            <span class="ball_645 lrg ball4">40</span>
            <span class="ball_645 lrg ball5">43</span>
            </p>
    </div>
    <div class="num bonus">
      <strong>보너스</strong>
        <p><span class="ball_645 lrg ball4">34</span></p>
                </div>
</div>
```

SECTION 03 웹페이지 분석

BeautifulSoup는 HTML 태그를 효율적으로 탐색하고, 원하는 정보를 손쉽게 추출하기 위한 라이브러리이다. 다른 라이브러리로도 충분히 추출할 수 있지만 매우 편리하다는 장점이 있다. requests는 HTML 코드를 단순 문자열 타입으로 처리해 HTML을 텍스트로 출력할 뿐이므로, requests로 HTML 코드를 불러오면 필요한 정보뿐 아니라, 불필요한 정보도 포함되어 있다.

사실 앞의 코드에서는 HTML의 태그와 선택자를 사용해 데이터를 추출한 것이 아니라 상당히 억지스럽게 탐색하여 가져온 결과이다. HTML에서 class가 nums인 div태그를 받아오도록 코드를 구성한 것이 아닌, 문자열에서 〈div class="nums"〉이 포함된 부분을 출력하도록 코드를 구성한 것이다.

BeautifulSoup 라이브러리는 문자열을 실제 HTML 코드로 변환해 주는 것이다.

3.1 BeautifulSoup 객체 생성

BeautifulSoup객체를 생성하여 HTML 데이터로 raw.text를, 데이터의 타입은 html이므로 "html.parser"를 넣어준다.

```
import requests
from bs4 import BeautifulSoup

url = 'https://dhlottery.co.kr/gameResult.do?method=byWin'
res = requests.get(url)

soup = BeautifulSoup(res.text, 'html.parser')
#soup = BeautifulSoup(res.text, "lxml")
```

res.text와 html 변수의 타입을 출력 해 보면, 실제로 res.text는 〈class 'str'〉

html.parser는 〈class 'bs4.BeautifulSoup'〉으로 두 변수의 타입이 다른걸 볼 수 있다.

soup = BeautifulSoup(res.text, 'html.parser')코드는 soup = BeautifulSoup(res.text, "lxml")을 써도 동일한 결과가 나온다. 사이즈가 큰 xml파일을 파싱할때는 lxml파서를 사용하는 것이 실행속도면에서 유리하다. xml파싱을 위한 lxml파서를 사용하기 위해서는 lxml 모듈을 설치해줘야 한다.

BeautifulSoup 객체를 생성했다면 find와 find_all 함수를 사용할 수 있다.

find 함수는 인자로 받은 태그와 선택자와 처음 일치하는 데이터를 리턴한다.

로또 번호 데이터에서 번호를 모두 포함하고 있는 태그 〈div class="nums"〉를 찾도록 find함수 첫번째 인자로 태그 'div'와 선택자 {'class' : 'nums' }를 넣어준다. 그러면 우리가 원하던 태그의 내용만 출력한다.

```
target = soup.find('div', {'class' : 'nums'})
print(target)
```

```
<div class="nums">
<div class="num win">
<strong>당첨번호</strong>
<p>
<span class="ball_645 lrg ball1">4</span>
<span class="ball_645 lrg ball1">8</span>
<span class="ball_645 lrg ball2">17</span>
<span class="ball_645 lrg ball3">30</span>
<span class="ball_645 lrg ball4">40</span>
<span class="ball_645 lrg ball5">43</span>
</p>
</div>
<div class="num bonus">
<strong>보너스</strong>
<p><span class="ball_645 lrg ball4">34</span></p>
</div>
</div>
```

앞 절에서 soup객체 없이 request만으로 출력했던 당첨번호에 해당하는 HTML코드와 동일한 결과가 출력되었다.

SECTION 04 필요한 내용만 출력하기

find 함수는 태그와 선택자가 일치하는 가장 첫 태그를 받아왔다면, find_all함수는 일치하는 모든 데이터를 리스트 형태로 리턴한다.

다음은 find 함수를 사용해 찾았던 데이터에서, class가 ball_645인 span 태그들을 모두 받아오는 코드이다.

받아온 태그에서 num 대신 num.text를 출력해 주면 로또 당첨번호가 출력된다.

다음은 전체 코드이다.

```python
luck_nums =target.find_all('span',{'class':'ball_645'})

for num in luck_nums:
    print(num)
```

```
<span class="ball_645 lrg ball1">4</span>
<span class="ball_645 lrg ball1">8</span>
<span class="ball_645 lrg ball2">17</span>
<span class="ball_645 lrg ball3">30</span>
<span class="ball_645 lrg ball4">40</span>
<span class="ball_645 lrg ball5">43</span>
<span class="ball_645 lrg ball4">34</span>
```

받아온 태그에서 num 대신 num.text를 출력해 주면 로또 당첨번호가 출력된다.

다음은 전체 코드이다.

```
import requests
from bs4 import BeautifulSoup

url = 'https://dhlottery.co.kr/gameResult.do?method=byWin'
res = requests.get(url)

soup = BeautifulSoup(res.text,'html.parser')
#soup = BeautifulSoup(res.text, "lxml")

target = soup.find('div', {'class' : 'nums'})
luck_nums =target.find_all('span',{'class':'ball_645'})

for num in luck_nums:
    print('당첨번호 :', num.text)
```

```
당첨번호 : 4
당첨번호 : 8
당첨번호 : 17
당첨번호 : 30
당첨번호 : 40
당첨번호 : 43
당첨번호 : 34
```

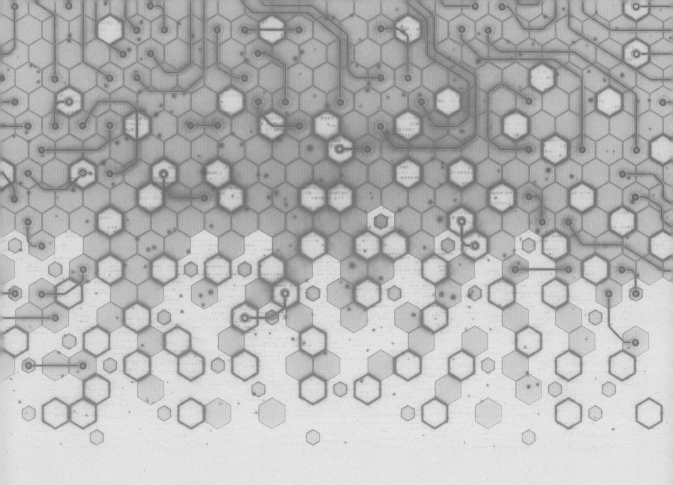

CHAPTER **15**

프랜차이즈
입점 분석

Python All-In-One

배스킨라빈스와 던킨도너츠는 근처에 입지한 것을 종종 볼 수 있다. 또, 파리바게뜨와 뚜레주르는 주변에서 많이 볼 수 있는 프랜차이즈 중 하나이다.

이런 프랜차이즈 매장이 얼마나 모여 있는지 혹은 흩어져 있는지 지도에 직접 표시를 해보면서 대용량 데이터에서 원하는 특정 데이터를 추출해 보는 실습을 해보자. 추출한 데이터를 전처리하고 가공해서 원하는 형태로 시각화를 하거나 지도에 표현한다. Python, Pandas, Numpy, Seaborn, Matplotlib, folium 을 통해 다양한 방법으로 표현하면서 파이썬의 여러 도구들에 익숙해 지는 것을 목표로 하자.

데이터는 공공데이터 포털의 소상공인시장진흥공단 상가업소정보 데이터를 활용한다. 공공데이터 포털에서는 두가지 형태로 데이터를 제공하는데 우리는 csv파일을 다운로드 받아서 사용한다. https://www.data.go.kr/dataset/15012005/fileData.do

■ 필요한 라이브러리 불러오기

```
# pandas, numpy, seaborn을 불러온다.
import pandas as pd            //데이터분석용
import numpy as np             //수치해석용
import seaborn as sns          //데이터 시각화용 라이브러리
import matplotlib.pyplot as plt  //한글폰트 설정할 때,그래프 사이즈 바꿔줄 때,
                                  시본 기반은 맷플랍립
```

SECTION 01 데이터 수집

df변수에 데이터를 불러온다.

csv파일은 쉼표로 구분되어 있으므로 토크나이저 에러가 발생한다. sep를 '|'로 설정한다. '|'로 구분되어 있으므로 sep를 '|'로 설정해야 한다.

```
df = pd.read_csv("data/상가업소정보_201912_01.csv", sep='|')
df.head()
```

shape를 통해 불러온 csv 파일의 크기를 확인한다.

```
df.shape
```

>> (573680,39)

info()를 사용하면 데이터의 전체적인 정보를 볼 수 있다. info()메서드를 통해 데이터의 사이즈, 타입, 메모리 사용량 등을 확인한다.

```
df.info()
```

>> <class 'pandas.core.frame.DataFrame'>
RangeIndex: 573680 entries, 0 to 573679
Data columns (total 39 columns):

#	Column	Non-Null	Count	Dtype
0	상가업소번호	573680	non-null	int64
1	상호명	573679	non-null	object
2	지점명	76674	non-null	object
3	상권업종대분류코드	573680	non-null	object
4	상권업종대분류명	573680	non-null	object
5	상권업종중분류코드	573680	non-null	object
6	상권업종중분류명	573680	non-null	object
7	상권업종소분류코드	573680	non-null	object
8	상권업종소분류명	573680	non-null	object
9	표준산업분류코드	539290	non-null	object
10	표준산업분류명	539290	non-null	object
11	시도코드	573680	non-null	int64
12	시도명	573680	non-null	object
13	시군구코드	573680	non-null	int64
14	시군구명	573680	non-null	object
15	행정동코드	573680	non-null	int64
16	행정동명	573680	non-null	object
17	법정동코드	573680	non-null	int64
18	법정동명	573680	non-null	object
19	지번코드	573680	non-null	int64
20	대지구분코드	573680	non-null	int64
21	대지구분명	573680	non-null	object
22	지번본번지	573680	non-null	int64
23	지번부번지	474924	non-null	float64
24	지번주소	573680	non-null	object
25	도로명코드	573680	non-null	int64
26	도로명	573680	non-null	object
27	건물본번지	573680	non-null	int64
28	건물부번지	71988	non-null	float64
29	건물관리번호	573680	non-null	object
30	건물명	265608	non-null	object
31	도로명주소	573680	non-null	object
32	구우편번호	573680	non-null	int64
33	신우편번호	573671	non-null	float64
34	동정보	50856	non-null	object
35	층정보	347127	non-null	object
36	호정보	85266	non-null	object
37	경도	573680	non-null	float64
38	위도	573680	non-null	float64

dtypes: float64(5), int64(11), object(23)
memory usage: 170.7+ MB

isnull()을 사용하면 데이터의 결측치를 볼 수 있다. 결측치는 True로 값이 있다면 False로 표시되는데 True는 1과 같기 때문에 True 값을 sum()을 사용해서 더하게 되면 합계를 볼 수 있다.

```
df.isnull().sum()
```

mean()을 사용하면 결측치의 비율을 볼 수 있다.

```
df.isnull().mean().plot.barh(figsize=(7, 9))    #figsize=(7, 9) : 그래프 사이즈 설정
```

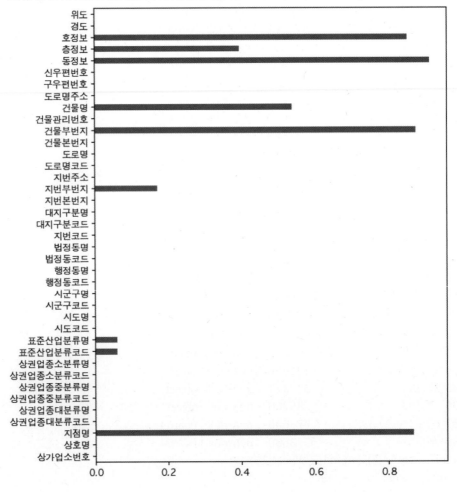

SECTION 02   데이터 전처리

2.1 사용하지 않는 컬럼 제거하기

사용하지 않은 컬럼 제거하는 방법은 drop을 하는 방법도 있지만 사용할 컬럼만 따로 모아서 보는 방법도 있다. 여기에서는 사용할 컬럼만 따로 모아서 사용한다.

```python
columns = ['상호명', '상권업종대분류명', '상권업종중분류명', '상권업종소분류명', '시도명', '시군구명', '행정동명', '법정동명', '도로명주소', '경도', '위도']

#df[columns] : 사용할 컬럼만 따로 모음
print(df.shape)
df = df[columns].copy() #사용할 컬럼만 다시 df에 담아줌
df.shape
```

```
>> (573680, 39)
   (573680, 11)
```

제거 후 메모리 사용량을 확인하기 위해 다시 info() 메서드로 확인한다.

```python
df.info()
```

```
>> <class 'pandas.core.frame.DataFrame'>
RangeIndex: 573680 entries, 0 to 573679
Data columns (total 11 columns):
 #   Column          Non-Null Count   Dtype
---  --------------  -------------   --------  ------
 0   상호명               573679     non-null   object
 1   상권업종대분류명          573680     non-null   object
 2   상권업종중분류명          573680     non-null   object
 3   상권업종소분류명          573680     non-null   object
 4   시도명               573680     non-null   object
 5   시군구명              573680     non-null   object
```

6	행정동명	573680	non-null	object
7	법정동명	573680	non-null	object
8	도로명주소	573680	non-null	object
9	경도	573680	non-null	float64
10	위도	573680	non-null	float64

dtypes: float64(2), object(9)

memory usage: 48.1+ MB

170MB가 48MB로 줄어든 것을 확인할 수 있다. 필요없는 컬럼 제거할 때 drop을 사용하지 않고, 필요한 컬럼만 모아서 같은 df에 저장하여 메모리 사용량을 줄인다.

2.2 색인으로 서브셋 가져오기

시도명이 서울로 시작하는 데이터만 보려면 df["시도명"] == "서울특별시" 로 데이터프레임에서 컬럼명을 지정하여 가져온다. true/false로 결과가 표시되는데, df_seoul 이라는 변수에 결과를 저장한다.

부산,서울 2개의 data가 있는데 df로 감싸면 df[df["시도명"] == "서울특별시"] 서울특별시만 가져온다. df변수에 담을 때 copy()함수를 사용해서 만든다. copy()를 사용하지 않고 서브셋을 만들면 나중에 데이터를 추가하거나 변경할 때, 오류가 발생할 가능성이 있다.

새로운 변수에 데이터프레임을 할당할 때 copy()를 사용하는 것을 권장한다.

deep=true 옵션 : 오리지널 데이터에 반영되지 않는다(영향을 주지 않는다)는 기본값

```
df_seoul = df[df["시도명"] == "서울특별시"].copy()
print(df_seoul.shape)   #서울특별시 데이터 개수 확인
df_seoul.head()
```

(407376, 11)

	상호명	상권업종대분류명	상권업종중분류명	상권업종소분류명	시도명	시군구명	행정동명	법정동명	도로명주소	경도	위도
0	와라와라호프	음식	유흥주점	호프/맥주	서울특별시	강남구	대치1동	대치동	서울특별시 강남구 남부순환로 2933	127.061026	37.493922
1	커피빈코리아선릉로93길점	음식	커피점/카페	커피전문점/카페/다방	서울특별시	강남구	역삼1동	역삼동	서울특별시 강남구 선릉로93길 6	127.047883	37.505675
2	프로포즈	음식	유흥주점	호프/맥주	서울특별시	금천구	독산3동	독산동	서울특별시 금천구 가산로 34-6	126.899220	37.471711
4	가락사우나내스낵	생활서비스	대중목욕탕/휴게	사우나/증기탕/온천	서울특별시	송파구	석촌동	석촌동	서울특별시 송파구 가락로 71	127.104071	37.500249
5	초밥왕	음식	일식/수산물	음식점-초밥전문	서울특별시	송파구	잠실6동	신천동	서울특별시 송파구 올림픽로 293-19	127.102490	37.515149

unique()를 사용하면 중복을 제거한 시군구명을 가져온다. 그리고 shape로 갯수를 출력한다.

```
df_seoul["시군구명"].unique()
```

>> array(['강남구', '금천구', '송파구', '광진구', '강서구', '중구', '서초구', '성북구', '구로구', '영등포구', '서대문구', '동대문구', '노원구', '동작구', '성동구', '관악구', '강동구', '양천구', '종로구', '강북구', '은평구', '중랑구', '도봉구', '마포구', '용산구'], dtype=object)

nunique 를 사용하면 중복을 제거한 시군구명의 갯수를 세어준다.

```
df_seoul["시군구명"].nunique()  #개수만 확인
```

>> 25

전처리한 파일을 저장해 두면 재사용을 할 수 있다. 재사용을 위해 파일로 저장한다.

```
df_seoul.to_csv("seoul_open_store.csv")  # "seoul_open_store.csv" 라는 이름으로 저장
```

제대로 저장이 되었는지 같은 파일을 불러와서 확인한다.

```
pd.read_csv("seoul_open_store.csv").head()
```

	상호명	상권업종대분류명	상권업종중분류명	상권업종소분류명	시도명	시군구명	행정동명	법정동명	도로명주소	경도	위도
0	와라와라호프	음식	유흥주점	호프/맥주	서울특별시	강남구	대치1동	대치동	서울특별시 강남구 남부순환로 2933	127.061026	37.493922
1	커피빈코리아선릉로93길점	음식	커피점/카페	커피전문점/카페/다방	서울특별시	강남구	역삼1동	역삼동	서울특별시 강남구 선릉로93길 6	127.047883	37.505675
2	프로포즈	음식	유흥주점	호프/맥주	서울특별시	금천구	독산3동	독산동	서울특별시 금천구 가산로 34-6	126.899220	37.471711
3	가락사우나내스넥	생활서비스	대중목욕탕/휴게	사우나/찜질방/온천	서울특별시	송파구	석촌동	석촌동	서울특별시 송파구 가락로 71	127.104071	37.500249
4	초밥왕	음식	일식/수산물	음식점-초밥전문	서울특별시	송파구	잠실6동	신천동	서울특별시 송파구 올림픽로 293-19	127.102490	37.515149

unnamed:0이라는 컬럼이 생성된 것 확인할 수 있다. csv파일로 저장할 때 인덱스 빼고 저장하는 옵션을 지정할 수 있는데, index=False 옵션을 지정하면 unnamed:0이라는 컬럼이 사라진다.

```
df_seoul.to_csv("seoul_open_store.csv", index=False)
```

SECTION 03 데이터 시각화

3.1 베스킨라빈스와 던킨도너츠 위치 분석

여기에서는 배스킨라빈스와 던킨도너츠 상호를 가져와서 실습한다. 위에서 pandas의 str.conatains를 활용해 보자. 상호명에서 브랜드명을 추출한다. 대소문자가 섞여 있을 수도 있기 때문에 대소문자를 변환해준다. 오타를 방지하기 위해 배스킨라빈스의 영문명은 baskinrobbins, 던킨도너츠는 dunkindonuts이다.

str.conatains(pattern) 특정 패턴을 넣어주면 내부에서 정규표현식을 사용하여 스트링 찾아준다.

```
# 문자열의 소문자로 변경하는 메소드를 사용한다. 파이썬에서는 대소문자 구분하므로 상호명을 소문자로 만들어줌.
# "상호명_소문자" 컬럼을 만든다.
df_seoul["상호명_소문자"] = df_seoul["상호명"].str.lower()
```

baskinrobbins 를 "상호명_소문자" 컬럼으로 가져온다.
df_seoul["상호명_소문자"].str.contains("baskinrobbins")로 실행하면
true/false로 표시가 되는 데, df_seoul로 감싸게 되면 true값을 가져와서 볼수 있ek.
아이스크림 가게가 아닌 것은 나중에 삭제하고, str.contains("배스킨라빈스|베스킨라빈스|baskin-robbins")로 상호명을 전부 가져온다. 정규식으로 ("(배|베)스킨라빈스|baskinrobbins")로 쓸수 있지만, 파이썬에서는 str.extract를 사용하도록 오류가 발생한다.
df_seoul["상호명_소문자"].str.extract("(배|베)스킨라빈스|baskinrobbins")는 NaN(해당없음)이 나온다. value_counts()를 사용하여 데이터 개수를 확인한다.

```
df_seoul["상호명_소문자"].str.extract("(배|베)스킨라빈스|baskinrobbins")[0].value_counts()
```

```
>> 배스킨라빈스      347
   베스킨라빈스      117
   baskinrobbins   2
   Name: 0, dtype: int64
```

```
df_seoul["상호명_소문자"].str.extract("(배스킨라빈스|베스킨라빈스|baskinrobbins)")[0].
value_counts().sum()
```

>> 466

배와 베 따로 가져오는 것보다 서브셋을 가져오는게 편하므로 str.contains을 사용한다.

```
df_seoul[df_seoul["상호명_소문자"].str.contains("(배|베)스킨라빈스|baskinrobbins")]
```

베스킨라빈스가 몇 개인지 확인하기 위해 다음과 같이 실행한다.

```
df_seoul[df_seoul["상호명_소문자"].str.contains("(배|베)스킨라빈스|baskinrobbins")].
shape
```

>> (466,12)

띄어쓰기 등이 다를 수 있기 때문에 앞글자 baskin 만 따서 가져오도록 한다. '상호
명_소문자'컬럼으로 '배스킨라빈스|baskin' 를 가져와 갯수를 세어본다.

loc[행] 또는 loc[행, 열]를 사용하면 행과 열로 상호명만 따로 볼수 있다.

```
df_seoul.loc[df_seoul["상호명_소문자"].str.contains("배스킨라빈스|베스킨라빈스|baskin-
robbins"), "상호명_소문자"]
```

```
>>
76                배스킨라빈스
2164              베스킨라빈스
11060      베스킨라빈스은행나무점
13953            배스킨라빈스
14201            베스킨라빈스
                ...
557464          배스킨라빈스31
557822          배스킨라빈스31
558006          배스킨라빈스31
561929          배스킨라빈스31
561930          배스킨라빈스31
Name: 상호명_소문자, Length: 466, dtype: object
```

```
df_seoul.loc[df_seoul["상호명_소문자"].str.contains("배스킨라빈스|베스킨라빈스|baskin-
robbins"), "상호명_소문자"].shape
```

>> (466,)

상호명에서 던킨도너츠만 가져오고 상호명은 소문자로 변경해 준 컬럼을 사용한다.

```
df_seoul.loc[df_seoul["상호명_소문자"].str.contains("던킨|dunkin"), "상호명_소문자"]
```

던킨|dunkin 의 "상호명_소문자"로 갯수를 알기 위해 shape을 이용한다.

```
df_seoul.loc[df_seoul["상호명_소문자"].str.contains("던킨|dunkin"), "상호명_소문자"].
shape
```

>> (191,)

'상호명_소문자'컬럼으로 '배스킨|베스킨|baskin|던킨|dunkin'를 가져와 df_31 변
수에 담는다.

```
df_31 = df_seoul[df_seoul["상호명_소문자"].str.contains(
    '배스킨라빈스|베스킨라빈스|baskinrobbins|던킨|dunkin')].copy()
df_31.shape
```

>> (657,12)

상호명을 브랜드 명으로 만들어주고 싶으면,

```
df_31.loc[df_31["상호명_소문자"].str.contains("배스킨라빈스|베스킨라빈스|baskinrob-
bins"), "브랜드명"] = "배스킨라빈스"
```

	상호명	브랜드명
76	배스킨라빈스	배스킨라빈스
1167	던킨도너츠	NaN
1819	던킨도너츠테크노마트점	NaN
2164	배스킨라빈스	배스킨라빈스
2305	던킨도너츠창동하나로	NaN

~은 not을 의미합니다. 배스킨라빈스가 아닌 데이터를 찾을 때 사용하면 좋다.

```
df_31.loc[~df_31["상호명_소문자"].str.contains("배스킨라빈스|베스킨라빈스|baskinrob-
bins"), "브랜드명"]="던킨도너츠"
```

'df_31에 담긴 상호명', '브랜드명'으로 미리보기를 한다다.

```
df_31["브랜드명"]
```

아래 코드처럼 결측치를 던킨도너츠로 채워줘도 괜찮다. df_31["브랜드명"].fillna("던킨도너츠")는 결측치를 던킨도너츠로 채운다. df_31["브랜드명"] 에 할당을 해줘야 던킨도너츠가 브랜드명에 들어간다.

```
df_31["브랜드명"] = df_31["브랜드명"].fillna("던킨도너츠")
df_31["브랜드명"]
```

```
>> 76      배스킨라빈스
   1167    던킨도너츠
   1819    던킨도너츠
   2164    배스킨라빈스
   2305    던킨도너츠
           ...
```

558894	던킨도너츠
560984	던킨도너츠
561929	배스킨라빈스
561930	배스킨라빈스
569825	던킨도너츠

Name: 브랜드명, Length: 657, dtype: object

데이터가 제대로 모아졌는지 확인한다. 전처리가 되었는지 상권업종 대분류명을 통해 확인하고, "상권업종대분류명"을 value_count()를 통해 빈도수를 계산한다.

```
df_31["상권업종대분류명"].value_counts()
```

```
>> 음식        655
   소매          1
   생활서비스      1
Name: 상권업종대분류명, dtype: int64
```

"상권업종대분류명"컬럼에서 isin 기능을 사용해서 "소매", "생활서비스" 인 데이터만 가져온다. true/false로 값을 보여주므로"df_31["상권업종대분류명"].isin(["소매", "생활서비스"])"와 같이 df_31로 묶으면 true값만 모아서 서브셋으로 보여준다.

```
df_31[df_31["상권업종대분류명"].isin(["소매", "생활서비스"])]
```

	상호명	상권업종대분류명	상권업종중분류명	상권업종소분류명	시도명	시군구명	행정동명	법정동명	도로명주소	경도	위도	상호명_소분자	브랜드명
358699	배스킨라빈스	소매	종합소매점	할인점	서울특별시	강남구	압구정동	신사동	서울특별시 강남구 압구정로 204	127.029381	37.527375	배스킨라빈스	배스킨라빈스
556592	baskinrobbins	생활서비스	광고/인쇄	인쇄종합	서울특별시	강남구	역삼1동	역삼동	서울특별시 강남구 강남대로 396	127.028289	37.498154	baskinrobbins	배스킨라빈스

"상권업종대분류명"에서 "소매", "생활서비스"는 제외한다. ~표시만 하면 소매, 생활서비스 부분은 빼고 보여준다. .copy()를 사용하여 저장하도록 한다.

```
df_31 = df_31[~df_31["상권업종대분류명"].isin(["소매", "생활서비스"])].copy()
df_31.shape
```

```
>> (655,13)
```

범주형 값으로 countplot을 그려보자. 먼저 value_counts 로 "브랜드명"의 빈도수
를 구한다.

```
brand_count = df_31["브랜드명"].value_counts()
brand_count
```

>> 배스킨라빈스   464
   던킨도너츠   191
   Name: 브랜드명, dtype: int64

normalize=True 로 빈도수의 비율을 구한다.

```
df_31["브랜드명"].value_counts(normalize=True).plot.barh()
```

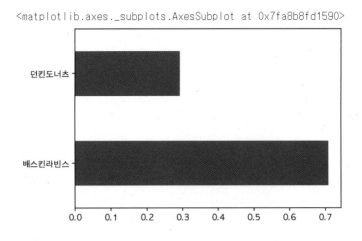

```
<matplotlib.axes._subplots.AxesSubplot at 0x7fa8b8fd1590>
```

plot()은 선그래프를 그리고, bar()는 막대그래프를 그린다. barh()는 수평 막대그래
프를 그린다.

숫자로 카운팅한 결과만 보려면 다음과 같이 작성하면 된다.

```
df_31["브랜드명"].value_counts()
```

>> 던킨도너츠 11
배스킨라빈스 10
Name: 브랜드명, dtype: int64

seaborn으로 countplot을 그리는 코드는 다음과 같다. brand_count.index는 Index(['던킨도너츠', '배스킨라빈스'], dtype='object')와 같다.

enumerate를 사용하여 i, value로 인덱스 값을 가져온다.

```
g = sns.countplot(data=df_31, x="브랜드명")  # x축에 브랜드명으로 시각화

for i, val in enumerate(brand_count.index):
    g.text(x=i, y=brand_count[i], s=brand_count[i])
```

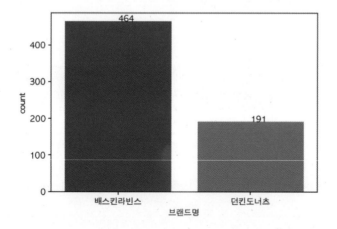

시군구명으로 빈도수를 세고 브랜드명으로 색상을 다르게 표현하는 countplot 을 그려보자.

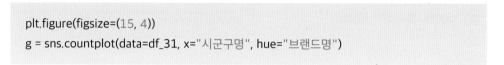

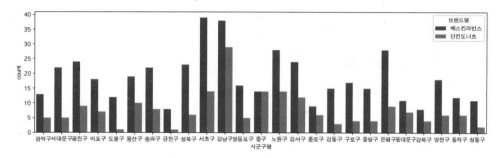

위 그래프에도 숫자를 표시하고 싶다면 그룹화된 연산이 필요하다. value_counts는 Series에만 사용이 가능하기 때문에 groupby 나 pivot_table로 구해볼 수 있다.

```
table_city_brand = df_31.pivot_table(index="시군구명", columns="브랜드명", values="상호명", aggfunc="count")
table_city_brand.head()
```

>>

브랜드명	던킨도너츠	배스킨라빈스
시군구명		
강남구	29	38
강동구	3	15
강북구	4	8
강서구	12	24
관악구	5	13

그래프에 숫자를 표시하기 위해서는 하나씩 출력을 해보자. 데이터프레임을 순회할 수있는 iterrows()을 사용한다. 아래에 출력되는 숫자를 그래프에 표시할 것이다.

```
for i, val in table_city_brand.iterrows():
    dunkin = val["던킨도너츠"]
    baskin = val["배스킨라빈스"]
    print(dunkin, baskin)
```

>> 29 38
   3 15
   4 8
   12 24
   5 13
   9 24
   4 17
   1 8
   14 28
   1 12
   7 11
   6 12
   7 18
   5 22
   14 39
   2 11
   6 23
   8 22
   6 18
   5 16
   10 19
   9 28
   6 9
   14 14
   4 15

위에서 만든 피봇테이블과 "시군구명"의 순서과 같게 표시되게 하기 위해 order 값을 table_city_brand.index으로 지정한다.

```
plt.figure(figsize=(15, 4))

g = sns.countplot(data=df_31, x="시군구명", hue="브랜드명",
          order=table_city_brand.index)
```

여기에서 i 값은 시군구명이라 숫자로 표현해줄 필요가 있다. 그래서 순서대로 0번부터 찍어줄 수 있도록 index_no 를 만들어 주고 for문을 순회할 때마다 하나씩 증가시킨다.

```
index_no = 0
for i, val in table_city_brand.iterrows():
    dunkin = val["던킨도너츠"]
    baskin = val["배스킨라빈스"]
    g.text(x=index_no, y=dunkin, s=dunkin)
    g.text(x=index_no, y=baskin, s=baskin)
    index_no = index_no + 1
```

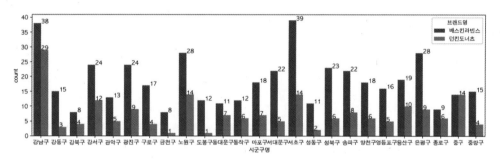

3.2 위치별 매장의 밀집도 표현하기

Pandas 의 plot 으로 scatterplot 을 그린다. 위도 경도만 따로 가져와서 plot.scatter 로 scatterplot을 그린다.

```
df_31[["위도", "경도"]].plot.scatter(x="경도", y="위도")
```

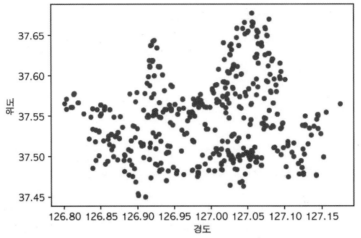

seaborn의 scatterplot으로 hue에 브랜드명을 지정해서 시각화한다.

```
sns.scatterplot(data=df_31, x="경도", y="위도")
```

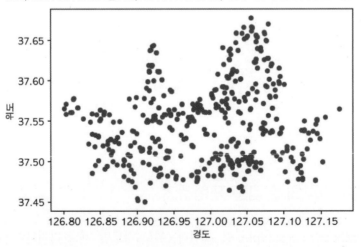

data는 df_31, x축은 경도, y축은 위도로 seaborn은 색상별로 구분해서 쉽게 표현이 가능하다. hue옵션을 브랜드명으로 줘서 브랜드에 따라 색상구분 간편하게 표현할 수 있다.

```
sns.scatterplot(data=df_31, x="경도", y="위도", hue="브랜드명")
```

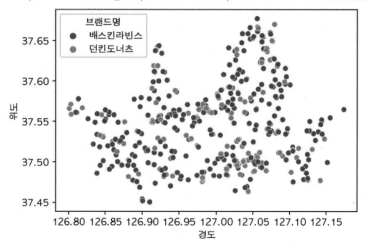

위에서 그렸던 그래프를 jointplot 으로 kind="hex" 을 사용해 그려보자. jointplot은 scatterplot과 히스토그램을 같이 그려준다.

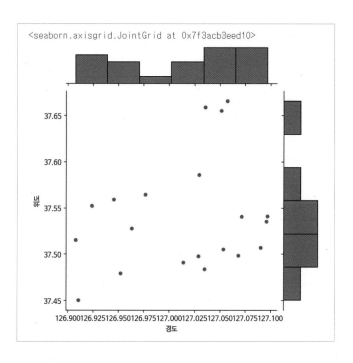

위도,경도에서 어디에 빈도수가 많은지 알 수 있음 kind라는 옵션은 scatter가 디폴트값이다. hex옵션값은 헥사분할 bin plot을 그리게 된다. 헥사분할 bin plot은 scatterplot과 히스토그램을 같이 파악할 수 있게 해주는 그래프이다. 빈도수에 따라 색상이 진하고 옅음을 통해 수가 많고 적음을 보여준다.

```
sns.jointplot(data=df_31, x="경도", y="위도", kind="hex")
```

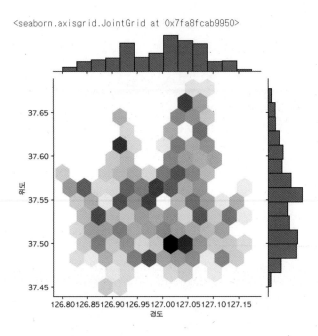

전국 민간아파트
분양가격 동향 분석

Python All-In-One

2013년부터 최근까지 부동산 가격 변동 추세가 아파트 분양가에도 반영될까? 공공데이터 포털에 있는 데이터를 Pandas 의 melt, concat, pivot, transpose 와 같은 reshape 기능을 활용해 분석해보자. 그리고 groupby, pivot_table, info, describe, value_counts 등을 통한 데이터 요약과 분석을 해보자. 이를 통해 전혀 다른 형태의 두 데이터를 가져와 정제하고 병합하는 과정을 다루는 방법을 알게 된다. 전처리 한 결과에 대해 수치형, 범주형 데이터의 차이를 이해하고 다양한 그래프로 시각화를 해보자.

SECTION 01 데이터 전처리

- 공공데이터 포털 : https://www.data.go.kr/data/15061057/fileData.do

전국 평균 분양가격(2013년 9월부터 2015년 8월까지)
전국 공동주택의 3.3제곱미터당 평균분양가격 데이터를 제공
주택도시보증공사_전국 평균 분양가격(2015~ 2019년 12월)
전국 공동주택의 연도별, 월별, 전용면적별 제곱미터당 평균분양가격 데이터를 제공
지역별 평균값은 단순 산술평균값이 아닌 가중평균값임

```
# %가 들어가는 명령은 command line 명령어 입니다.
# 터미널에서 사용할 수 있는 명령을 주피터 노트북 안에서 사용할 수 있습니다.
# 매직커맨드라고 불리는 이 명령이 운영체제에 따라 다르게 동작하거나 동작하지 않을 수도
있으니 그렇다면 다음 셀을 참고해서 파일 목록을 실행해 보세요.
%ls data
```

seoul_municipalities_geo_simple.json
상가업소정보_201912_01.csv*
전국 평균 분양가격(2013년 9월부터 2015년 8월까지).csv
전국도시공원표준데이터.csv
주택도시보증공사_전국 평균 분양가격(2019년 12월).csv

```
import os
# os.walk 를 통해 특정 폴더 안의 파일을 읽어옵니다.
for root, dirs, files in os.walk("data"):
    print(files)
```

['.DS_Store', '상가업소정보_201912_01.csv', '전국 평균 분양가격(2013년 9월부터 2015년 8월까지).csv', 'seoul_municipalities_geo_simple.json', '주택도시보증공사_전국 평균 분양가격(2019년 12월).csv', '전국도시공원표준데이터.csv']
[]

```
# 파이썬에서 쓸 수 있는 엑셀과도 유사한 판다스 라이브러리를 불러옵니다.
import pandas as pd
import numpy as np
# 경고 메시지는 출력되지 않게 합니다.
import warnings
warnings.filterwarnings("ignore")
```

■ 데이터 로드

최근 파일 로드

공공데이터 포털에서 "주택도시보증공사_전국 평균 분양가격"파일을 다운로드 받아 불러옵니다. 이때, 인코딩을 설정을 해주어야 한글이 깨지지 않는다. 보통 엑셀로 저장된 한글의 인코딩은 cp949 혹은 euc-kr로 되어 있습니다. df_last 라는 변수에 최근 분양가 파일을 다운로드 받아 로드한다.

-한글인코딩 : '설믜를 설믜라 못 부르는' 김설믜씨 "제 이름을 지켜주세요" : 사회일반 : 사회 : 뉴스 : 한겨레
데이터를 로드한 뒤 shape를 통해 행과 열의 갯수를 출력한다.

```
# 최근 분양가 파일을 로드해서 df_last 라는 변수에 담습니다.
# 파일로드시 OSError가 발생한다면, engine="python"을 추가해 보세요.
df_last = pd.read_csv("data/주택도시보증공사_전국 평균 분양가격(2019년 12월).csv",
encoding="cp949", engine="python")
df_last.shape
```

(4335, 5)

head 로 파일을 미리보기 합니다.

df_last.head()

	지역명	규모구분	연도	월	분양가격(㎡)
0	서울	전체	2015	10	5841
1	서울	전용면적 60㎡이하	2015	10	5652
2	서울	전용면적 60㎡초과 85㎡이하	2015	10	5882
3	서울	전용면적 85㎡초과 102㎡이하	2015	10	5721
4	서울	전용면적 102㎡초과	2015	10	5879

tail 로도 미리보기를 합니다.

df_last.tail()

	지역명	규모구분	연도	월	분양가격(㎡)
4330	제주	전체	2019	12	3882
4331	제주	전용면적 60㎡이하	2019	12	NaN
4332	제주	전용면적 60㎡초과 85㎡이하	2019	12	3898
4333	제주	전용면적 85㎡초과 102㎡이하	2019	12	NaN
4334	제주	전용면적 102㎡초과	2019	12	3601

■ 2015년 부터 최근까지의 데이터 로드

전국 평균 분양가격(2013년 9월부터 2015년 8월까지) 파일을 불러온다. df_first 라는 변수에 담고 shape로 행과 열의 갯수를 출력한다.

```
# 해당되는 폴더 혹은 경로의 파일 목록을 출력해 줍니다.
%ls data
```

seoul_municipalities_geo_simple.json
상가업소정보_201912_01.csv*
전국 평균 분양가격(2013년 9월부터 2015년 8월까지).csv
전국도시공원표준데이터.csv

주택도시보증공사_전국 평균 분양가격(2019년 12월).csv

```
df_first = pd.read_csv("data/전국 평균 분양가격(2013년 9월부터 2015년 8월까지).csv",
encoding="cp949")
df_first.shape
```

(17, 22)

```
# df_first 변수에 담긴 데이터프레임을 head로 미리보기 합니다.
df_first.head()
```

	지역	2013년 12월	2014년 1월	2014년 2월	2014년 3월	2014년 4월	2014년 5월	2014년 6월	2014년 7월	2014년 8월	...
0	서울	18189	17925	17925	18016	18098	19446	18867	18742	19274	...
1	부산	8111	8111	9078	8965	9402	9501	9453	9457	9411	...
2	대구	8080	8080	8077	8101	8267	8274	8360	8360	8370	...
3	인천	10204	10204	10408	10408	10000	9844	10058	9974	9973	...
4	광주	6098	7326	7611	7346	7346	7523	7659	7612	7622	...

5 rows × 22 columns

```
# df_first 변수에 담긴 데이터프레임을 tail로 미리보기 합니다.
df_first.tail()
```

	지역	2013년 12월	2014년 1월	2014년 2월	2014년 3월	2014년 4월	2014년 5월	2014년 6월	2014년 7월	2014년 8월	...
12	전북	6282	6281	5946	5966	6277	6306	6351	6319	6436	...
13	전남	5678	5678	5678	5696	5736	5656	5609	5780	5685	...
14	경북	6168	6168	6234	6317	6412	6409	6554	6556	6563	...
15	경남	6473	6485	6502	6610	6599	6610	6615	6613	6606	...
16	제주	7674	7900	7900	7900	7900	7900	7914	7914	7914	...

5 rows × 22 columns

1.1 데이터 요약하기

```
df_last.info()
```

```
<class 'pandas.core.frame.DataFrame'>
RangeIndex: 4335 entries, 0 to 4334
Data columns (total 5 columns):
 #  Column   Non-Null Count  Dtype
---  ------   --------------  -----
 0  지역명     4335 non-null   object
 1  규모구분    4335 non-null   object
 2  연도       4335 non-null   int64
 3  월        4335 non-null   int64
 4  분양가격(㎡)  4058 non-null   object
dtypes: int64(2), object(3)
memory usage: 169.5+ KB
```

■ 결측치 보기

isnull 혹은 isna 를 통해 데이터가 비어있는지를 확인할 수 있다. 결측치는 True로 표시되는데, True == 1 이기 때문에 이 값을 다 더해주면 결측치의 수가 된다.

```
True== 1
```

True

```
False== 0
```

True

```
True+True+False
```

2

```
df_last.isnull()
```

	지역명	규모구분	연도	월	분양가격(㎡)
0	False	False	False	False	False
1	False	False	False	False	False
2	False	False	False	False	False
3	False	False	False	False	False
4	False	False	False	False	False
...	...	...	...	...	...
4330	False	False	False	False	False
4331	False	False	False	False	True
4332	False	False	False	False	False
4333	False	False	False	False	True
4334	False	False	False	False	False

4335 rows × 5 columns

```
# isnull 을 통해 결측치를 구합니다.
df_last.isnull().sum()
```

```
지역명          0
규모구분         0
연도           0
월            0
분양가격(㎡)    277
dtype: int64
```

```
# isna 를 통해 결측치를 구합니다.
df_last.isna().sum()
```

```
지역명          0
규모구분         0
연도           0
월            0
분양가격(㎡)    277
dtype: int64
```

■ 데이터 타입 변경

분양가격이 object(문자) 타입으로 되어 있다. 문자열 타입을 계산할 수 없기 때문에 수치 데이터로 변경해준다. 결측치가 섞여 있을 때 변환이 제대로 되지 않는다. 그래서 pd.to_numeric 을 통해 데이터의 타입을 변경한다.

```
type(np.nan)
```

float

```
df_last["분양가격"]=pd.to_numeric(df_last["분양가격(㎡)"], errors='coerce')
df_last["분양가격"].head(1)
```

0   5841.0
Name: 분양가격, dtype: float64

■ 평당분양가격 구하기

공공데이터포털에 올라와 있는 2013년부터의 데이터는 평당분양가격 기준으로 되어 있다. 분양가격을 평당기준으로 보기위해 3.3을 곱해서 "평당분양가격" 컬럼을 만들어 추가해준다.

```
df_last["평당분양가격"] = df_last["분양가격"] * 3.3
df_last.head(1)
```

	지역명	규모구분	연도	월	분양가격(㎡)	분양가격	평당분양가격
0	서울	전체	2015	10	5841	5841.0	19275.3

1.2 분양가격 요약하기

■ 분양가격 요약하기

```
# info를 통해 분양가격을 봅니다.
df_last.info()
```

```
<class 'pandas.core.frame.DataFrame'>
RangeIndex: 4335 entries, 0 to 4334
Data columns (total 7 columns):
 #   Column      Non-Null Count  Dtype
---  ------      --------------  -----
 0   지역명         4335 non-null   object
 1   규모구분        4335 non-null   object
 2   연도          4335 non-null   int64
 3   월           4335 non-null   int64
 4   분양가격(㎡)     4058 non-null   object
 5   분양가격        3957 non-null   float64
 6   평당분양가격      3957 non-null   float64
dtypes: float64(2), int64(2), object(3)
memory usage: 237.2+ KB
```

```
# 변경 전 컬럼인 분양가격(㎡) 컬럼을 요약합니다.
df_last["분양가격(㎡)"].describe()
```

```
count    4058
unique   1753
top      2221
freq     17
Name: 분양가격(㎡), dtype: object
```

```
df_last["분양가격(㎡)"].nunique()
```

```
1753
```

```
# 수치데이터로 변경된 분양가격 컬럼을 요약합니다.
df_last["분양가격"].describe()
```

```
count    3957.000000
mean     3238.128633
std      1264.309933
min      1868.000000
25%      2441.000000
50%      2874.000000
75%      3561.000000
max     12728.000000
Name: 분양가격, dtype: float64
```

■ 규모구분을 전용면적 컬럼으로 변경

규모구분 컬럼은 전용면적에 대한 내용이 있다. 전용면적이라는 문구가 공통적으로 들어가고 규모구분보다는 전용면적이 좀 더 직관적이기 때문에 전용면적이라는 컬럼을 새로 만들어주고 기존 규모구분의 값에서 전용면적, 초과, 이하 등의 문구를 빼고 간결하게 만들어 보자.

이 때 str 의 replace 기능을 사용해서 예를들면 "전용면적 60㎡초과 85㎡이하"라면 "60㎡~85㎡" 로 변경해준다.

- pandas 의 string-handling 기능을 좀 더 보고 싶다면 : https://pandas.pydata.org/pandas-docs/stable/reference/series.html#string-handling

```
df_last["규모구분"].unique()
```

```
array(['전체', '전용면적 60㎡이하', '전용면적 60㎡초과 85㎡이하', '전용면적 85㎡
초과 102㎡이하',
    '전용면적 102㎡초과'], dtype=object)
```

```
df_last["전용면적"] = df_last["규모구분"].str.replace("전용면적", "")
df_last["전용면적"] = df_last["전용면적"].str.replace("초과", "~")
df_last["전용면적"] = df_last["전용면적"].str.replace("이하", "")
df_last["전용면적"] = df_last["전용면적"].str.replace(" ", "").str.strip()
df_last["전용면적"]
```

```
0                전체
1              60㎡
2          60㎡~85㎡
3         85㎡~102㎡
4            102㎡~
            ...
4330             전체
4331           60㎡
4332       60㎡~85㎡
4333      85㎡~102㎡
4334         102㎡~
Name: 전용면적, Length: 4335, dtype: object
```

■ 필요없는 컬럼 제거하기

drop을 통해 전처리 해준 컬럼을 제거한다. pandas의 데이터프레임과 관련된 메소드에는 axis 옵션이 필요할 때가 있는데 행과 열중 어떤 기준으로 처리를 할 것인지를 의미한다. 보통 기본적으로 0으로 되어 있고 행을 기준으로 처리함을 의미한다. 메모리 사용량이 줄어들었는지 확인한다.

```
df_last.info()
```

```
<class 'pandas.core.frame.DataFrame'>
RangeIndex: 4335 entries, 0 to 4334
Data columns (total 8 columns):
 #  Column   Non-Null Count  Dtype
---  ------   --------------  -----
 0  지역명      4335 non-null   object
 1  규모구분     4335 non-null   object
 2  연도       4335 non-null   int64
 3  월        4335 non-null   int64
```

4   분양가격(㎡) 4058 non-null   object
5   분양가격   3957 non-null   float64
6   평당분양가격   3957 non-null   float64
7   전용면적   4335 non-null   object
dtypes: float64(2), int64(2), object(4)
memory usage: 271.1+ KB

```
# drop 사용시 axis에 유의 합니다.
# axis 0:행, 1:열
df_last = df_last.drop(["규모구분", "분양가격(㎡)"], axis=1)
```

```
# 제거가 잘 되었는지 확인 합니다.
df_last.head(1)
```

	지역명	연도	월	분양가격	평당분양가격	전용면적
0	서울	2015	10	5841.0	19275.3	전체

```
# 컬럼 제거를 통해 메모리 사용량이 줄어들었는지 확인합니다.
df_last.info()
```

<class 'pandas.core.frame.DataFrame'>
RangeIndex: 4335 entries, 0 to 4334
Data columns (total 6 columns):
 #   Column Non-Null Count Dtype
--- ------ -------------- -----
 0   지역명   4335 non-null   object
 1   연도   4335 non-null   int64
 2   월   4335 non-null   int64
 3   분양가격   3957 non-null   float64
 4   평당분양가격 3957 non-null   float64
 5   전용면적   4335 non-null   object
dtypes: float64(2), int64(2), object(2)
memory usage: 203.3+ KB

1.3 groupby로 데이터 집계하기

■ groupby 로 데이터 집계하기

groupby 를 통해 데이터를 그룹화해서 연산을 해보자.

```
# 지역명으로 분양가격의 평균을 구하고 막대그래프(bar)로 시각화 합니다.
# df.groupby(["인덱스로 사용할 컬럼명"])["계산할 컬럼 값"].연산()
df_last.groupby(["지역명"])["평당분양가격"].mean()
```

```
지역명
강원     7890.750000
경기    13356.895200
경남     9268.778138
경북     8376.536515
광주     9951.535821
대구    11980.895455
대전    10253.333333
부산    12087.121200
서울    23599.976400
세종     9796.516456
울산    10014.902013
인천    11915.320732
전남     7565.316532
전북     7724.235484
제주    11241.276712
충남     8233.651883
충북     7634.655600
Name: 평당분양가격, dtype: float64
```

```
# 전용면적으로 분양가격의 평균을 구합니다.
df_last.groupby(["전용면적"])["평당분양가격"].mean()
```

```
전용면적
102㎡~      11517.705634
60㎡        10375.137421
60㎡~85㎡    10271.040071
```

85㎡~102㎡   11097.599573

전체   10276.086207

Name: 평당분양가격, dtype: float64

```
# 지역명, 전용면적으로 평당분양가격의 평균을 구합니다.
df_last.groupby(["전용면적", "지역명"])["평당분양가격"].mean().unstack().round()
```

지역명 전용면적	강원	경기	경남	경북	광주	대구	대전	부산	서울	세종	울산	인천	전남	전북	제주	충남	충북
102㎡~	8311.0	14772.0	10358.0	9157.0	11042.0	13087.0	14877.0	13208.0	23446.0	10107.0	9974.0	14362.0	8168.0	8194.0	10523.0	8689.0	8195.0
60㎡	7567.0	13252.0	8689.0	7883.0	9431.0	11992.0	9176.0	11354.0	23213.0	9324.0	9202.0	11241.0	7210.0	7610.0	14022.0	7911.0	7103.0
60㎡~85㎡	7486.0	12524.0	8619.0	8061.0	9911.0	11779.0	9711.0	11865.0	22787.0	9775.0	10503.0	11384.0	7269.0	7271.0	10621.0	7819.0	7264.0
85㎡~102㎡	8750.0	13678.0	10018.0	8774.0	9296.0	11141.0	9037.0	12073.0	25944.0	9848.0	8861.0	11528.0	7909.0	8276.0	10709.0	9120.0	8391.0
전체	7478.0	12560.0	8659.0	8079.0	9904.0	11771.0	9786.0	11936.0	22610.0	9805.0	10493.0	11257.0	7284.0	7293.0	10785.0	7815.0	7219.0

```
# 연도, 지역명으로 평당분양가격의 평균을 구합니다.
g = df_last.groupby(["연도", "지역명"])["평당분양가격"].mean()
g
# g.unstack().transpose()
```

연도   지역명

2015 강원   7188.060000

      경기   11060.940000

      경남   8459.220000

      경북   7464.160000

      광주   7916.700000

              ...

2019 전남   8219.275862

      전북   8532.260000

      제주   11828.469231

      충남   8748.840000

      충북   7970.875000

Name: 평당분양가격, Length: 85, dtype: float64

g.loc[2018]

지역명
강원   8219.255000
경기   14258.420000
경남   9327.670000
경북   8680.776923
광주   9526.953333
대구   12139.252632
대전   10234.106667
부산   12889.965000
서울   23202.245000
세종   10340.463158
울산   10241.400000
인천   11881.532143
전남   7929.845000
전북   8174.595000
제주   11935.968000
충남   8201.820000
충북   8149.295000
Name: 평당분양가격, dtype: float64

g.unstack()

지역명 년도	강원	경기	경남	경북	광주	대구	대전	부산	서울	세종	울산	인천	전남	전북	제주	충남	충북
2015	7188.060000	11060.94	8459.220000	7464.160000	7916.700000	9018.900000	8190.600000	10377.400	20315.680	8765.020000	9367.600000	10976.020000	6798.880000	7110.400000	7951.075000	7689.880000	6828.800
2016	7162.903846	11684.97	8496.730000	7753.405000	9190.683333	10282.030000	8910.733333	10743.535	21753.425	8857.805000	9582.574138	11099.055000	6936.600000	6906.625000	9567.480000	7958.225000	7133.335
2017	7273.560000	12304.98	8786.760000	8280.800000	9613.977551	12206.700000	9957.158491	11560.680	21831.060	9132.505556	10666.935714	11640.600000	7372.920000	7398.973585	12566.730000	8198.422222	7473.120
2018	8219.255000	14258.42	9327.670000	8680.776923	9526.953333	12139.252632	10234.106667	12889.965	23202.245	10340.463158	10241.400000	11881.532143	7929.845000	8174.595000	11935.968000	8201.820000	8149.295
2019	8934.475000	15665.54	10697.615789	9050.250000	12111.675000	14081.650000	12619.200000	13537.865	28286.830	11299.394118	10216.250000	13249.775000	8219.275862	8532.260000	11828.469231	8748.840000	7970.875

g.unstack().transpose()

연도	2015	2016	2017	2018	2019
지역명					
강원	7188.060	7162.903846	7273.560000	8219.255000	8934.475000
경기	11060.940	11684.970000	12304.980000	14258.420000	15665.540000
경남	8459.220	8496.730000	8786.760000	9327.670000	10697.615789
경북	7464.160	7753.405000	8280.800000	8680.776923	9050.250000
광주	7916.700	9190.683333	9613.977551	9526.953333	12111.675000
대구	9018.900	10282.030000	12206.700000	12139.252632	14081.650000
대전	8190.600	8910.733333	9957.158491	10234.106667	12619.200000
부산	10377.400	10743.535000	11560.680000	12889.965000	13537.865000
서울	20315.680	21753.435000	21831.060000	23202.245000	28286.830000
세종	8765.020	8857.805000	9132.505556	10340.463158	11299.394118
울산	9367.600	9582.574138	10666.935714	10241.400000	10216.250000
인천	10976.020	11099.055000	11640.600000	11881.532143	13249.775000
전남	6798.880	6936.600000	7372.920000	7929.845000	8219.275862
전북	7110.400	6906.625000	7398.973585	8174.595000	8532.260000
제주	7951.075	9567.480000	12566.730000	11935.968000	11828.469231
충남	7689.880	7958.225000	8198.422222	8201.820000	8748.840000
충북	6828.800	7133.335000	7473.120000	8149.295000	7970.875000

■ pivot table 로 데이터 집계하기

groupby 로 했던 작업을 pivot_table로 똑같이 해보자.

```
pd.pivot_table(df_last,index=["지역명"],values=["평당분양가격"], aggfunc="mean")
```

평당분양가격
지역명
강원   7890.750000
경기   13356.895200
경남   9268.778138
경북   8376.536515
광주   9951.535821
대구   11980.895455
대전   10253.333333
부산   12087.121200
서울   23599.976400
세종   9796.516456
울산   10014.902013

인천	11915.320732
전남	7565.316532
전북	7724.235484
제주	11241.276712
충남	8233.651883
충북	7634.655600

```
# df_last.groupby(["전용면적"])["평당분양가격"].mean()
```

```
pd.pivot_table(df_last, index="전용면적", values="평당분양가격")
```

	평당분양가격
전용면적	
102㎡~	11517.705634
60㎡	10375.137421
60㎡~85㎡	10271.040071
85㎡~102㎡	11097.599573
전체	10276.086207

```
# 지역명, 전용면적으로 평당분양가격의 평균을 구합니다.
#df_last.groupby(["전용면적","지역명"])["평당분양가격"].mean().unstack().round()
```

```
df_last.pivot_table(index="전용면적", columns="지역명", values="평당분양가격"
).round()
```

지역명 전용면적	강원	경기	경남	경북	광주	대구	대전	부산	서울	세종	울산	인천	전남	전북	제주	충남	충북
102㎡~	8311.0	14772.0	10358.0	9157.0	11042.0	13087.0	14877.0	13208.0	23446.0	10107.0	9974.0	14362.0	8168.0	8194.0	10523.0	8689.0	8195.0
60㎡	7567.0	13252.0	8689.0	7883.0	9431.0	11992.0	9176.0	11354.0	23213.0	9324.0	9202.0	11241.0	7210.0	7610.0	14022.0	7911.0	7103.0
60㎡~85㎡	7486.0	12524.0	8619.0	8061.0	9911.0	11779.0	9711.0	11865.0	22787.0	9775.0	10503.0	11384.0	7269.0	7271.0	10621.0	7819.0	7264.0
85㎡~102㎡	8750.0	13678.0	10018.0	8774.0	9296.0	11141.0	9037.0	12073.0	25944.0	9848.0	8861.0	11528.0	7909.0	8276.0	10709.0	9120.0	8391.0
전체	7478.0	12560.0	8659.0	8079.0	9904.0	11771.0	9786.0	11936.0	22610.0	9805.0	10493.0	11257.0	7284.0	7293.0	10785.0	7815.0	7219.0

```
# 연도, 지역명으로 평당분양가격의 평균을 구합니다.
# g = df_last.groupby(["연도", "지역명"])["평당분양가격"].mean()
p = pd.pivot_table(df_last, index=["연도", "지역명"], values="평당분양가격")
p.loc[2017]
```

	평당분양가격
지역명	
강원	7273.560000
경기	12304.980000
경남	8786.760000
경북	8280.800000
광주	9613.977551
대구	12206.700000
대전	9957.158491
부산	11560.680000
서울	21831.060000
세종	9132.505556
울산	10666.935714
인천	11640.600000
전남	7372.920000
전북	7398.973585
제주	12566.730000
충남	8198.422222
충북	7473.120000

SECTION 02   데이터 시각화

■ 최근 데이터 시각화 하기

데이터시각화를 위한 폰트설정

한글폰트 사용을 위해 matplotlib의 pyplot을 plt라는 별칭으로 불러온다.

```python
import matplotlib.pyplot as plt
# plt.rc("font", family="Malgun Gothic")
plt.rc("font", family="AppleGothic")
```

```python
# 폰트 설정이 잘 안 된다면 해당 셀의 마지막 줄 주석을 풀고 실행해 보세요.
# colab 사용시에도 아래 함수를 활용해 보세요.
def get_font_family():
    """
시스템 환경에 따른 기본 폰트명을 반환하는 함수
"""
    import platform
system_name = platform.system()
    if system_name == "Darwin":
font_family = "AppleGothic"
    elif system_name == "Windows":
font_family = "Malgun Gothic"
    else:
        # Linux(colab)
        !apt-get install fonts-nanum -qq  > /dev/null
        !fc-cache -fv
        import matplotlib as mpl
mpl.font_manager._rebuild()
findfont = mpl.font_manager.fontManager.findfont
mpl.font_manager.findfont = findfont
mpl.backends.backend_agg.findfont = findfont

font_family = "NanumBarunGothic"
    return font_family
# plt.rc("font", family=get_font_family())
```

2.1 pandas로 시각화 하기

■ Pandas로 시각화 하기 - 선그래프와 막대그래프

pandas의 plot을 활용하면 다양한 그래프를 그릴 수 있다. seaborn을 사용했을 때보다 pandas를 사용해서 시각화를 할 때의 장점은 미리 계산을 하고 그리기 때문에 속도가 좀 더 빠르다.

```
# 지역명으로 분양가격의 평균을 구하고 선그래프로 시각화 합니다.
g = df_last.groupby
(["지역명"])["평당분양가격"].mean().sort_values(ascending=False)
g.plot()
```

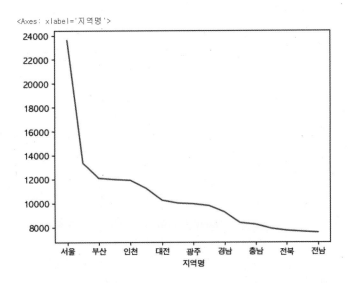

```
# 지역명으로 분양가격의 평균을 구하고 막대그래프(bar)로 시각화 합니다.
g.plot.bar(rot=0, figsize=(10, 3))
```

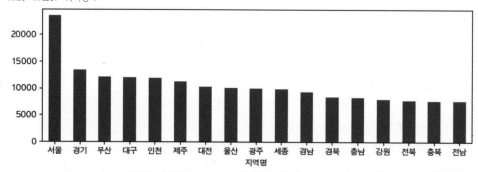

전용면적별 분양가격의 평균값을 구하고 그래프로 그려보자.

```
# 전용면적으로 분양가격의 평균을 구하고 막대그래프(bar)로 시각화 합니다.
df_last.groupby(["전용면적"])["평당분양가격"].mean().plot.bar()
```

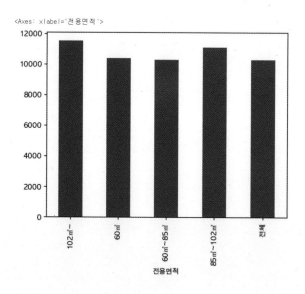

연도별 분양가격의 평균을 구하고 막대그래프(bar)로 시각화 합니다.
연도에 소숫점이 생기지 않게 표시하고자 한다면 ax.xaxis.set_major_locator를 사용해서
integer로 설정합니다.
frommatplotlib.ticker importMaxNLocator
ax = plt.figure().gca()
df_last.groupby(["연도"])["평당분양가격"].mean().plot()
ax.xaxis.set_major_locator(MaxNLocator(integer=True))

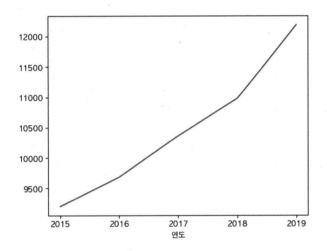

- box-and-whisker plot | diagram

https://pandas.pydata.org/pandas-docs/stable/user_guide/visualization.html

https://pandas.pydata.org/pandas-docs/stable/reference/api/pandas.DataFrame.boxplot.html

df_last.pivot_table(index="월", columns="연도", values="평당분양가격")

연도 월	2015	2016	2017	2018	2019
1	NaN	9334.029630	10095.132143	10719.148000	11535.540789
2	NaN	9361.440000	10110.885714	10766.668000	11574.793421
3	NaN	9423.276923	10107.428571	10905.488000	11610.094737
4	NaN	9601.993902	10217.232143	10920.728571	11777.876000
5	NaN	9602.396341	10358.819277	11087.485714	11976.394737
6	NaN	9676.042683	10431.618072	10921.928571	12401.884000
7	NaN	9700.551220	10549.536585	10868.376316	12424.852000
8	NaN	9719.023171	10564.869512	10811.147368	12523.896000
9	NaN	9737.656098	10583.601266	10915.257692	12527.571429
10	9086.488889	9924.225882	10399.845570	11133.269231	12619.073077
11	9218.122222	9972.757143	NaN	11224.762025	12647.785714
12	9303.596296	10092.264286	10597.620000	11453.822368	12622.847368

```
df_last.pivot_table(index="월", columns="연도", values="평당분양가격").plot.box()
```

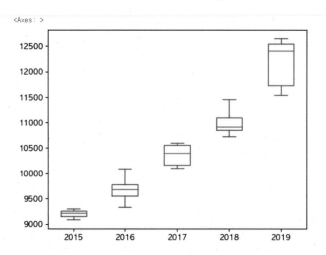

```
p = df_last.pivot_table(index="월", columns=["연도", "전용면적"], values="평당분양가
격")
p.plot.box(figsize=(15, 3), rot=30)
```

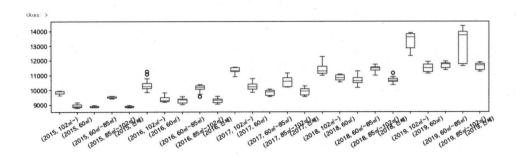

```
p = df_last.pivot_table(index="연도", columns="지역명", values="평당분양가격")
p.plot(figsize=(15, 3), rot=30)
# 그래프의 밖에 legend 표시하도록 설정
plt.legend(bbox_to_anchor=(1.05, 1), loc=2, borderaxespad=0.)
```

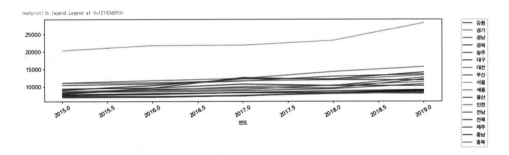

2.2 seaborn으로 시각화하기

- Seaborn 으로 시각화 해보기

```
import seaborn as sns
%matplotlib inline
```

```
# barplot으로 지역별 평당분양가격을 그려봅니다.
plt.figure(figsize=(10, 3))
sns.barplot(data=df_last, x="지역명", y="평당분양가격", ci=None)
```

<Axes: xlabel='지역명', ylabel='평당분양가격'>

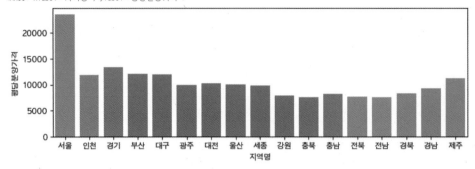

```
# barplot으로 연도별 평당분양가격을 그려봅니다.
sns.barplot(data=df_last, x="연도", y="평당분양가격")
```

<Axes: xlabel='연도', ylabel='평당분양가격'>

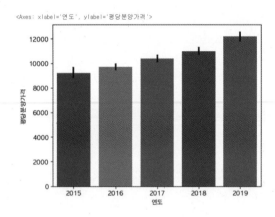

```
# barplot으로 연도별 평당분양가격을 그려봅니다.
sns.barplot(data=df_last, x="연도", y="평당분양가격")
```

<Axes: xlabel='연도', ylabel='평당분양가격'>

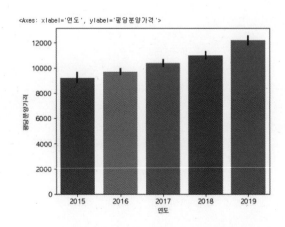

```
sns.catplot(data=df_last, x="연도", y="평당분양가격", kind="bar", col="지역명", col_
wrap=4 )
```

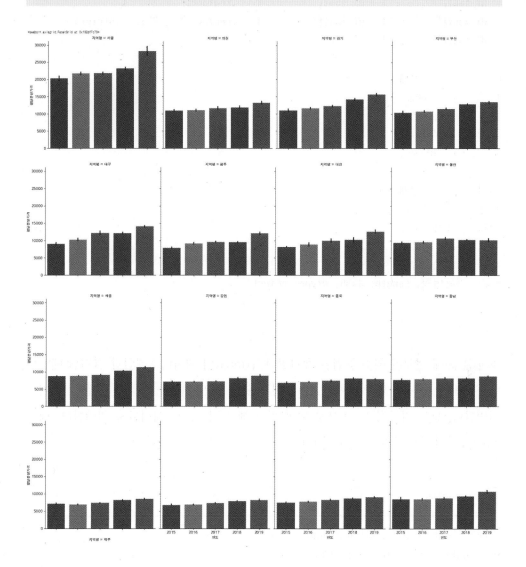

https://stackoverflow.com/questions/30490740/move-legend-outside-figure-in-seaborn-tsplot

```
# lineplot으로 연도별 평당분양가격을 그려봅니다.
# hue 옵션을 통해 지역별로 다르게 표시해 봅니다.
plt.figure(figsize=(10 , 5 ))
sns.lineplot(data=df_last, x="연도", y="평당분양가격", hue="지역명")
plt.legend(bbox_to_anchor=(1.02 , 1 ), loc=2 , borderaxespad=0 .)
```

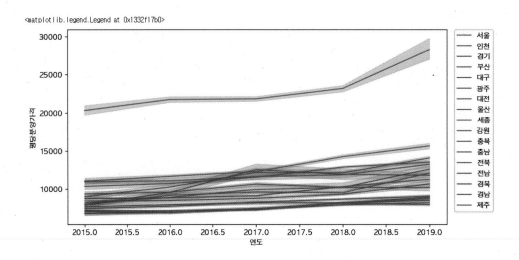

```
sns.relplot(data=df_last, x="연도", y="평당분양가격",
        hue="지역명", kind="line", col="지역명", col_wrap=4 , ci=None )
```

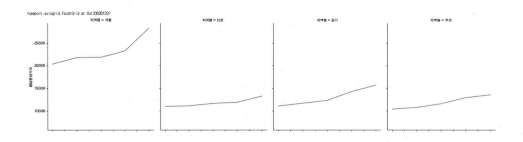

boxplot과 violinplot

```
# 연도별 평당분양가격을 boxplot으로 그려봅니다.
# 최솟값
# 제 1사분위수
```

```
# 제 2사분위수( ), 즉 중앙값
# 제 3 사분위 수( )
# 최댓값
sns.boxplot(data=df_last, x="연도", y="평당분양가격")
```

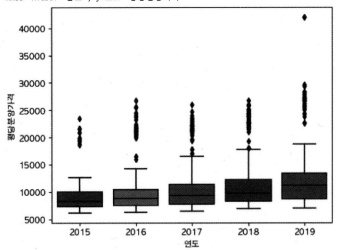

```
# hue옵션을 주어 전용면적별로 다르게 표시해 봅니다.
plt.figure(figsize=(12 , 3 ))
sns.boxplot(data=df_last, x="연도", y="평당분양가격", hue="전용면적")
```

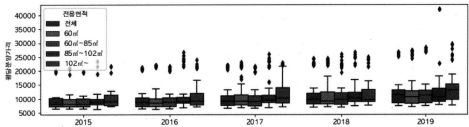

lmplot과 swarmplot

```
df_last["연도"].unique()
```

array([2015, 2016, 2017, 2018, 2019])

```python
sns.regplot(data=df_last, x="연도", y="평당분양가격")
```

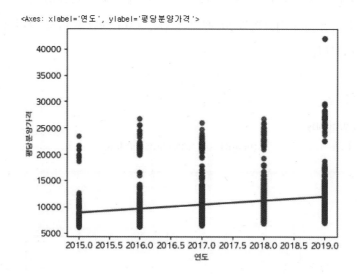

```python
sns.regplot(data=df_last, x="연도", y="평당분양가격", x_jitter=.1)
```

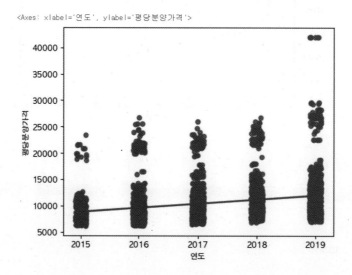

연도별 평당분양가격을 lmplot으로 그려봅니다.
hue 옵션으로 전용면적을 표현해 봅니다.
sns.lmplot(data=df_last, x="연도", y="평당분양가격", hue="전용면적", col="전용면적",
col_wrap=3, x_jitter=.1)

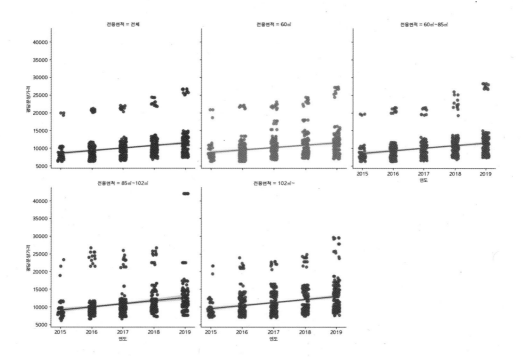

# 연도별 평당분양가격을 swarmplot 으로 그려봅니다.
# swarmplot은 범주형(카테고리) 데이터의 산점도를 표현하기에 적합합니다.
plt.figure(figsize=(15, 3))
sns.swarmplot(data=df_last, x="연도", y="평당분양가격", hue="전용면적", size=1)

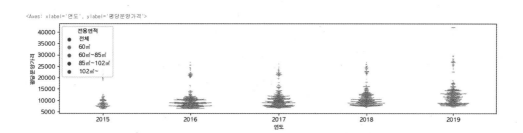

■ 이상치 보기

```
# 평당분양가격의 최대값을 구해서 max_price 라는 변수에 담습니다.
df_last["평당분양가격"].describe()
```

```
count    3957.000000
mean    10685.824488
std      4172.222780
min      6164.400000
25%      8055.300000
50%      9484.200000
75%     11751.300000
max     42002.400000
Name: 평당분양가격, dtype: float64
```

```
max_price = df_last["평당분양가격"].max()
max_price
```

42002.399999999994

```
# 서울의 평당분양가격이 특히 높은 데이터가 있습니다. 해당 데이터를 가져옵니다.
df_last[df_last["평당분양가격"] == max_price]
```

	지역명	연도	월	분양가격	평당분양가격	전용면적
3743	서울	2019	6	12728.0	42002.4	85㎡~102㎡
3828	서울	2019	7	12728.0	42002.4	85㎡~102㎡
3913	서울	2019	8	12728.0	42002.4	85㎡~102㎡
3998	서울	2019	9	12728.0	42002.4	85㎡~102㎡
4083	서울	2019	10	12728.0	42002.4	85㎡~102㎡
4168	서울	2019	11	12728.0	42002.4	85㎡~102㎡
4253	서울	2019	12	12728.0	42002.4	85㎡~102㎡